论经济转型中的
中国经济法

徐秉晖◎著

四川大学出版社
SICHUAN UNIVERSITY PRESS

项目策划：徐　凯
责任编辑：徐　凯
责任校对：毛张琳
封面设计：墨创文化
责任印制：王　炜

图书在版编目（CIP）数据

论经济转型中的中国经济法 / 徐秉晖著. — 2版. — 成都：四川大学出版社，2021.9
ISBN 978-7-5690-4097-5

Ⅰ. ①论… Ⅱ. ①徐… Ⅲ. ①经济法-研究-中国 Ⅳ. ① D922.290.4

中国版本图书馆CIP数据核字（2021）第000834号

书名	论经济转型中的中国经济法
著　者	徐秉晖
出　版	四川大学出版社
地　址	成都市一环路南一段24号（610065）
发　行	四川大学出版社
书　号	ISBN 978-7-5690-4097-5
印前制作	四川胜翔数码印务设计有限公司
印　刷	成都市新都华兴印务有限公司
成品尺寸	170mm×240mm
印　张	14.75
字　数	242千字
版　次	2021年9月第2版
印　次	2021年9月第1次印刷
定　价	66.00元

版权所有 ◆ 侵权必究

◆ 读者邮购本书，请与本社发行科联系。
　电话：(028)85408408 / (028)85401670 /
　　　　(028)86408023　邮政编码：610065
◆ 本社图书如有印装质量问题，请寄回出版社调换。
◆ 网址：http://press.scu.edu.cn

四川大学出版社
微信公众号

目　　录

引　言……………………………………………………………（ 1 ）

第一章　中国经济转型与中国经济法概论……………………（ 5 ）
第一节　中国经济转型的阶段与特征……………………（ 5 ）
第二节　中西经济法的比较及特征………………………（ 27 ）
第三节　经济转型特征与经济法特征之间的关系………（ 46 ）

第二章　经济转型中的中国经济法进路………………………（ 53 ）
第一节　经济法立法的变迁………………………………（ 53 ）
第二节　经济法内容上的完善……………………………（ 61 ）
第三节　经济法司法上的变迁……………………………（ 77 ）
第四节　经济法守法上的变化……………………………（ 94 ）

第三章　经济法调控下的中国经济转型进路…………………（103）
第一节　经济法与市场体系的构建与完善………………（103）
第二节　经济法与所有制结构变革………………………（115）
第三节　经济法与国有企业制度改革……………………（122）
第四节　经济法与农村经济改革…………………………（131）
第五节　经济法与税收体制改革…………………………（150）
第六节　经济法与政府职能改革…………………………（158）

第四章　经济模式定型后的经济法展望……………………（177）
　　第一节　经济转型完成的标志…………………………（177）
　　第二节　经济转型完成后仍需要经济法…………………（187）
　　第三节　经济转型完成后的经济法………………………（189）

结　　语………………………………………………………（207）

参考文献………………………………………………………（209）

引 言

一、选题的提出及研究现状

　　四十年轰轰烈烈的改革开放，中国经济连续多年保持两位数的经济增长率，取得了一个又一个奇迹，国民从衣食住行到生产投资发生着巨大变化，各种经济新现象、新问题、新制度层出不穷，立法机关、行政机关制定的经济法律法规也汗牛充栋。四十年里，经济发生了巨大变化，经济体制逐步从社会主义计划经济体制向社会主义市场经济体制转变。四十年里，法制获得了长足进步，法律深入人心，四十年里出台最多的是经济法。经济体制从社会主义计划经济体制到社会主义市场经济体制，经济法也因之迅猛发展，从理念、基础理论到具体法律制度，经济法在中国经济转型过程中不断获得新生，同时支持、保障、指引着中国经济转型不断推进和深入。

　　中外经济学界对中国经济转型的研究著述非常丰富，出现了发展经济学、转轨经济学、过渡经济学等理论；法学界对中国经济法的研究从基本理论到具体制度，几乎囊括了经济法的方方面面。近年来，已有不少学者开始跨领域研究中国经济转型与中国经济法，如中南大学陈云良博士的《中国经济法的道路与模式：转型国家经济法》、华东师范大学王勉青博士的《经济转型国家的经济法比较研究》等。然而，他们较多地立足于中外不同经济转型国家的对比分析。中国经济法在中国经济转型过程中到底如何，中国经济法与中国经济转型二者间到底有没有一种充分必要的关系，当中国经济转型走向完结时，中国经济法又会怎样？这一系列疑问即是促使笔者将选题确定为"论经济转型中的中国经济法"的最主要原因和动力。

二、研究的逻辑架构

本书以"论经济转型中的中国经济法"为题,以阐明中国经济法与中国经济转型间的互动关系为核心,此乃兼备理论性与实践性的问题,因此在研究方法上综合运用了实证调研与理论研讨的方法。

本书主体分为四章。第一章在对经济转型、经济法进行概念性分析的基础上,阐述了经济转型的动因、中国经济法的生成背景,结合中国经济转型及中外经济法的对比分析,提出中国经济转型具有分权性、渐进性、双轨性、以政府主导等时代特征,得出中国经济法受经济转型的影响,具有对应性特征,即具有"促进市场生成,而非治疗市场失灵;释放让渡政府权力,而非提高政府控制力;耦合民法作用,而非弥补民法功能"等中国特色。

第二章探讨经济转型中中国经济法的发展变化。首先从经济法立法、经济法的具体法律制度、经济法的司法以及经济法的守法四个层次对中国经济法在经济转型中的发展变化进行详细阐述。认为中国经济法在经济转型中逐步名正言顺,日益至关重要,从不完全经济法到真正的经济法,从地方、部门立法泛滥到法律法规立法法定化,从政府管理经济的工具到约束政府权力的利器,从经济纠纷案件到与经济法单行法律法规有关的案件,从运动式执法司法到常态性执法司法,从被动守法到主动遵法,中国经济法从价值理念、具体制度、法律条文、实施机制等方面均在经济转型中获得发展与完善。

第三章着力于论述经济转型中经济法的作用和影响。通过对《中华人民共和国全民所有制工业企业法》《中华人民共和国公司法》《中华人民共和国企业破产法》《中华人民共和国反不正当竞争法》《中华人民共和国反垄断法》《中华人民共和国企业所得税法》等众多法律法规的具体规定及实施情况的实证分析,充分论证了中国经济转型的启动与推进都与经济法有着密切的关联,中国经济法支持和保障了国有企业改革、农村经济体制改革、市场体系建设、财政税收体制改革以及政府职能转变等各项改革,证明经济法律制度的建立与施行对经济转型能否实现效率与公平至关重要。不论是农村产权改革,还是城市经济体制改革,又或者是商品市场、资本市场、价格体制等基本市场经济要素的建立,市场公平、公开、公正的运行规则,企业市场准入、市场退出机制,初次分配、二次分配,以及社会风险的防范与保障,都需要经济法律制度。

第四章指出中国经济转型直接推动了中国经济法的建设和完善,但中国经济转型的完成并不会导致经济法退出历史舞台,经济转型完成后中国仍需要经济法,但其不是资本主义国家经济法律制度的翻版,而是符合中国国情、适合中国土壤、体现中国法治之法;以有效维护经济秩序、有力保障经济安全、合理分配经济资源、均衡经济发展、公平经济利益分享为功能新定位的法;相对完善,符合法治需要,并成为一种体现公共意见,有效性更充足,竞争力增强,人本主义凸显的法,能为中国经济的协调发展、共同发展、科学发展、和谐发展提供新的法律保障和助力。

结语部分说明需要继续研究的问题和方向。

三、创新性与不足

中国经济法作为中国法律体系中的一员,相较于刑法、民法而言,是年轻的,也是多变的,这种年轻和多变与经济转型的渐进有着非常紧密的关联,笔者突破单一学科研究的局限性,把经济法放入大的经济背景、经济环境中对其价值理念、具体制度进行研究,既立足于经济法本身,又站在经济法之外,有利于对中国经济法作出宏观和微观的评价。

除了研究的视角较为独到外,本研究在研究方法上较少运用中外理论,而是较多地通过实证方法对经济法各门法律法规、各项具体制度、重要法律条文进行分析,既有力地论证了经济转型对经济法产生的影响,又充分证明了经济法对经济转型的顺利推进所起到的作用。同时,也对经济法在经济转型过程中作用发挥的有限性和局限性作了较为充分的论证。这种立足现实,围绕具体问题,重视微观的研究方法,是一种较为务实的研究方法,相信其对改进经济法,提高经济法的效用将大有助益。

本书的原创性较强。一是内容脱胎于但不局限于经济法基础理论研究,奠基于但不孤立于多项经济法单行法律制度的研究。全书涉猎面较广,从改革历程、经济发展、法治建设等层面出发,立足于经济转型的特殊时代背景,从经济到经济法,从经济法到经济,对经济法的产生、发展及作用进行了系统全面的介绍和论述。二是本书的写作注重实践,以经济法立法、执法、司法及守法的实然状况为依托,以经济法在统一完备市场中的培育和建立、所有制的改革等诸多领域的到位与缺位、作用与影响为凭据,充分阐述和论证了中国经济转型过程中经济法所发生的变化及产生的作用。

本研究的不足之处在于行文较为平实,对中国经济转型与中国经济法之间的相互影响与作用关系的规律性提炼还可进一步加强。

第一章　中国经济转型与中国经济法概论

经济转型在不同的语境下有不同的内涵。广义的经济转型是指一种经济运行状态向另一种经济运行状态的转变。① 如美国从自由资本主义到垄断资本主义的转变过程，日本、欧盟 20 世纪 90 年代的经济改革，中国从封建经济到社会主义经济的转变过程，东欧国家、苏联从社会主义计划经济转变为资本主义市场经济的过程，都可称为经济转型。狭义上的经济转型则指社会主义国家由计划经济体制向市场经济体制的过渡和转变。世界银行 1996 年的报告指出，转型经济是包括苏联、蒙古、中东欧国家、中国、越南、朝鲜及其他地区类似的和模仿的国家，全部地或部分地放弃中央计划制度，并开始向以广泛的私有制为基础的非集中化的市场机制过渡。② 转型经济学、转轨经济学、发展经济学等学科在通常意义上所研究的经济转型均系此含义。因经济转型内容往往不限于经济领域的变迁，还涉及政治、法律、文化以及社会领域的变革等，故诸多关于经济转型的论著所说的经济转型虽系狭义，但其包括了转型过程中经济、政治、法律、文化等多方面、多领域的变革、变迁，本书亦与之相同。

经济法中外有别，不同的生成背景、不同的历史使命，使中外经济法有着不同的发展路径和时代特征。中国经济法因中国经济的改革变迁而诞生，因经济转型的启动推进而发展更新。中国经济转型在经济法身上打上了深深的烙印，经济法身上亦承载着中国经济转型的时代特征。

---

① 武芳梅：《中国经济转型的终极目标与路径选择》，载于《江苏经贸职业技术学院学报》，2007 年第 3 期，第 18 页。

② 林跃勤：《经济转型与和谐增长》，载于《广州大学学报（社会科学版）》，2007 年第 6 期，第 14 页。

第一节　中国经济转型的阶段与特征

在社会科学领域，"转型"是一般意义的词汇，不论是社会结构、社会制度，抑或经济体制、经济模式，甚至文化传统所发生的新旧更替都可用转型来概括，故转型包括文明转型、社会转型、经济转型等。经济体制转型会受到文明转型和社会转型的制约和影响，一般而言，在文明转型过程中一定会伴随着社会的转型，而社会的转型又通常会伴随着经济体制的转型，但社会的转型不一定会导致文明的转型，同样，经济体制的转型也不一定必然导致社会的转型。[①] 人们习惯于将经济体制层次的转型称为经济转型，然而，因各家所作定义之差异，经济转型存在狭义和广义两种区分。本书所论述的经济转型的内涵仅限于狭义的经济转型。

一、经济转型及相关概念辨析

中国的改革开放并不是一开始就以社会主义市场经济体制为目标的。粉碎"四人帮"后，中国在政治、经济、文化等各个方面进行了深刻的改革。党的十二届三中全会把中国经济定位于有计划的商品经济，在适度范围内引入市场并对外开放经济。在偶有反复的情况下，1992年党的十四大把经济改革的目标确定为建立和完善社会主义市场经济体制，自此中国的经济改革成为真正意义上的经济转型。理论研究源自实际并作用于实际，尽管二者并不是随时保持一一对应的关系，也不是始终维持正相关关系，但二者却能相互促进、相互影响。经济转型是在试错性探索了有计划的商品经济和计划与市场并存的商品经济后，定位为社会主义市场经济体制的，经济转型的内涵并不恒定，不是从一开始就明确的，其内涵是在与其他相关概念相互比对后逐步得以明晰的。

[①] 靳涛：《经济体制转型中的演进与理性》，厦门：厦门大学出版社，2005年版，第9页。

(一) 经济转型与经济体制改革

青木昌彦认为，所谓经济体制，是指由体制内部好似零件的各种经济结构（制度 institution）相互间有效地支持以后才能构成的和谐的整体，每个结构的成立都和其他结构能否有效发挥技能密切相关。[①] 中国学者对经济体制的定义一般都从生产关系和经济制度出发，如"经济体制是指一定的经济（包括生产、分配、流通）的组织形式、权限划分、管理方式、机构设置的整个体系。其不但是具体经济活动的组织管理形式，同时也是一定的生产关系的表现形式，是它的具体体现"[②]。再如，经济体制即是经济管理体制的简称，就是社会的基本经济制度在一个国家的具体化，也就是在社会生产总过程中，对包括生产、分配、交换、消费等在内的经济活动进行决策、计划、组织、监督和调节的整个体系，是管理整个国民经济的制度和方法。[③] 中外学者对经济体制的概念研究虽未实现统一化，但对厘清经济体制概念有着重要意义。经济体制几乎涉及经济的各个方面，但经济体制改革并不等于经济制度改革。因为制度既可以指具体的制度安排，即某一特定类型活动和关系的行为准则，也可以指一个社会中各种制度安排的综合，即制度结构。[④] 经济制度改革既可以理解为一个国家根本的经济制度的改变，也可以理解为对具体的某单项的、独立的制度进行改革。"同一性质的经济制度，可以不同的体制为载体，不同的体制必定有不同的经济机制；反过来说，要改变经济机制必先改变经济体制，但体制变了制度及其性质不一定也改变。"[⑤] 因此，经济体制改革是一个国家具体的经济活动形式、规则、机制的改革，而不是一个国家基本的经济制度的变革。经济体制改革体现为前者单一的、具体的经济活动和关系行为准则的变革，并且是在维护基本经济制度不变的前提下进行的。就中国而言，即经济体制改革必

[①] ［日］青木昌彦、奥野正宽：《经济体制的比较制度分析》，魏加宁等译，北京：中国发展出版社，2005年版，第226页。
[②] 孟连：《什么是经济体制》，载于《经济研究》，1980年第6期，第76页。
[③] 刘隆亨：《经济体制改革与经济法制建设》，北京：时事出版社，1985年版，第1页。
[④] 陈富良：《放松规制与强化规制——论转型经济中的政府规制改革》，上海：上海三联书店，2001年版，第33页。
[⑤] 潘振民、罗首初：《社会主义微观经济均衡论》，上海：上海三联书店，1988年版，第12页。

须以变革价格、企业、生产、交易、分配等具体的经济制度为内容，但又得在坚持社会主义公有制的基础上进行。经济体制改革可以是一项具体的经济制度的变革，也可以是几项经济制度的变革，还可以是整个经济活动的组织形式、运行规则的整体变革。

各国在经济发展中都存在经济体制改革的必要和现实，但不一定是经济转型。1992 年以前中国所进行的经济体制改革大都是体制内的改革，是同质量变。党的十四大作出的在中国建立社会主义市场经济体制的决策表明中国经济体制改革走向了异质更新的时代，中国经济体制改革迈进了经济转型的时段。对经济转型与经济体制改革之间的关系，可以这样认识，经济转型特指计划经济体制向市场经济体制的转变，其是经济体制改革的组成部分，或者说是经济体制改革的一个历史阶段。本书为叙述方便时而会交叉使用经济转型和经济体制改革。

（二）经济转型与经济转轨

20 世纪 90 年代初期，不论是官方报道，还是实务界和学术界，都交叉使用转型和转轨这两个术语。一般而言，转型是 transformation 的汉译，转轨则为 transition 的汉译。曾有学者力图从概念上对转型与转轨进行严格区分，但也难免存在变化不恒定的状况。如，一位学者曾认为："转轨是指以前的传统模式完全被另外一个不同性质的模式所取代的社会经济性质发生变化的过程，其显著特点不仅在于大规模的市场化，而且在于压倒一切的私有化、自由化和全面的世界经济一体化。转型只被看作是一个相对短期的，更侧重于经济体制或制度迅速转变的概念。"[1] 但在一年后该学者即又重新撰文界定了对转轨和转型的认识："转轨的任务是阶段性的，转型的任务是长期性的；转轨的任务是作为手段从外部提出来的，转型的任务是经济发展固有的目标；转轨作为外生力量强制干预经济运行，转型依赖于经济增长积累到一定程度引起的质变。"[2] 即将经济体制的转轨与发展转型作为中国自 20 世纪 70 年代末开始的经济体制改革的基本内容和组成部分。但从现实情况看，当前不

---

[1] 吕炜：《中国经济转轨实践的理论命题》，载于《中国社会科学》，2003 年第 4 期，第 5 页。
[2] 吕炜：《转轨与转型》，载于《中国财经报》，2004 年 11 月 2 日。

论是专门从事中国经济变革研究的学者，还是从事中国经济市场化的官方管理组织或民间参与组织，都更习惯用转型一词来描述中国正在进行的经济改革，各种论文、专著、报道都证明了这一点。因此可以说经济转轨与经济转型是同义语，本书在相同意义上视情况而交替使用二术语。

(三) 经济转型与制度变迁

不论是广义的经济转型还是狭义的经济转型，都牵涉制度的变革、更替和转化，因此经济转型是制度变迁的一种，但其并不等同于制度变迁。制度变迁是具有普遍意义和一般意义的社会学概念，它不仅包括整体性的制度更迭、全局性的制度结构变革，而且还包括个别的、具体的、单项的制度安排上的变化。如果说制度变迁是种概念的话，则经济转型属于其下的属概念。所以，关于制度变迁的理论基本都能适用于对经济转型问题的研究。制度变迁有两种基本形式：诱致性变迁与强制性变迁。从计划经济转向市场经济是一个基础性的制度变迁过程。借用制度变迁理论，引发和推动经济转型的力量可以归为两类：一类是自发的力量，一类是自觉的力量。相应的，经济转型也可以分为自发的诱致性的经济转型和自觉的强制性的经济转型。中国的经济转型是以政府主导型的强制型变迁为主的。

二、中国经济转型的启动与推进

中国由社会主义计划经济体制向社会主义市场经济体制转型，既有内生的自发性、自觉性因素，也有外来的竞争性、压迫性因素。

(一) 计划经济体制的功能性缺陷及历史必然

中华人民共和国成立后，在苏联的帮助和指导下，中国开始了经济建设和政治建设。于是在经济基本制度上采用苏联模式的中央集权的计划经济体制也就顺理成章。实践证明，计划经济体制是一种可以迅速建立并促使经济高速增长的经济体制，但其难以保持长期的、持续的增长态势。社会主义国家以计划作为其唯一的资源配置方式，凭借主观计划、人为安排所决定的生产和交换不可避免地与价值规律、市场原则发生冲突和对抗。短时期内国家可以通过强制力贯彻计划的落实,但时间一长,革命胜利所带来的热情及精神激励的递减效应开始发生作用,计划经济体制的弊端也就逐渐显露,经济增长的速度自然也就放慢,甚至停滞不前。①

20世纪50年代,社会主义国家对计划经济体制存在的积弊就已有所察觉,社会主义国家的经济学家们不再一味地高唱计划经济赞歌,而开始对计划经济体制进行一分为二的评论。在理论的指引下,苏联从斯大林创立的重点发展重工业和军事工业,排斥非公有制和市场竞争,以精神鼓励和意识形态作为激励机制的经典计划体制,转向赫鲁晓夫推行的以调整农业和建筑业为主的新经济体制,再到戈尔巴乔夫的"经济重建";再有南斯拉夫的"自治和分权社会主义",波兰的"市场社会主义"以及匈牙利的"计划与市场相结合的新经济体制"等,社会主义国家努力通过完善计划机制而试图走出困境。但是,市场因素引入的有限性和改良的不连续性,使得上述国家的经济调整始终处于一种走走停停的局面,每当引入新的市场因素,经济就会出现较大幅度的增长,而一旦这种市场因素的能力释放由于制度的约束而无法深入下去时,经济又会陷入停滞。② 在我国,党的八大开始对计划经济体制进行改革,在以全民所有制企业、集体企业为主体的前提下,允许个体工商户、规模较小的私营企业在一定数量内存在;在完成国家计划指标的基础上,允许企业进行一定数量的超额生产;在国家制定价格、统一配额的前提下,允许小型的自由市场存在。总体而言,社会主义国家对计划经济体制的修正和改良使得国民经济比例基本恢复正常,但由于对市场、对竞争、对价值规律、对价格缺乏正确和足够的认识,市场这种资源配置方式只是被作为辅助的、次要的、个别的调控手段,计划是根基,市场是补充,市场为计划服务的指导思想贯穿了整个经济领域。这种对计划经济体制的修修补补难以彻底解救计划经济体制所具有的功能性缺陷,经济稍有恢复后很快又陷入新的困境。党的十二届三中全会对计划经济体制

---

① 林毅夫:《制度、技术与中国农业发展》,上海:上海三联书店、上海人民出版社,1994年版,第21页。
② 程伟等:《经济全球化与经济转轨互动研究》,北京:商务印书馆,2005年版,第6页。

作了一个既适当又客观的评价:"建国三十五年来所发生的深刻变化,已经初步显示出社会主义制度的优越性。但是必须指出,这种优越性还没有得到应有的发挥。其所以如此,除了历史的、政治的、思想的原因之外,就经济方面来说,一个重要的原因,就是在经济体制上形成了一种同社会生产力发展要求不相适应的僵化的模式。这种模式的主要弊端是:政企不分,条块分割,国家对企业统得过多过死,忽视商品生产、价值规律和市场的作用,分配中平均主义严重。"①

除了内在原因外,来自资本主义世界的外界信息刺激虽不是关键性、决定性的因素,但也是社会主义国家放弃计划经济体制而选择市场经济体制的重要缘由。

(二) 西方市场经济体制的比较性优势

20世纪60年代后,社会主义阵营与资本主义阵营在政治意识形态上的障碍因社会发展、经贸往来而逐渐消除,西方资本主义国家的经济强势不再停留在单纯的展示层面,而是通过文化交流、经济贸易、资金援助等各种途径对社会主义国家产生渗透和影响。

首先,西方国家对社会主义计划经济作了较为全面的研究。西方国家从人的理性、政府的有限性、计划的不可施为性出发,对计划经济体制本身作了深入剖析。其认为,人类的有限理性决定了政府的能力有限,政府的力量有限性使得计划经济体制难以持续落实人类发展经济的追求。由政府对经济进行事先的安排与计划具有不可施为性,由中央政府集中进行计划更是不切实际的做法。计划机制在信息处理功能与激励约束功能等方面的体制性缺陷使得其在配置资源上具有天然的比较劣势,计划经济所获得的经济发展是片面的、局部的。这些理论和观点随着经贸往来而逐渐渗入各个社会主义国家。

其次,在经济贸易上,社会主义国家与资本主义国家间所进行的贸易往来是极不对称的,资本主义国家通过银行贷款和企业合作来达到控制社会主义国家经济命脉的目的。如在1980年,波兰、苏联、匈牙利等国家的净借款总额达到560亿美元,净负债达到412亿美元。其中波

---

① 详见1984年党的十二届三中全会上通过的《中共中央关于经济体制改革的决定》。

兰截至 1989 年年末，其负债超过了 1000 亿美元。[①] 同时，发达资本主义国家往往对各种国际组织有着实质性的控制权或影响力，通过这些国际性组织加强和拓展其对社会主义国家经济、政治上的影响和控制。由于在经济上对发达资本主义国家的资金帮助、技术支持产生了前所未有的依赖，社会主义国家对发达资本主义国家所附加的种种条件只能妥协，或遵照执行。如俄罗斯在经济转型中为了获取国际货币基金组织提供的贷款，而不得不对国际货币基金组织所提出的私有化、自由化和稳定化等苛刻条件全盘接受和执行。

计划经济体制所具有的功能性缺陷决定了社会主义国家不得不放弃高度集权的苏联范式，而西方资本主义国家所实行的市场经济体制所取得的经济强势和竞争优势地位对社会主义国家所造成的优势吸引和制度渗透，则决定了计划经济体制的替代物只能是市场经济体制。最终，经济转型的内生动力和外来压力在 20 世纪 90 年代聚合，社会主义国家开始了全球性的经济转型。资本主义的市场经济体制成为许多社会主义国家的选择，苏联和东欧各国对经济体制进行了急速的、全盘的转型，中国也在 1992 年正式确定以构建社会主义市场经济体制为目标的经济改革。在与市场经济的抗衡中，计划经济体制战败是历史的必然，既有计划经济体制本身功能性缺陷的原因，又有市场经济体制制度优势的原因，还有资本主义国家施加政治影响、经济影响、文化制度影响的原因。"在经济全球化时代，那些不具备比较优势的经济制度必将妨碍本国经济的国际比较竞争优势的形成，或者导致一个国家丧失其在国际经济中的原有优势地位，这就是制度竞争。"[②]

（三）中国经济转型的阶段划分

尽管中国经济转型的正式启动是以党的十四大确立构建社会主义市场经济体制为标志，但没有此前的改革探索，就不会有正式的经济转型。因此，在论述经济转型的过程时，往往需溯及改革开放之始。故，

[①] ［澳］A.G. 肯伍德，A.L. 洛赫德：《国际经济的成长：1820—1990》，王春法译，北京：经济科学出版社，1997 年版，第 316 页。

[②] 吴越：《经济宪法学导论——转型中国经济权利与权力之博弈》，北京：法律出版社，2007 年版，第 186 页。

中国经济转型可作如下划分：

1. 1978—1984 年为经济转型的序曲

中华人民共和国成立后所形成的中央高度集权的纯计划经济体制在1978年被突破。1978年，安徽省凤阳县小岗村的20个农民把土地分开，包产到户。政府没有立即压制这种做法。政府既不反对也不倡导的容忍在客观上促使更多的其他地方的农民效仿这种由农民自发的制度创新。事实证明这个非正式的制度具有强大的适用性和生命力，国家也就水到渠成地承认农民分田地、包产到户的合法性。家庭联产承包责任制由此拉开了中国渐进式改革的序幕。

农村经济改革以诱致性制度变迁的路径启动，其尽管是以个别的、局部的经济体制改革为开端，但是，对于恢复和提高农民的生产积极性，提高农产品产量，提升第一产业在国民生产总值中的比重，改善工农业比例不协调起到了重要作用。在此阶段，改革的重心在农村，既未波及城市经济体制，也未对农村经济制度进行系统的、全局性的、有章可循的改革。

2. 1984—1992 年为经济转型的前奏

1984年，党的十二届三中全会通过《中共中央关于经济体制改革的决定》，中国经济体制改革正式开始。农村家庭联产承包责任制在全国范围内铺开，成为一项基本国策。改革的重心开始从农村向城市转移。1986年4月国务院成立经济体制改革方案研讨小组办公室，此后各地陆续成立了经济体制改革办公室，专门研究和研讨各国（主要是苏联和东欧等社会主义国家）经济理论，并指导各地政府进行经济体制改革。

在此阶段，价格形成机制的市场化是改革的核心，企业自主权扩大是改革的中心。国家在定价机制上采取市场定价与国家定价两条线，国家计划价格的产品种类和数量不断减少，市场机制在价格形成上所起到的作用逐渐增强。国有企业从国家经营到企业自营，再到生产自主、销售自主、投资自主，其自主权以法律的形式固定下来。同时，私营企业、个体工商户等非公有制经济开始零敲碎打地发展起来。关于各类经济主体的独立地位、权利义务的设定和保护，关于市场准入、市场培育的经济法律也陆续出台。总体而言，此阶段计划体制在与市场体制的较量中仍占据上风。毕竟计划经济体制下的中央政府权力大，在惯性的作用下，中央政府主导着整个改革的步伐和深度，由中央政府主导改革、领导改革的状况未得到根本性改变。比如在政企分离及财税体制改革中，以中央政府向地方、向企业让渡权力为主要体现，且中央政府始终持有单向性的决定权，时而放权、时而收权，改革处于一种偶有反复、目标不恒定的境况。

对内改革，对外开放，在对内进行改革的同时加大对外开放的步伐，国内经济活动必然会受到他国制度规则的影响或制约。"制度冲突和制度竞争的结果是适用性大的，或者说强势的经济制度和规则成为优胜者，其他规则也就成为俘虏。"[①] 尽管中央政府一直试图将市场定位于为计划经济服务，但经济的发展，尤其是全球性经济的驱使，中国不得不接受西方发达国家的经济法律制度成为全球通用的经济活动规则的事实，也不得不承认西方发达国家所取得的经济增长和社会进步。进入20世纪90年代后，来自国内、国外的经济改革经验都促使中国领导层对市场与计划、社会主义与资本主义、计划经济与市场经济的关系予以重新审视和定位。在1992年，明确经济体制改革的目标是构建社会主义市场经济体制后，计划经济体制在政府与市场双重力量的作用下，在主动与被动中向市场经济体制转型。

3. 1993—2003年是经济转型的制度铺架

1993年中国共产党第十四届中央委员会第三次全体会议通过的《关于建立社会主义市场经济体制若干问题的决定》明确指出，社会主义市场经济体制，就是要使市场在社会主义国家宏观调控下对资源配置起基础性作用。随着目标的明确，改革的指导思想也从此前有计划的商品经济，计划为主、市场为辅的商品经济定格在社会主义市场经济体制。在此阶段，一系列旨在实现市场化改革的经济制度、法律制度陆续出台，改革的核心是实现对微观经济主体的市场化改革，以及落实相关

---

① 程伟等：《经济全球化与经济转轨互动研究》，北京：商务印书馆，2005年版，第109页。

法律权利的设定和保护。

1993年以前，中国对计划经济体制进行了修正、改良、改革，但因其目的是保障计划经济的基础性地位，旨在完善计划经济体制，增强计划经济体制的合理性和有效性，虽有改革的目标，但并没有对市场这种资源配置方式给予准确和充足的认识和重视。当且仅当经济体制改革确立以构建社会主义市场经济体制为目标后，社会主义计划经济体制向社会主义市场经济体制转变的特定含义的经济转型才正式启动。两相比较，可以说，1993年以前的经济体制改革是中国经济向社会主义市场经济转型的准备。此前的改革试错的色彩较浓，而此后的改革更为理性和长远；此前国家引导改革主要通过政府的规划、政策、命令，而此后国家引导经济转型的手段以法律制度为主。在此过程中，理论界、实务界以及改革主导者均开始从以前向其他社会主义国家学习，转而向发达资本主义国家借鉴经验，各种市场经济下的法律、制度、规则蜂拥而至。市场要素逐步完备，市场体系形成并得到法律的规范，国有企业股份制、公司制改革，非公有制经济从补充到重要组成部分，国家宏观调控从政策命令行政手段向经济手段、法律手段过渡，市场经济体制所需要的各种经济制度、法律制度逐一得到建立。社会主义市场经济所需要的经济制度、法律制度在此阶段初具规模。

4. 2004—2012年是经济转型的制度修正

这一阶段改革的理论指导仍是社会主义市场经济论，改革的重点从微观经济向宏观经济回归，前阶段所制定的、施行的经济制度、法律制度在此阶段被大量、大幅度地修订、修正、修改。经济转型在此阶段开始摆脱点上、面上的改革，向纵深发展。

在此阶段，中国在进一步建立市场、完善市场体系的同时，加强了对市场秩序的维护和保障；在强调经济快速增长的同时，关注经济增长方式的优化；在重视国有企业内部治理结构改进的同时，关注国有资产管理体制，关心非公有制经济的发展环境；在提高国民经济总量的同时，关注构建合理公平的改革成果分享分配机制；在规范各类市场主体行为的同时，重视政府机构设置、职能安排科学化以及政府干预经济的合法性与合理性。国务院《关于2005年深化经济体制改革的意见》对农村经济体制、国有企业和国有资产管理体制、非公有制经济发展的体制环境、收入分配和社会保障制度等经济转型的新旧领域作了总体部署。

5. 2012年至今是经济转型的制度深化

自改革开放以来，经济体制改革不断深入，社会主义市场经济体制逐步建立。2012年，党的十八大报告指出，"经济体制改革的核心问题是处理好政府和市场的关系，必须更加尊重市场规律，更好发挥政府作用"。在坚持公有制为主体、多种所有制经济共同发展的基本经济制度的同时，保证各种所有制经济依法平等使用生产要素，公平参与市场竞争，同等受到法律保护。2013年9月，国务院办公厅发布《关于政府向社会力量购买服务的指导意见》，明确了政府购买服务的范围。①2013年11月，党的十八届三中全会决定"允许社会资本通过特许经营等方式参与城市基础设施投资和运营"。在社会公共服务产品领域率先实施政府与社会资本合作，真正为各种所有制经济提供公平参与市场经济的制度保障。在这一阶段，经济体制改革还面临着信息时代所带来的互联网+、物联网以及智能移动终端所带来的新经济业态、新经济模式等新问题，相应的经济法律制度也应运而生，财政部、发改委陆续出台了关于政府与社会资本合作的部门规章；2017年2月28日，国家发改委就《分享经济发展指南（征求意见稿）》公开向社会征求意见。

三、中俄经济转型模式比较

20世纪末，社会主义国家在内在动力和外来迫力的双重作用下，陆续开始向市场经济体制转变。在不同的背景、起点及不同理论的作用下，各国出现了不同的转型模式。

经济转型是制度创新、制度变迁的过程。根据制度变迁的主体差

---

① 《关于政府向社会力量购买服务的指导意见》（国办发〔2013〕96号），明确了政府购买服务的范围，即"对于基本公共服务领域，如教育、就业、社保、医疗卫生、住房保障、文化体育及残疾人服务等，政府要积极向社会力量购买；而对于非基本公共服务领域，凡适合社会力量承担的，政府都可以通过委托、承包、采购等方式交给社会力量承担"。

异，其可分为诱致性变迁和强制性变迁；从导致制度变迁的原因分析，可以将制度变迁区分为内生变迁与外生变迁；从制度变迁的速度、程度、范围等角度分析，可以把制度变迁分为适应型制度变迁与更新型制度变迁、框架型制度变迁与非框架型制度变迁、渐进型制度变迁与激进型制度变迁。[①] 学界最有影响的堪称"在制度研究范围与内容方面的杰出之作"的是林毅夫提出的"诱致性变迁和强制性变迁的区分"。所谓"诱致性变迁是指一群（个）人在响应由制度不均衡引致的获利机会时所进行的自发性变迁；强制性变迁是由政府法令引致的变迁"[②]。但实践中，社会主义国家所进行的经济转型各有特色，所形成的模式也多种多样。其中，以俄罗斯为代表的激进式经济转型和以中国为代表的渐进式经济转型最为典型。

中国和俄罗斯经济转型的起点都是中央集权的社会主义计划经济体制，但两国的经济转型却走了两条截然不同的道路：俄罗斯以西方经济学（尤以萨克斯的观点）为理论指导，在经济和政治领域同时进行了根本性改造，私有制迅速取代公有制，社会主义民主专政迅即转变为资本主义宪政，总体上呈现出短、平、快的特征，这即是休克疗法、激进式经济转型。中国尽管在 20 世纪 90 年代也明确了市场机制在资源配置中的基础性地位，但市场的培育并没有立即在全国上下、各个领域、各个环节全面推开，定价机制也长期保持着市场定价与政府指导的双轨格局，西方经济学上的产权理论并未在中国被广泛接受和采用，所有制体制仍坚持以公有制为主体，私有制经济只是在局部、在个体、在部分上起着补充或重要的作用；被俄罗斯全盘接受的宪政化改革是成功转型关键的萨氏理论在中国被完全否定。中国经济转型在局部、在计划经济体制外、在计划经济体制内，由点到线到面地逐渐推进。学界称此为渐进式经济转型。对此二模式比较如下：

（一）经济转型路径依赖性分析

"人们自己创造自己的历史，但是他们并不是随心所欲地创造，并

[①] 柳新元：《利益冲突与制度变迁》，武汉：武汉大学出版社，2002 年版，第 39 页。
[②] ［美］R. 科斯，A. 阿尔钦，D. 诺斯：《财产权利与制度变迁——产权学派与新制度学派译文集》，刘守英等译，上海：上海三联书店、上海人民出版社，1994 年版，第 17~18 页。

不是在他们自己选定的条件下创造,而是在直接碰到的、既定的、从过去承继下来的条件下创造。"① 制度的诞生需要以人类活动为基础,需要尊重既有的历史背景和现实环境,否则,往往会因为巨大的摩擦成本而致使制度无法诞生或过早夭折。社会主义国家的计划经济体制尽管是在政府主导下通过集权在短时间内构建起来的,但其对集中人力、物力、财力,恢复经济生产起到了积极作用,并使得社会主义国家在短时间内实现了经济增长和国力增强。在 20 世纪 90 年代,社会主义计划经济体制在苏联已运行了近一个世纪,在中国也运行了近三十年,其所奠定的制度环境对市场经济体制的建立必然会存在巨大的排斥性。因此,在向市场经济体制转型的过程中,社会主义国家"必须处理好新制度对旧环境的依赖性和对新环境的排斥性问题。一旦忽视新置入的制度与已有的制度环境的匹配性,把一项崭新的制度草率地嫁接过来,则难免违背期望,得到适得其反的结果。同时,体制内某一制度的变更往往会引起其他制度的连锁反应,因此为了避免因新置入的制度导致整个体制的崩溃,就需要在适度维护已有体制的稳定性的前提下培育新的制度"②。俄罗斯及东欧国家依照西方经济学所设计的休克疗法,对社会主义计划经济进行了全盘化、全局性的私有化改革,对原有计划经济体制下的制度未予以足够的重视和尊重,以至于在经济转型开始后即陷入经济倒退、社会动荡的窘境。中国则以摸着石头过河的谨慎态度对计划经济体制进行变革,时隔近十五年后,在旧制度惯性影响逐步减缩,新制度与经济环境、社会背景日渐融合的状态下,适时地提出以建立社会主义市场经济体制为目标,进而再对微观、宏观领域的各项经济、法律制度进行大幅度的构建和修正。"中国的经济改革更像一个正常的经济发展过程,即主要任务是将大量农村剩余劳动力由生产率低的农业部门向生产率高的工业部门转移,这种转移由于其帕累托改进性质而较为顺利,并进而导致新兴非国有部门的增长,从而使渐进转型得以成功进行。"③

---

① 《马克思恩格斯选集》(第 1 卷),北京:人民出版社,1972 年版,第 603 页。
② 袁峰:《制度变迁与稳定——中国经济转型中稳定问题的制度对策研究》,上海:复旦大学出版社,1999 年版,第 33 页。
③ 汪立鑫:《经济制度变迁的政治经济学》,上海:复旦大学出版社,2006 年版,第 262～263 页。

（二）经济转型目标差异性分析

俄罗斯等国家选择以英美资本主义市场经济模式作为经济转型的目标，其转型的起点和欲达到的目标可谓是一目了然，即以社会主义计划经济体制为起点，以西方国家资本主义市场经济体制为终点。相比之下，中国经济转型目标的明确经历了较长时期的探索和试错，经济模式在计划与市场间不断较量，侧重点时而反复后，直至1992年才明确以构建社会主义市场经济体制为目标的经济转型。

苏联和东欧国家是以西方国家的资本主义市场经济体制取代社会主义计划经济体制，中国经济转型的目标尽管从资源配置方式上看，也是实现以市场为主的资源配置方式，但所建立的市场经济是社会主义性质的，是体现全民意志和意愿，保护全民集体福祉的市场经济。苏联和东欧国家所进行的经济转型是将西方国家普遍适用的资本主义市场经济体制移植到本国土壤，好比将种植在美国的一棵橘子树移栽到自己家的果园里；而中国所进行的经济转型并不是以西方国家现行的资本主义市场经济作为目标和目的，中国是在借鉴西方资本主义市场经济体制的同时完善自己的社会主义经济制度，即把市场体制与社会主义制度结合起来，构建起既适合中国传统制度文化，也符合社会主义政治制度的社会主义市场经济体制。这好比把美国品种优良的一棵橘子树与中国自己的柚子树嫁接，培育出包含橘子和柚子优点的新品种。因此，中国的经济转型是一个制度创新的过程，而不是制度搬移的过程。

（三）经济转型与宪政改革间的关系分析

萨克斯等人强调经济改革仅仅是大规模宪政转轨的一部分，认为中国改革初始的经济结构是中国经济转轨成功的主要原因，是由于中国改革在开始阶段回避了诸如银行、企业改革、政治体制改革等最困难的一些问题，因此，中国的改革路径可能是缺乏可持续性的，在日后所进行的企业转制是要付出高昂成本的。[①] 其对中国经济转型初始条件的分析

[①] J. Sachs and W. T. Woo, "Understanding the Reform Experiences of China, Eastern Europe and Russia", Journal of Comparative Economics, vol. 18, no. 3, 1994.

对理解中国经济转型之初的改革措施和成效有很好的借鉴作用，但其把经济转型作为宪政转轨的一部分，认为要进行经济转型必然需要或必然带来宪政转轨的认识是有失偏颇的，中国经济转型的顺利与成功并不以实施宪政改革为条件，也不以宪政转轨为目标。中国经济转型与政治体制改革有密切联系，但不是决定与被决定的关系。中国特色社会主义的总设计师邓小平曾明确指出，市场经济不等于资本主义，社会主义也不等于计划经济，因此，中国也可以搞市场经济。经济本身可以不带任何政治色彩，市场经济绝不是资本主义国家享有独占、排他权利的专利，社会主义国家也应该遵循价值规律、历史规律和社会发展规律。但是，经济制度也是政治的一部分，或者说不能不受到政治的影响。中国所需要的是符合社会主义的市场经济制度，而不是将西方国家适用的以私有制为基础的市场经济体制搬移过来。产权私有制度是西方经济学分析资本主义市场经济制度的基础，也是西方经济学家给市场如何配置资源设定的理论，中国经济发展需要市场作为资源配置的主要方式，但并不等于说中国必须像西方国家那样构建起以私有制为基础的财产制度和企业制度。西方法学理论研究者和司法实务者都习惯程序公正优于实体公正的认识，而中国几千年的文化积淀更在意结果的公正。由于话语权的差距，西方经济学、法学的论点在全球更有号召力和说服力，但这并不意味着西方盛行的理论和做法在中国也同样适用和受欢迎。

以中国为代表的渐进式经济转型与以俄罗斯为代表的激进式经济转型相比，孰优孰劣，孰成孰败，学界一般认为中国经济所取得的飞速发展充分证明了渐进式经济转型模式的成功，而俄罗斯在宣布私有制、宪政化后经济、政治、社会陷入一片混乱，表明激进式经济转型模式的失败。但也有学者认为此时作此判断尚言之过早，因为中国渐进式经济转型的累积成本所导致的危害尚未完全暴露，中国经济转型从目前的状况看是"整体成功，局部失误"：利益链条较短的行业改革成功的可能性较大，利益链条较长的行业改革问题较多；增量改革成功率高，而存量改革矛盾较多；行政权力干预较少的领域改革的成功率高，而行政权力介入较多的领域改革中出现的问题较多。① 而俄罗斯在遭受较长时期的经济萧条和社会动荡后，近几年经济已步入良性发展。

四、中国经济转型的特征

不同的经济转型初始条件、不同的经济转型路径、不同的经济转型目标，以及对经济转型与宪政改革的不同定位，使中国走了一条不同于其他社会主义国家的经济转型之路，中国经济转型因此而具有中国特色。

（一）分权性

中国经济转型既包含政府与政府之间权力分配、政府与企业之间权力分配的变迁，同时也伴随着政府逐步释放权力，市场不断增强能力的过程。经济转型中的分权，一方面体现为中央政府将权力分给地方政府，另一方面体现为政府把权力分给企业或个人。

1. 中央政府分权给地方政府

中央政府与地方政府的关系是它们在管理公共事务过程中所结成的一种纵向权力关系，其根源于整体利益和局部利益的对立统一。中央政府代表着全国的整体利益、长远利益和根本利益，是宏观经济运行层次的利益主体，肩负着对整个宏观经济活动进行调控的重任；地方政府代表和体现着一定行政管理范围内的局部利益，有人将其称为中观经济运行层次的利益主体；企业和个人则是微观经济运行层次的利益主体[②]，由于中央政府、地方政府和企业是不同层次、不同范围利益的代表，因此对其权力的配置也应尊重和体现这种差异性，计划经济体制的制度性缺陷之一即是在权力分配上忽视了对中间层和基层的尊重和保护。

计划经济体制下，中央政府的权力是广泛的、绝对的，其通过各种

---

① 周民良：《如何全面深化经济体制改革》，http://tjj.xinmi.gov.cn/ckxx/20060808/104120.shtml，访问日期：2009-04-13。

② 袁峰：《制度变迁与稳定——中国经济转型中稳定问题的制度对策研究》，上海：复旦大学出版社，1999年版，第63页。

命令、指令、决定实现对经济的参与、介入、管理及控制。地方政府与中央政府不仅体现在设置、权力上的等级化，更重要的是，地方政府要绝对服从于中央政府，完全从属于中央政府。早在改革开放前，中央政府为了增强各地经济活力，确保社会和制度的稳固，曾通过增加或减少中央所属企业的数目、扩展或缩减中央统一调配的物资类别等手段调整中央政府与地方政府之间的权力分割。但中央政府与地方政府之间权力的收与放始终处于一种不恒定、无章可循、反复不定的状态。改革开放后，中央政府从财政收入到公共品供给再到投资决策等多方面让渡权力给地方政府。"这些分权行为在更大程度上可以看成是中央政府对原来严格进行管制的要素配置、生产决策和产品流通放松管制的过程，分权在很大程度上是政府放松管制的手段。"[1] 充分发挥地方政府的作用也是中国经济转型较为顺利的原因之一。

2. 政府分权给企业和个人

今天我们都清楚地知道企业是社会基本的经济组织形式，是独立的经济主体，需要根据市场供需、成本与收益的变动作出最有利于自身利益最大化的决策。然而，在计划经济体制下，企业是单位，不仅承担生产任务，还要担负销售、劳动者福利以及住房、医疗、教育等责任，企业不是单纯的经济意义上的组织，其承载了政治的、社会的、文化的功能，而且企业是不自主的，即便是在生产上，它也必须服从国家计划，听从国家安排，遵守国家调拨。企业和其他行政机关、事业单位一样是国家的单位。因此，在计划经济体制下，企业受制于政府，而个人受制于单位，企业是不自主的，个人也是不自由的。要使市场成为资源配置的基本力量，首先要确认企业和个人对自身以及对财产有独立自主的支配权，有自由自愿的流动性。

经济改革的首要任务是恢复企业和个人独立主体自主的地位，而此需以企业、个人获得权力、财产为前提和条件。因此中央政府不得不将其持有的权力让渡一部分给企业和个人，其释放权力给企业有两种方

---

[1] 杨开忠、陶然、刘明兴：《解除管制、分权与中国经济转轨》，载于《中国社会科学》，2003年第3期，第20页。

式：一是允许私营企业出现和存在；二是对国有企业放权让利，使之成为有独立财产，可独立承担责任的经济主体。政府释放权力给个人的途径也有两种：一是允许个人享有私产，从生活日用品到耐用品到生产资料到住房到无形资产，允许个人成为商品生产者或销售者或运输者等经济主体；二是允许劳动力货币化，允许劳动力在农村与城市、城市与城市、企业与企业、中国与外国间流动。所以在经济转型中，企业与个人不但获得了独立的地位，而且其权力、权利也不断得到提升。

(二) 渐进性

中国经济转型最突出的特征是渐进性。自组织是通过系统各个要素与外部环境的长期磨合形成的，它是自然资源、物质和能量的演化方式和循环路径；而他组织是在外界特定干预下的一种演化方式。市场体制是在无形之手的作用下自发作用和发展的一种经济体制，它是自组织。计划体制是一种在中央计划部门作用下控制和管理经济运行的一种经济管理体制，它是他组织。[①] 由于计划经济体制是他组织，凭借人力可为，故可快速达致。无一例外的是，社会主义国家建立计划经济体制所耗费的时间都不长，中国仅花了三年时间就完成了社会主义改造，然而市场经济的建立却非朝夕可至。西方市场经济体制从资本主义萌芽到垄断资本主义形成，耗时逾几百年。更何况，"制度之形可一夜构建，但制度之内容物却需耗费成倍时间和精力"[②]。制度的建立可以在短期内完成，但制度所包含的内容要充盈却需要比建立制度的骨架长得多的时间。单纯从制度框架的建立看，俄罗斯通过激进模式实现了体制的转化，快速建立了市场经济体制，完成了经济转型，但从制度的内涵看，其经济转型并未完成。中国经济转型不仅缺乏市场机制，而且缺乏立即推行市场机制的条件和基础，只有建立起市场后才能建立起市场机制。此二者的建立都不是短时间内可以完成的。更有甚者，市场机制建立后要正常运行，还需要契约、产权等制度的支撑，这些也都不是短期内就能完成和投入使用的。对此，有学者指出，中国经济转型是从社会主义

---

① 靳涛：《经济体制转型中的演进与理性》，厦门：厦门大学出版社，2005年版，第182页。
② 黄仁宇：《资本主义与二十一世纪》，北京：生活·读书·新知三联书店，1997年版，第466页。

计划经济体制出发，完成一个一个社会转型分目标后达到社会主义市场经济的总目标。经济转型的目标是渐次出现，逐次更替间以短时重归的，其"是一个渐进的连续的过程，它的全过程通常是由一个一个的转型分阶段组合而就，它的总目标通常是由一个个转型分目标综合而成。因此，一个分目标的实现、一个分阶段的完成，就意味着一个新起点、新原点的形成，一个新阶段、新循环的开始"①。同时，中国经济转型并非单项、单一的经济制度变迁，经济转型的多重性与综合性，决定了中国经济转型分项目标的多样性和过渡性。

（三）双轨制

渐进性特征着眼于从转型的时序、路径、强度和速度分析，其主要相对于俄罗斯的激进性转型而言，而双轨制是中国经济转型收益大、成本小、阻力弱的主要原因。双轨制改革对于维护改革的稳定性，减少制度变迁的冲击力有非常重要的意义：受计划机制调控的经济部门仍延续了计划经济体制下企业担负经济生产、就业保障和社会福利分配等多种功能，避免了急速改革所导致的成片、成面失业的动荡；同时那些受市场机制调控的经济部门能在价值规律的作用下，充分发挥潜能，创造和维护经济高效率，从而维持整个社会发展的速度，满足社会发展的要求。②

双轨制有多重含义，首先是价格双轨制，即产品和物资既有计划价格，又有市场价格，受计划和市场两种资源配置方式的双重作用。家庭联产承包责任制建立后，农副产品开始由市场定价，并可进行自由交易，但国家仍对农产品和工业产品进行计划专控。价格改革在20世纪80年代中期启动后，政府计划内配额指标逐步减少，市场定价逐年增多，政府管制价格领域不断缩小，在相当长时间里，政府计划价格、政府指导价格与市场决定价格形成三足鼎立的格局。政府计划价格在20世纪90年代末基本消失，但政府指导价格仍然存在。其次是经济部门

---

① 夏东民：《社会转型原点结构理论模型的构建》，载于《苏州大学学报（哲学社会科学版）》，2006年第2期，第15页。

② 赵人伟：《对我国经济体制改革二十年的若干思考——特点、经验教训和面临的挑战》，载于《经济社会体制比较》，1999年第3期，第3页。

划分双轨制，有的经济部门由计划和行政指令发挥调控作用，有的经济部门则主要由市场负责调控。最后，对不同所有制经济主体实行不同的调控机制。改革之初，国家对非公有制经济持允许但不支持的态度，对其生产、销售、收入的分配等都不主动干预，任由看不见的手作用。但对国有企业，行政指令和计划仍是主要的调控手段。

"双轨"是指体制外和体制内的双向改革模式，而不是指计划与市场机制分庭抗礼、旗鼓相当、平分秋色。在经济转型初期，计划是根本，市场是补充；计划是主要的，市场是辅助的；市场是为计划服务的，市场需以计划为中心。在经济转型步入中期，市场的力量开始增强，对资源的初次分配起到了重要作用。在经济转型进入攻坚阶段后，市场在资源配置中占据了优势，计划成功从微观层面、从竞争领域退出，转而以宏观调控和公共事业为着力的重点。可见，在经济转型的整个过程中，计划与市场都是不均等的，但不均等并不表明计划和市场不和谐。经济转型处于不同阶段，调控方式有所不同是很正常的。现代市场经济不是孤立地保留市场，也不是单独地倡导计划，也不是要计划和市场均等地对经济进行调节，其所需要的是计划与市场在地位上平等，在效果上互补，在结果上统一。

双轨制为经济转型的平稳过渡起到了非常重要的作用，但双轨格局只能是一个过渡，而且其过渡期不能过长。转型中腐败现象的增多与频发可谓是双轨制最大的副产品。[①] 所幸的是，双轨制特征在当前的经济转型中正逐步消失。

（四）试点性

中国在经济转型中还有一项很突出的特征，即试点性。回顾经济转型中所进行的每一项重大的改革，几乎都以试点工作为先导。家庭联产承包责任制首先因安徽小岗村自发出现农民分田分产包干到户，后国家允许在安徽首先进行试点，待试点经验表明家庭联产承包责任制是有效率的生产方式后，国家才颁布政策法令将承包责任制在全国推广。同样，城市经济体制改革也是以试点的方式进行的。企业放权让利首先选

---

① 不同的政策待遇往往会为政府官员提供权力寻租空间。

择四川等地的个别国有企业进行试点,待经验结果出来表明该项改革措施可行后,再在全国逐步推广。此后所进行的现代企业制度改革、公司制改革以及政策性兼并破产,国有资产管理、国家循环经济示范等改革均以试点的方式进行。"试点的推进,既把风险控制在一定的范围,又能够产生示范效应,同时为扩大试点、完善政策留下空间。"[1]

(五)政府主导性

中国不仅是后发国家,而且还是发展中国家,并且几千年的封建制度使得国家力量强大,而社会力量却很弱,要破除旧的经济体制,建立新型经济体制,非凭借国家力量予以实施不可。[2] 政府主导是中国经济转型最核心的特征。

首先,经济转型的起点决定了政府在经济转型过程中担当着非常重要的角色。计划经济体制下,政府对经济有着深度的干预,各级政府对各类经济资源都能全面且牢固地实施掌控,而且没有其他主体有力量能通过其他制度渠道分割政府所持有的广泛且强大的权力。因此,要在经济领域扩大市场的作用,缩减政府的计划,启动经济转型,就必须以政府自愿让渡自身的权力与资源为前提。

其次,从经济转型的启动与推进看,政府的作用非常明显,也非常关键。农村经济改革虽然可以追溯到安徽凤阳村的村民自发创新,但如果没有政府的认同和逐步推广,这颗改革火星的命运很难判定。城市经济体制的改革更是在政府的一手操持下进行的。计划退让的广度与速度,市场迈进的领域和深度,与政府权力的让渡及约束息息相关,尽管在经济转型中孕育了大量新型社会主体,但政府分权的力度与广度仍由政府自身控制着。从结果看,经济转型过程的稳定性与成果的显著性与政府主导型改革有密切联系,政府在整个经济转型过程中的积极参与和作用促成了经济转型的不断推进。因此,中国经济转型是典型的以政府为主导的强制型变迁过程。

政府主导尽管可以发挥政府的全局性、综合性优势,但从实践看,

---

[1] 贺铿:《中国特色国有企业改革之路的初步思考》,http://www.sasac.gov.cn/n1180/n4175042/n5405123/n5563822/5565855.html,访问日期:2008-09-25。

[2] 郭连成:《俄罗斯经济转轨与转轨时期经济论》,北京:商务印书馆,2005年版,第76页。

政府所为的制度安排因客观因素上的局限性难免会出现一些不合理的制度设计，"中国当前经济中的不公平很多都是由于体制、制度所致，而非竞争下的不公平，人为的不公平甚于自然的不公平"[①]。

（六）目标层进性

中国经济转型的目标在 1992 年得以明确，此前近十五年的改革历程中，改革目标一直处于渐次推进、偶有反复中。20 世纪 70 年代，改革领导者决定在计划经济体制铁板上打开缺口，坚持计划机制的基础性地位，市场机制仅作为补充，并在计划的指导下发挥补充作用。1984 年《关于经济体制改革的决定》明确中国应构建的经济形态是公有制基础上有计划的商品经济，但对计划与市场关系的认识仍很模糊。20 世纪 90 年代初，计划与市场的关系有了实质性的发展，市场与社会主义的关系也得到澄清。至 1993 年《关于建立社会主义市场经济体制若干问题的决定》明确了市场应在资源配置中占据基础性地位，发挥基础性作用。至此，中国经济转型的目标得以明确和恒定。

以上对中国经济转型特征的概述，仅是摘其主要，除此以外，中国经济转型还具有"试错性"，即所谓的"摸着石头过河"式的改革；"强行政弱司法"，主要表现为改革过程中人大立法缺位、行政权力膨胀、司法权能弱化等；"应急性"，主要表现为改革措施及规范性文件具有较强的临时性和短期性以及"政府干预和政府参与并存"的特征。

第二节　中西经济法的比较及特征

经济法是什么，资本主义国家的学者有商法论、企业法论、经济法公法论、经济私法论、国家干预经济法论、国家指导调整经济法论，苏联和东欧国家的学者有经济行政法论、领导和进行经济活动法论、综合部门法论，中国法学、经济法学学界有纵横经济法论、国家意志经济法

---

① 宫志刚：《社会转型与秩序重建》，北京：中国人民公安大学出版社，2004 年版，第 35 页。

论、纵向经济法论、计划经济法论、综合经济法论、学科经济法论等。[①] 可见，经济法内涵的不确定不单是中国特有的现象，即便是在追求逻辑严密、体系周延的德国，对于经济法是什么也始终未达成统一。相形之下，中国经济法的发展更为兴盛和繁荣。在经历了"经济法、民法地位大论争"后，经济法获得了法律部门的独立地位，经济法学也成为独立的法律学科，不过对于经济法的组成要素、调整范围、基本原则等问题学界却始终未达成统一。与前社会主义国家的经济法和西方国家的经济法相比，中国经济法有着明显的中国特色。

一、中西经济法生成背景比较

西方资本主义作为一种经济生活现象，是以13、14世纪的意大利为代表；作为一种经济模式则萌芽于16世纪的欧洲；作为一种国家基本经济制度则以19世纪早期的英国为代表，即通常所说的自由资本主义，而在19世纪末以德国、美国为代表，资本主义进入垄断资本主义阶段。中华人民共和国没有资本主义传统，是从封建社会直接进入社会主义社会，在20世纪中期建立社会主义计划经济体制，在20世纪晚期开始对计划经济体制进行改革，并向社会主义市场经济转变。不同的社会背景决定了中西经济法初始使命的巨大差异。

（一）应对市场失灵的西方经济法

德国经济法的价值追求在于扶持、推动资本集中，鼓励垄断；美国经济法恰与此相反，在于限制和禁止垄断，其逻辑是——由于市场经济的体制性功能缺陷必然出现市场失灵，而国家干预是医治市场失灵最有效率、效益的选择，因此需要制定授予国家干预经济的权力的法律，即经济法。尽管德国和美国在经济法生成的初始目的的考量上出现了逆向性，但不论哪国均是以市场为前提，都遵照了弥补市场失灵和政府失灵的理论逻辑，只不过美国经济法的逻辑是市场中自由竞争的过渡、泛滥导致危及经济繁荣和稳定的垄断出现，而市场自身不能克服此弊病；德

[①] 王家福：《经济法理论与实践的若干问题》，载于《中国法学》，1984年第4期，第57~58页。

国经济法的初始逻辑是市场不能满足国家战争等临时性紧急性需要，只有国家才能通过手中的权力实现对市场的统制和资源的集中。苏永钦先生认为经济法是西方国家为其干预经济的行为寻求正当性的结果，"政府愈来愈需要假手于法律的制定来增加经济过程和结果的可预期性，并假手于独立法律体系的运作来增加经济管制措施的正当性"[①]。

（二）培育市场的中国经济法

中华人民共和国成立后建立的是崭新的社会，旧有的政治、经济传统被打破，旧有的政治、经济、法律制度被废除，法制建设完全从新起点进行。计划经济体制是强调中央政府权力集中，强调经济集中，从中央到地方到各种单位，形成发达的层级制的纵向的经济体系，地区之间、单位之间、企业之间的横向的经济往来十分薄弱，即便有，也是在政府指令和安排下进行，自主而为的贸易往来是不允许的。国家虽也出台了一些关于经济建设、经济关系的法律，但其目的均在于实现国家计划，完成国家对经济的管理和控制，从内容上也往往是国家经济政策、指令和领导人指示的法律化翻版，虽名为法，但实非法，没有法的确定性、稳定性和相对独立性，这些法律被异化成配合国家经济管理的工具。计划经济排斥市场，法律体系中自然也就缺乏商法或经济法。20世纪七八十年代，中国开始对计划经济体制进行改革，旨在推动改革的经济立法得以恢复和加强。1978年，胡乔木在《人民日报》发表的《按照经济规律办事，加快实现四个现代化》一文中提出"必须加强经济立法和经济司法工作，把国家、企业、职工的利益和各种利益关系，用法律形式体现出来，并且由司法机关按照法律办法处理"。1979年、1980年，叶剑英、彭真等人在正式场合明确指出关于经济立法的重要意义，并使用了"经济法规""经济法"等字眼，国家领导对经济法的重视对经济法理论研究产生了重大的推动意义，中国经济法开始在计划经济体制的土壤中萌芽。高度集权的计划经济下没有市场，没有市场机制，因此，培育市场、建立市场就成为经济法等新生法律最主要也是最

[①] 苏永钦：《经济法——已开发国家的任务与难题》，见苏永钦：《民法经济法论文集》（一），台北：三民书局，1988年版，第593页。

重要的历史使命。

此外，值得一提的是东欧国家、俄罗斯的经济法。这些国家虽与中国有共同的经济转型起点——社会主义计划经济，但因其采取激进式转型模式，其经济法是在西方经济学家的帮助下将西方经济法移植过来的。苏联1990年颁布了《苏联所有制法》，承认所有制形式的多样性，允许公民拥有某些生产资料，同时还颁布了《苏联个体劳动法》《苏联国营企业法》等经济法律法规，通过这一系列重要的经济立法，突破了苏联传统的社会主义所有制理论，形成了多种形式所有制并存的形态。[①]

可见，西方经济法是市场经济发展到一定阶段后应需而生的，中国经济法的目的在于构建和规范社会主义市场经济体制，其以市场经济为导向，但其产生基础却不是市场经济，因此在很长时期里深受计划经济的影响和经济发展的局限。西方经济法是经济自发演进之果，东欧经济法是临摹设计之果，中国经济法则是理性设计和自发演进综合之果。

二、中西经济法发展阶段比较

西方经济法是19世纪在自由资本主义发展并过渡到垄断资本主义的过程中产生和发展起来的，而中国经济法的发展历史仅有30年。[②] 不同的产生背景、不同的历史使命，使中西经济法所经历的发展过程及阶段特征也是迥异的。

（一）西方经济法从初级经济法到现代经济法到国际经济法

西方经济法以第二次世界大战为界，之前或是为了应对经济危机，或是为了战时之需，或是为了缓和社会矛盾。美国1890年《谢尔曼法》和1908年《克莱顿法》的颁布在于维护市场自由竞争秩序，保障中小企业的生存空间；罗斯福时期颁布的《产业复兴法》《农业调整法》《紧

[①] 由嵘：《外国法制史》，北京：北京大学出版社，1992年版，第604页。
[②] 凌永芳：《改革开放30年中国经济法的发展与展望探讨》，载于《玉林师范学院学报》，2009年第2期，第84页。

急银行法》《紧急救济法》等法律在于对经济生活实行全面干预,以使美国经济能快速走向复兴;1935年颁布的《社会保障法》建立了包括老年保险、失业保险、贫穷盲人补助、贫穷老人补助、贫困未成年人补助等一系列社会保障制度,以缓和劳资关系。德国法西斯政府所颁布的一系列经济法律则在于加强国家对经济的控制力,为发动战争做准备。因此,无论是美国,还是德国,在20世纪30年代所出台的经济法律法规都带有应急性和补救性。

20世纪70年代的经济滞涨和经济危机,使罗斯福时代登上舞台的国家干预论遭到质疑和批判,综合了亚当·斯密理论和凯恩斯理论合理因素的新经济自由主义登上舞台,西方经济法也由此走向新生。西方经济法从重视国家干预又回归到注重发挥市场机制的基础性调节功能。同时,在政府有限理性理论的指导下,约束、规范国家干预经济的权力和程序成为经济法的新内容。西方经济法不再局限于弥补市场失灵,也不再侧重于赋予国家干预经济的权力,其对政府干预经济的行为从实体到程序都进行了有效的限制和规范,经济法得到了更为全面的发展和完善:在经历了浅表层次的初级经济法(战争经济法)、消极被动的危机应付经济法之后,最终完成了向自觉主动维护经济协调发展的现代经济法的转型。[①] 同时,随着市场一体化、金融国际化、生产跨国化、经济网络化,西方资本主义国家主导的法制观念和法律规则随着其资本、技术等在全球扩张、蔓延到世界各地,西方经济法获得全球性的发展,成为一种国际性的法律。

(二)中国经济法从兼容混合型走向社会主义市场经济型

中国经济法的产生与发展时空是处于从计划经济向市场经济转型过程中的中国,其难免带有社会主义计划经济体制下的遗迹、传承,同时在构建社会主义市场经济体制的过程中又不可避免地需要对西方发达国家的成熟的市场经济法律制度进行借鉴、吸收,因此,中国经济法具有

[①] 柴瑞娟:《中西方经济法产生发展的比较研究——兼谈双重缺陷理论在我国的可适用性》,http://www.corplawinfo.com,访问日期:2008-05-20。

市场经济法与计划经济法的兼容性和过渡性。

改革初期所制定的经济法律法规具有较浓厚的计划经济色彩,经济法的主要作用在于保证国家计划的实现。如 1981 年颁布的《中华人民共和国经济合同法》（以下简称《经济合同法》）在立法说明中指出:"随着经济管理体制的改革,经济中的纵向横向联系,除必要的行政办法外,大量的要靠经济合同来解决,经济合同既是使国家计划具体化和得到贯彻执行的重要形式,又是制定计划的主要依据和必要补充。"合同本是平等主体之间的法律关系,在法律归属上属于民事法律的范畴,但《经济合同法》却将其定位于兼备横向联系,又有纵向管理的法律概念。经济法的"计划"色彩在确立以社会主义市场经济为转型目标后逐渐消退。1993 年 11 月 14 日党的十四届三中全会通过的《关于建立社会主义市场经济体制若干问题的决定》指出:"政府运用经济手段、法律手段和必要的行政手段管理国民经济,不直接干预企业的生产经营活动。" 2001 年、2003 年两次《全国人民代表大会常务委员会工作报告》先后指出:"经济法是调整因国家对经济活动的管理所产生的社会经济关系的法律。"故有学者将 1993 年以前的经济法称为"国家观"的经济法,而将 1993 年后的经济法称为"市场观"的经济法。[①]

三、中西经济法理念比较

伴随着制度研究的开展,学界对具体制度背后隐藏着的,或者说代表着、体现着的观念、价值也进行了挖掘和研讨。理念处于思想的最深层,形成一种理念是困难的,改变一种已有的理念代之以新的理念则更为困难,理念的更新恰如其生成一样,需要耗费漫长的时间和巨额的投资。然而,理念决定着具体制度的配置,具体制度则规范着人们的行为,中国经济法律制度的发展与完善从必要性和充分性考量,都需要探索和更新经济法的理念。

---

① 程信和:《中国经济法的回顾与展望》,载于《湘潭大学学报（哲学社会科学版）》,2009 年第 1 期,第 22 页。

(一) 西方经济法理念的发展变化

由于经济法所适用的范围既不是民法主导的私法领域，也不是刑法、行政法主导的公法领域，而是处于二者之间的第三领域，因此，经济法在制度理念的追求和设计上既不同于私法，也不同于公法。随着法律制度的现代化，经济法律制度不再单纯地被作为国家统治管理干预经济的手段和工具，而成为私人、法人与国家互利互惠、相互监督促进的媒介。

1. 从保护消极自由到保护积极自由

博登海默认为，自由既包含了"不受他人的干预和限制"的消极自由，也包含了"能够去做某些事情或索取某些事物"的积极自由。

资本主义在建立过程中，保障和维护个人自由是其最有力的舆论工具。该思想在资本主义制度建立后成为资本主义法律的基本理念，不论是宪法，还是民法，都力求彰显对个人自由的尊重和保护，私有财产神圣不可侵犯、意思自由、契约自由等成为资本主义法律的基本原则和最重要的行为准则和规范。在经济活动中，资本主义国家主张每个人都根据自己的愿望从事经济行为、参加社会活动，彼此不得相互妨害，政府也不能进行干预，政府只能是"守夜人"。然而自由虽有利于竞争，但竞争难免会导致垄断，资本主义经济在自由竞争中走向垄断。康采恩、卡特尔、托拉斯等垄断组织的出现，对尊重保障个人自由的理念提出了严峻的挑战。垄断组织大肆滥用民事等法律制度所赋予的权利，合法地损害其他中小型企业及普通消费者的权益，整个资本主义市场秩序的良性运营受到伤害和威胁。民法恪守的私人所有权无限制和绝对性原则、契约自由原则以及侵权损害赔偿的过错归责原则旧三项原则，应势转变为私人所有权受到限制、契约相对自由、无过错归责原则新三项原则。但是，近代民法到现代民法的自我完善并不能有效解决经济发展中出现的垄断等新问题。毕竟民法所调整的是微观的单独的经济主体，其救济机制是以个体的权益受到损害而给予补偿性的救济，对垄断、社会弱者、贫者的保护救济等整体性的、全局性的问题不是通过保护弱者"不受他人的干预和限制"就能解决的，其呼唤新的法律理念、新的法律思想——"国家义务或许在于有规律地干预各种力量的自由放任,从而保护经济上的弱者的思想——对旧的法律思想的完全突破仅仅在新生的法律领域才会实现,如经济法、社会法等领域。"①

2. 从追求机会平等到追求事实平等

封建社会中人被分为三六九等,各等据法享有相应的、不等的权利义务,人是不平等的。资产主义打破了等级制,颁布了法律对每个主体在生产、交易及合法财产上给予平等的保护和保障,每个主体追求财富最大化有平等的权利和机会。但在自由资本主义经济发展百年后,资本主义社会出现了大量的事实上的不平等、分配上的不公平以及结果上的不公正。为何资本主义政治制度、法律制度都没有发生本质性的变更,但人们却认为法律给予的仅仅是空头支票式的形式平等,而在现实生活中却遭到差别待遇呢?哈贝马斯的解释是"法律自由的原则造成事实不平等,因为它不仅允许而且促进不同主体对同样权利的不同运用;它因此满足自主地施行私人生活规划所需要的主权权利前提。就此而言,法律平等与事实平等是不能合而为一的。但另一方面,那些歧视特定个人或特定群体的事实不平等,是同法律上平等对待的要求相抵触的,因为它事实上影响了对平等分配的主观行动自由的利用机会。只有当福利国家的补偿确立了平等利用法律保障的行动能力的机会平等的时候,对事实不平等的生活状况和权力地位的补偿,才有助于实现法律平等"②。直言之,即资本主义自由经济时期,法律赋予每个主体自由地行使权利,且在法无禁止皆合法的准则下,法律主体都竭尽所能地追求最大利益,包括对"对同样权利的不同运用",法律对此的态度是"满足自主地施行私人生活规划所需要的主权权利前提",于是自然也就出现了不能为人们容忍的事实上的不平等。

经济法旗下的分配法律制度即是对这种因法律形式平等而造成的事实上不平等的一种矫正机制。分配法律制度是国家给天生处于劣势者的

---

① [德] 拉德布鲁赫:《法学导论》,米健等译,北京:中国大百科全书出版社,1997年版,第68页。

② [德] 哈贝马斯:《在事实与规范之间——关于法律和民主法治国的商谈理论》,童世骏译,北京:生活·读书·新知三联书店,2003年版,第516页。

补偿，是"采取措施使天生不利者与有利者一样可以同等地利用各种机会"，是始终从最少受惠者的立场来考虑对社会合作所产生的利益的分配。① 不过，法律平等与事实平等之间是不可能实现完全契合的，"事实平等的衡量标准是法律规定对于相关人们的可观察社会效果，而法律平等则涉及他们在法律框架内根据自己偏好来作出决定的能力"②。尽管经济法较之民法更关注实质合理，更注重社会效果，但主体间的差异所造成的采集、处理、利用信息的能力差异以及市场交易的复杂化和多样化，使得经济法也不可能消除法律上平等与事实上平等间的差距，只不过经济法能在一定程度上缩小这种差距，或者是缓和民众对这种差距的愤怒。

3. 从保护法律人到保护自然生态

长期以来，法律保护对象限于法律人（包括生理意义的自然人和法律意义上的法人），权利的赋予、资源的配置都着力于提高法律人的生存和发展及幸福，而对于法律人所处的自然环境、生态资源则未曾给予关注和保护。如在经济发展问题上，初期经济法是以经济增长等同于经济发展，对于粗放式的经济生产方式听之任之，仅当过度追求经济增长所导致的环境污染、生态恶化对人类进行报复时，才开始修正对经济发展的认识，国民生产总值（GNP）不再被作为衡量国家经济发展的唯一指标，而增加了"生态持续、经济持续、社会持续"等指标。世界环境与发展委员会号召全球各国："经济应谋求可持续发展，即发展应既满足当代人的需要，又不对后代人满足其需要的能力构成危害。它包括两个重要的概念：'需要'的概念，尤其是世界上贫穷人民的基本需要，应将此放在特别优先的地位来考虑；'限制'的概念，技术状况和社会组织对环境满足眼前和将来需要的能力施加的限制。"③ 保护生态，保护自然，惩处危害、损害生态环境的行为需要通过法律手段，作为新生

---

① [美] 约翰·罗尔斯：《正义论》，何怀宏等译，北京：中国社会科学出版社，1988年版，第25页。

② [德] 哈贝马斯：《在事实与规范之间——关于法律和民主法治国的商谈理论》，童世骏译，北京：生活·读书·新知三联书店，2003年版，第515页。

③ 世界环境与发展委员会：《我们共同的未来》，北京：世界知识出版社，1989年版，第19页。转引自李挚平：《经济法的生态化》，北京：法律出版社，2003年版，第3页。

的内涵不恒定的经济法，是以多数人的、整体的利益为福祉，保护生态环境自然也应是经济法的职责，环境法、资源保护法、循环经济法陆续成为经济法家族的新成员，经济法理念也因此获得新内容。

4. 从追求个人利益最大化到追求社会福利最佳

民法是私法的代表，民法以保障个人自由、维护个人权利为使命，在民法的规范下，每一个经济人都自发地追求个人利益最大化。社会利益不是个人利益的简单汇总，个人利益的增加也并不必然导致社会整体利益的增加，有时反而会出现个人利益相互抵消，社会利益整体受损的现象。经济法作为应对市场失灵的法律，其立法目的即在于从维护社会整体利益出发，对个人追求利益最大化的行为进行适当限制和约束，而以社会福利达到最佳为目标。

(二) 中国经济法理念的转变

中华人民共和国建立后，国家制定颁布了一批经济法律法规，但其目的在于排斥、消除被视为资本主义尾巴的市场，进行社会主义改造。因此其不是法律意义上的现代社会下的经济法，而只是政府监管经济、落实计划、实现指令的关于经济、涉及经济的"经济法律"。计划经济体制顺利建立的同时，市场被消灭。没有市场，就不会需要弥补市场失灵的西方式经济法。改革开放后，经济立法工作重新提上日程并受到广泛重视，此时所制定的经济法与中华人民共和国成立时颁布的"经济法律"有本质区别，其不是为了消灭市场，而是为了培育市场。

1. 以服从经济建设为理念

计划经济体制下，个人的衣食住行由政府提供，企业的盈利亏损有政府作为后盾，产品通过计划配额实现流通，不需要进行交易，也不成其为商品。没有商品，就没有市场、没有贸易、没有诉讼，整个社会对商事、经济法律的需求极弱。不过，没有现代意义上的市场经济下的经济法，并不等于说没有经济法。从最广义出发，在古代也有经济法，如关于赋税、财政的《户律》，关于货币发行的《钱律》等。中华人民共和国建立后，为了构建高度集中的社会主义计划经济体制，国家制定了大量经济性法律法规，如《货物税暂行条例》（1950）、《屠宰税暂行条例》（1950）、《中华人民共和国劳动保险条例》（1951）（以下简称《劳动保险条例》）、《关于改进工业管理体制的规定》（1957）等，这些经济法完全以服从经济建设为理念，是国家全面干预经济、介入经济活动的依据，是行政手段的法律化规定。这些计划经济体制下的经济法与市场经济所需要的经济法有着本质的区别。

2. 以服从改革开放为理念

经济体制改革之初，受计划经济体制下法律工具主义思维惯性的影响，法律在一定意义上成为执政党总政策和路线以及政府政策获取公信度和合法性的工具，法律最重要的目的即在于符合改革的需要，为经济改革保驾护航，法律成为政策的固化和总结，法律推动和顺应时情演变的功能得到突出体现。由于1978年以来的经济改革在很长一段时间里都处于摸索之中，改革的目标模糊、道路反复，对市场与计划的认识也时左时右，于是不仅由于政策导向的变化而频繁变动法律，而且，法律由于经济改革缺乏明确的目标而大量保留了计划经济体制下的立法理念和做法。如1981年12月第五届全国人民代表大会通过的《经济合同法》的立法目的是"为了保护经济合同当事人的合法权益，维护社会经济秩序，提高经济效益，保证国家计划的执行，促进社会主义现代化建设的发展"。国务院1983年颁布的《国营工业企业暂行条例》开篇即指出"为保障国营工业企业的合法权益和正常的生产经营活动，明确其应尽的责任，以加快工业的发展，促进社会主义现代化建设，特制定本条例"。这些以服务改革开放为理念的经济法逐步突破计划经济体制下经济法的束缚，开始回应市场经济的需求。

3. 以建立市场为理念

随着人们对市场与计划、社会主义与资本主义、市场经济与计划经济认识的深入，法律对构建社会主义市场经济体制所起的推动作用也日益显著。市场经济的建立以独立的经济主体为前提，为将个人和企业从中央高度集权的桎梏中解放出来，需要法律承认并确认个人享有独立的人格、财产以及进行交易的自由，由此以《中华人民共和国民法通则》

（以下简称《民法通则》）为代表的一系列民事法律得以颁布和施行。1987年1月1日开始施行的《民法通则》的立法目的不再直接体现为为改革服务，而是为了保障公民、法人的合法的民事权益，正确调整民事关系，适应社会主义现代化建设事业发展的需要。1988年制定的《中华人民共和国全民所有制工业企业法》（以下简称《全民所有制工业企业法》）至今有效，其以"保障全民所有制经济的巩固和发展，明确全民所有制工业企业的权利和义务，保障其合法权益，增强其活力，促进社会主义现代化建设"为立法目的。赋予各类市场主体确定且明晰的权利义务成为此阶段经济法律、民事法律的责任，经济法与民法尚处于互有交叉、争夺地盘的状态。这些旨在构建市场、设定权利的经济法尽管满足了市场经济的需求，但从功能看，更多地体现了民法应有的功能，尚未彰显市场经济下经济法的特殊使命。

4. 以维护竞争市场为理念

以《民法通则》为主体的民事法律制度促使了各类市场经济主体的生成，完成了产权界定的基本任务，企业、个人等逐步成为有独立财产、独立能力，能独立承担法律责任的法律人。竞争机制有了生长的土壤和施展的舞台。竞争是市场经济的基本特征，规范竞争是经济法的基本使命。中国经济体制改革的目标在1992年得以明晰和正式确定，市场经济秩序的维护需要新的以维护竞争为基本理念的经济法律制度。《中华人民共和国反不正当竞争法》（以下简称《反不正当竞争法》）、《中华人民共和国产品质量法》（以下简称《产品质量法》）、《中华人民共和国消费者权益保护法》（以下简称《消费者权益保护法》）等典型经济法在20世纪90年代初期陆续出台。这些符合市场经济需求的真正意义的经济法由此产生，其主旨在于维护竞争、保护市场，但此时期的经济法尚限于面上、横向的扩展式发展。

5. 以规范市场、政府为理念

经济转型前期，培育市场、促成市场机制的形成是经济法的基本任务。随着经济的增长和社会的发展，经济法转变为国家配置资源的主要手段，再后来，经济法的价值追求从资源配置功能向财富分配和调整转变，不再单纯是国家干预经济的手段，它同时也是民众追求福利、寻求平等的工具。2004年以私权优先、市场本位、法治政府、有限监管为理念的《中华人民共和国行政许可法》（以下简称《行政许可法》）的生效，标志着中国政府正从权力型向服务型转变，与此相应，各项具体的经济法律制度也转化理念，在规制市场的同时也对政府如何干预市场从实体和程序上作了补充或修正。2005年《中华人民共和国公司法》（以下简称《公司法》）、《中华人民共和国证券法》（以下简称《证券法》）的修正即表明中国经济法已将规范及限制政府干预作为自己新的理念予以恪守；2007年6月1日开始施行的《中华人民共和国企业破产法》（以下简称《企业破产法》）正式结束了政府积极介入的"政策性破产"时代，将国有企业以及私营企业等退出市场的权力予以复位。2008年8月1日施行的《中华人民共和国反垄断法》（以下简称《反垄断法》）更是对政府习以为常的行政性垄断作出禁止性规定，对政府干预经济、干预市场的行为作了实质性规制。经济法不再是以追求经济利益最大化、经济快速增长为目标，而是以实现全民福利最大化、经济持续发展、社会和谐进步为目标，回应社会主义市场经济的中国经济法进入纵深发展期。

总体而言，经济转型前的经济法是完全排斥市场机制的法律，转型初期的经济法则在于为市场机制摇旗呐喊、开路铺石，转型中期的经济法则在推动市场机制形成的同时关注对市场的规制，转型完成后的经济法则应是弥补市场缺陷、辅助市场发挥效能、约束政府权力、保障经济科学发展的制度。

四、中西经济法特征比较

不同的历史背景决定了中国经济法既不像其他前社会主义国家那样在经济转型启动之初即构建起完整的法律体系，也不似西方资本主义国家那样任由市场经济充分自由发展后才制定出旨在弥补民事法律、诊治市场失灵的经济法律，中国经济法在经济转型中走了一条属于自己独有的路，展示了自有的风采。

(一) 自然演进与政府推进

西方经济法的功能主要在于克服经济现代化所带来的现实问题和制度困境。福利经济学从微观层面对市场失灵现象作了剖析,凯恩斯主义经济学从宏观层面对市场机制的局限性作了阐释,这些理论都表明市场经济并不是一个可以实现自我治理的封闭系统。西方国家纷纷制定调控市场秩序方面的法律,如反垄断法、限制竞争法、消费者权益保护法等,通过惩罚垄断行为、不正当竞争行为、侵害消费者利益的行为,从而达到维护公平竞争的环境和消费者权益的目的;制定宏观调控法,如计划法、预算法等,通过对国家产业政策、货币政策、环境保护政策、自然资源开发利用政策等的规范以达到克服外部性问题、延缓经济周期、解决信息不足问题、保证社会经济可持续发展的目的。经济法成为西方国家干预经济的最主要手段和工具。[1] 总体而言,西方经济法是在自由市场经济向垄断市场经济转变的过程中,在社会生活领域中经济条件不断成熟的背景下产生的,是市场经济内部不断完善的产物,属于自然演进型。

中国经济法的产生没有自由竞争的市场经济作为土壤,对中国而言,"市场缺陷既包括制度变迁不到位,即市场机制发育不完善所导致的缺陷,也包括市场经济制度本身的功能性缺陷,且主要是前者"[2]。中国经济法所要应对的市场缺陷是市场机制发育不完善或者说没有市场机制,其目的在于促进市场生成、培植市场机制,只有建立了市场机制后才谈得上对市场失灵的弥补和诊治。从实践的角度来看,西方经济法所适用的"市场失灵—国家干预"的模式不足以反映和解释中国经济改革和经济立法的历史及现状,现实表明,在中国经济转型前期,经济法的重心都在建立、培育商品市场、生产资料市场、劳动力市场、金融市场、技术市场等。由于市场是综合性的,市场的建立也有先后,也有轻重缓急,中国市场体系的建立经过了漫长的时间,有的子市场到目前都尚未能建立,因此构建市场与治理市场存在交叉、重叠。相应的,旨在

---

[1] 李昌麒:《经济法学》,北京:中国政法大学出版社,2002年版,第70页。
[2] 范健、金涛:《转轨时期的中国经济法——中国经济法的过渡性》,见李昌麒:《经济法论坛》(第1卷),北京:群众出版社,2003年版,第48页。

建立市场的经济法和旨在治理市场的经济法也就交替出台，有的同一单行法律、法规融和了此二目的。从此层面讲，中国经济法既是促进市场生成之法，也是治疗市场失灵之法。

中国经济法并非脱胎于自由竞争的经济环境，其产生动力不是源自社会经济发展的内部需求，而是来自政府这股外在力量，政府为实现改革目的直接或间接推动了经济法的形成。中国经济法属于政府推进型。

西方经济法是在市场经济发育比较完备，出现了自身难以克服的失灵困境时诞生的，其初始目的就在于治疗市场，因此从时序上看，西方国家是先完善市场，后治理市场。中国经济法的初始目的在于生成市场，但其与治疗市场的功能之间的时间差并不像西方国家那样泾渭分明。

（二）赋权与限权

资本主义社会长期奉行的是经济自由主义，尊崇大市场、小政府的格局，坚持认为政府应当尽量少干预市场，管得越少的政府是最好的政府。亚当·斯密认为政府应当具有以下三项职能，即保护社会，使不受其他独立社会的侵犯；尽可能保护社会上的各个人，使不受社会上其他任何人的侵害或压迫；建设并维护某些公共事业及其某些公共设施。[①]西方国家的政府在自由资本主义时期即以上述三项职能为本，甘于担任"守夜人"的角色。但经济发展后，不正当竞争、垄断、外部效应以及分配不公、社会贫富分化严重等现象大量出现，而这些问题靠市场、靠竞争、靠自由是无法解决的。相反，这些问题恰是过度竞争、过度自由的产物。市场会失灵，国家不能坐视不管，要打破民法等私法塑造的个人自由不可侵犯的空间。法治要求国家只能通过法律的手段，于是经济法应运而生。有了经济法，西方国家就有了干预市场、监管经济的合法权杖，国家实施的各项干预行为、举措和法令也因此而获得正当性。从此层面看，西方经济法是赋权法。

作为社会主义国家的中国，在社会制度、政治制度、经济制度上有

---

① [英]亚当·斯密：《国民财富的性质和原因的研究》（下卷），郭大力、王亚南译，北京：商务印书馆，1979年版，第252页。

了全新的格局,但中国政府仍是强大的,一则由于悠久的中央集权制度历史的惯性使然,二则由于所实行的社会主义计划经济制度需要强大的政府作为保障。中国政府是强大的政府、全能的政府,其控制力达到社会、经济的各个领域、各个环节,政府的权力无处不在,无所不能,而且政府的权力——即便在绝大多数民众眼中——是天赋的,政府的行为是无须立法授权的。政府对经济的干预和监管不需要经济法赋予其正当性和合法性,因为在经济法生成以前,政府已经享有对经济进行全面干预和管理乃至参与的权力,因此,中国经济法不是赋予政府干预经济的权力,恰恰相反,其在于要求政府逐步释放其既有的干预经济、参与经济的权力。从效果上看,经济法的实施使得政府干预经济的能力和行为受到了约束和限制,从此层面看,中国经济法是限权法。中国经济法的限权有两层含义:一是要政府释放、让渡权力,二是对政府的权力进行约束规范。"可以形象地说,中国前期的改革主要是'扩权改革',恢复市场主体的基本权利,打破禁锢在市场主体身上的'枷锁';而后期的改革主要是限权改革,控制政府的干预权力,将从市场主体身上卸下的'枷锁'套到政府身上。"①

同为经济法,缘何中西经济法属性迥异?西方国家的政府是从"力小势微"的"守夜人"向经济干预人转变,其是政府从市民社会领域争取一定领域的依据;而中国政府却是从"权势雄厚"的"万能人"向理性有限人转变,其是政府放弃自己的辖区,从而提高民间个体的自主空间。中国政府与西方国家的政府所担当的角色变化过程是逆向的,因此,西方经济法是授权法,而中国经济法是限权法。

不过,经济法的授权、限权特性不是恒定不变的,就西方国家而言,20世纪七八十年代后,随着对政府本性认识的发展,政府有限理性、政府失灵理论的提出,促使西方经济法增添了新的使命——弥补政府失灵、限制政府权力。

(三) 弥补与耦合

西方国家一直奉民法为维护个人财产安全、交易自由的基本法律,

---

① 陈云良:《转轨经济法学:西方范式与中国现实之抉择》,载于《现代法学》,2006年第3期,第177页。

但韦伯认为，这是一种由形式合理性所保障的"自由"，其并不是每一个人真正的"自由"，它只不过是市场中经济强者的自由，它首先就是保障经济强者能够自由地支配经济资源，从而使其在经济生活中处于权力者的支配地位。对在经济上处于弱势地位的无产者而言，这种形式上的自由毫无意义，相反，是一种真正的"不自由"。[①] 自由竞争的过度与泛滥必然导致资本的集中，资本的过度集中形成垄断，而垄断往往会导致社会矛盾激化，经济危机不断，资本主义国家对民法下的自由产生了质疑。20 世纪，民法的契约自由从绝对自由转变为相对自由，财产神圣不可侵犯的原则也相对化，过错责任原则也被无过错责任主义突破。但民法的突破是有限的，其对经济弱者的实质公平和自由仍不能给予有效保护或救济。民法是资本主义保障经济自由竞争的基本法律，但市场经济的缺陷需要政府的干预，政府干预经济的权力需要法律设定，经济法就是这样的法律，它要赋予政府干预经济的权力，它要解决民法不能解决的问题。政府干预是对诊市场失灵，而经济法则对诊民法的不足或空白，西方经济法的功能即在于弥补民法。

中华人民共和国成立后在法律上走了虚无主义歧路，民商法及相关立法几近空白。改革开放后，法制建设逐步恢复，民法、商法、经济法等几乎同时上马，产生的同时序性导致相互之间脉络不清并引发激烈的地盘之争。详言之，民事法律的基本法——《民法通则》在 1986 年出台，1999 年的《中华人民共和国合同法》（以下简称《合同法》）才真正构建起民法的基本框架，而在西方被作为经济法基本组成部分的《反不正当竞争法》《产品质量法》《消费者权益保护法》在 1993 年已出台。《公司法》《证券法》《中华人民共和国保险法》（以下简称《保险法》）也是到了 20 世纪 90 年代才陆续颁布。西方发达资本主义国家的民事法律制度与经济法律制度产生与完善的时间差非常明显，一个在近代（19 世纪），一个在现代（20 世纪），经济法是在刑法、民商法及行政法充分发展之后自然分娩的。而中国民事法律制度与经济法律制度却都是在经济转型过程中建立起来的，经济法产生时，中国民法也是年轻而幼稚

---

① ［德］马克斯·韦伯：《论经济与社会中的法律》，张乃根译，北京：中国大百科全书出版社，1998 版，第 158~160 页。

的，二者完善的步骤互有交叉，没有明显的先后之分，而且相互之间偶有混合。西方经济法是对西方民法的事后弥补、救济，但中国经济法却是和民法相伴而生的，其作用最初也在于实现民法所具有的增强主体自由、培育市场的功能。因此，中国经济法不是诊治市场失灵之法，也不是填补民法真空之法，其至少在生成初期是培植市场、构建市场之法，是与民法功能耦合之法。

（四）培育与规范

中国经济法产生的特殊历史背景决定了其历史使命在于先培育市场，再弥补市场，缩减政府权力的同时规范政府的行为。具体而言，即经济法通过《国营工业企业暂行条例》、《中华人民共和国中外合资经营企业法》（以下简称《中外合资经营企业法》）、《中华人民共和国外资企业法》（以下简称《外资企业法》）、《中华人民共和国中外合作经营企业法》（以下简称《中外合作经营企业法》）、《全民所有制工业企业法》、《私营企业暂行条例》、《中华人民共和国合伙企业法》（以下简称《合伙企业法》）、《中华人民共和国独资企业法》（以下简称《独资企业法》）等法律法规培育起享有独立法律人格，拥有独立法律财产，能够独立承担法律责任的市场主体；通过《物价管理暂行条例》（1982）、《中华人民共和国价格管理条例》（1987）（以下简称《价格管理条例》）、《中华人民共和国价格法》（1997）（以下简称《价格法》）等法律法规对市场定价机制、政府指导、监督价格机制的形成和运行提供法律保障；通过《消费者权益保护法》（1993）、《产品质量法》（1993）、《反不正当竞争法》（1993）等对各种市场违法行为进行规范和惩处，维护市场秩序；通过《公司法》《中华人民共和国中小企业促进法》（以下简称《中小企业促进法》）等法律法规建立现代企业制度，完善企业内部治理结构，优化市场主体；通过《证券法》《中华人民共和国商业银行法》（1995）等法律法规改善企业融资环境，提高投资效益；通过"转移支付法""税收法律"等法律法规规章政策改善和提高改革成果分享机制的合理性和合法性；通过《循环经济法》《环境保护法》等法律法规提高经济增长模式的变革，改进环境和生态保护状况；通过《反垄断法》等打击经济垄断和行政垄断行为，提高政府干预经济的合法性和伦理性；通过

《工伤保险条例》《中华人民共和国就业促进法》(2007)(以下简称《就业促进法》)等社会保险、劳动保障法律提高政府保障劳动者权益,维护经济安全稳定的职责和能力。中国经济现代化的过程同时也是社会法治化、政治文明化的过程。

西方经济法的出现与法治的建成没有必然的联系,然而中国经济法却是法治建设中必不可少的法律制度,由人治向法治的变革很大程度上依靠经济法的力量促使政府让渡权力、规范执法从而摒弃人治。中国经济法与法治具有同步性,即经济法的生成、完善过程与中国法治的完成相伴相生。

五、小　结

1993年以前,经济法深受中央集权的计划经济的影响,在制度安排、条文设计、法言法语上均或多或少地保留了计划经济的色彩。经济法学界对经济法的定性也直接体现了计划经济的痕迹,不论是综合说、纵横经济说、国家管理说,还是经济行政说和经济管理协调说,均把国家定位为管理经济的主体,把经济法作为国家管理经济的工具。经济转型的目标在多次尝试、偶有反复、不断摸索的过程中,从有计划的商品经济,到兼有计划和市场的商品经济,最后在1992年正式定位于以构建社会主义市场经济体制为目标。经济转型目标的明确和固定,直接促进了经济法的发展和变迁。经济法开始从国家管理经济的工具,向国家培育市场、调节市场、维护市场、规范市场的媒介转变;开始从向苏联、东欧国家学习模拟的阶段,迈向借鉴西方反思自我的阶段;开始摆脱与民法、行政法的地位论争,向发展自我完善自身转变;开始从经济政策、政府指令、领导言论的翻版向建立经济法自有理念、立法、执法、司法和守法的独立的法律制度转变;开始从给予国家管理干预经济权力的法律,向限制、规范、约束国家干预经济的权力和程序的法律转变;开始从与民法功能混同不清,向逐渐彰显其规范市场、规制政府等独有功能转变,经济法的本质属性在经济转型过程中不断增强。以1993年为界将中国经济法划分成两个阶段,此仅是学术上抽象的表达,在现实生活中,此界限并非如此清晰和绝对。

在此探讨中国经济法的本土特征，并非是意图标榜中华民族的伟大，也不是排斥西方国家的"入侵"，当前中国经济法的历史使命是构建起符合社会主义市场经济体制的法律制度和体系，西方发达国家的市场经济已经是成熟的，经济效益与国力也是有目共睹的，但这并不当然证明其经济法律制度在全球具有普适性，中国特殊的经济转型和特别的政治制度决定了中国经济法必须符合本国的国情。20世纪90年代以后，中国经济法摆脱了"国家观"经济法，努力成为"市场观"经济法，从制度价值理念到要素安排都"自觉不自觉地向西方寻求经验和知识的支援"，于是乎不知不觉地受制于"西方现代性范式"的支配，所构建的法律图景也是西方化的，而忽视了中国法律图景的绘制。偶有学者感慨："如果中国有关经济的法律理论研究不够，发展不快，无法形成一个强大的学术共同体，那么对于中国的经济发展和社会发展和相关的法学学术发展都将非常不利，并且也很难将中国转型期的有关经济法律实践的经验转化为一种真正法学的贡献"[①]。是故，对中西经济法的比较分析有助于对中国经济法时代特征的准确把握，有助于我们绘制中国经济法实然与应然的法律图景。

第三节 经济转型特征与经济法特征之间的关系

中国的经济转型在一种现实主义的改革方案下进行，采取渐进的、双轨的、增量、试点的方式，中央政府将权力分步骤、分地区、分行业地释放给地方政府和企业等。同时期，中国法律制度也发生着重大变革，尤其是现代意义的经济法律制度的生成可谓是中国经济转型的产物，在经济法的身上可以明显感知到中国经济转型的时代特征：中国经济转型的目标是在多次"摸着石头过河"的尝试、试验后确定的，中国经济法是在与民法进行了多次、长期的"地位大论争"之后独立的；中国经济转型是在试验、渐进中逐步推广、展开的，中国经济法是在试

---

① 苏力：《从法学著述引证看中国法学——中国法学研究现状考察之二》，载于《中国法学》，2003年第2期，第271页。

行、暂行中发挥作用的；中国经济转型是在体制外、体制内以增量建设、存量改革方式推进的，中国经济法是在分头制定国有企业、非公有制经济法律法规的双轨道中前进的；经济转型的地方性特征使得法律的"非普适性"严重；政府干预与政府参与的并存使得经济法的制定主体与调整客体混同；经济转型的近利性使得法律的修改周期变短；经济转型的试点特征使得法律的颁布常以试行的面貌出现。在中国经济转型推进与经济法律制度的完善之间有相当的关联性，中国经济法在经济转型过程中生成和发展起来，并直接或间接地承载了经济转型的时代特征，二者具有强烈的对应性影响。

一、分权性使得地方经济立法量多权大

分权是中国经济转型的基本特征之一，包括中央政府向地方政府分割让渡权力，也包括政府向企业个人让渡分割权力。前者主要体现为财政收入和立法权的让渡。这种权力的让渡缺乏普遍统一的规定和标准，以致出现权力不均等。

经济转型中加大地方分权直接导致地方成为创生经济法律的重要源泉。经济特区是中国法律建设的"试验田"，全国人大常委会率先授权广东、福建、海南等省以及深圳、厦门、汕头等市的人大及其常委会有权制定所属经济特区的经济法规。到 1991 年年底，广东省、福建省、海南省人大及其常委会依授权先后制定了共 40 余个法规和数百种规范性文件。单是深圳特区就制定了规范性文件 400 多种。[①] 这些经济特区不仅可以制定出没有全国性上位法的"新"的法律法规，而且可以适当"违宪"。如 1982 年宪法禁止土地使用权转让，而深圳特区在 1987 年就制定了关于土地使用权有偿转让制度的相关规定。不均等的分权不但导致地区发展严重失衡[②]，而且导致法不统一。

[①] 李泽沛：《特区经济法教程》，北京：法律出版社，1994 年版，第 21 页。
[②] 改革开放之始，中国对不同地方配置不同的经济权力，使东西部地区所推行的改革政策和措施存在巨大差异。1991 年，东部地区的人均工农业总产值就是西部的 5.08 倍。20 世纪 90 年代末期，中央政府及时提出的西部大开发战略等即是对经济转型早期差别地方政策的一个反向安排。

二、渐进性使得经济法需同时遵循计划和市场

中国的经济转型在 1992 年才明确目标，此前的经济体制改革一直在揣摩是计划多一点，还是市场多一点，对计划与市场孰优孰劣、孰重孰轻一直难以定夺，同时段所出台的法律就难免带有明显的计划经济痕迹，有着较浓的计划色彩。如 1982 年 7 月开始施行的《经济合同法》专章规定"经济合同的管理"，赋予县级以上各级人民政府工商行政管理部门和其他有关主管部门依据法律、行政法规规定的职责对经济合同进行监督的权力。即便是被称为中国真正市场经济立法开始形成的标志——《民法通则》(1986)，其计划经济色彩仍很浓厚，如第七条规定当事人的"民事活动应当尊重社会公德，不得损害社会公共利益，破坏国家经济计划，扰乱社会经济秩序"。对于无效民事行为的规定，其中一种情形为"经济合同违反国家指令性计划的"。可见，中国经济法横跨计划经济体制与市场经济体制之间，即意图为市场的构建奠定最为基础的市场主体的条件、权利与义务，同时也承载着为计划经济体制服务的使命。对这些深受计划经济体制影响的法律，往往需要同时遵循计划与市场，而计划与市场在同一层面上通常是不相容的，因此这些法律规定的有效性非常有限。如《民法通则》对农村家庭联产承包责任制、个体工商户作了规定，《经济合同法》对合同自由作了规定，但均形同虚设。

三、双轨制使得经济法出现差别待遇

企业作为市场经济体制中最基本的经济组织，其权利与义务的确认是法律首先需要解决的问题，经济转型采取了体制内与体制外并举的双轨路径，这对经济法产生了直接影响，市场主体立法、市场退出机制、税收等都存在二重待遇。

在市场主体立法上，不仅内资、外资企业分别立法，而且内资企业也因所有制的不同而采取分类立法。《全民所有制工业企业法》(1988)、《私营企业暂行条例》(1988)、《城镇集体所有制企业条例》(1991)均

是依据企业的所有制身份立法。在退出机制上，也存在同为市场经济主体却适用不同法律制度的情形。1986年颁布施行的《中华人民共和国企业破产法（试行）》[以下简称《企业破产法（试行）》]仅适用于全民所有制企业。而对于那些具有法人资格的集体企业、联营企业、私人企业以及设在中国领域内的中外合资经营企业、中外合作经营企业和外商企业等，则适用《民事诉讼法》企业法人破产还债程序。直到2007年，各种类的企业法人退出市场的途径与方式才得到统一适用一部法律——《企业破产法》。税收本应严格遵守国民待遇原则，但经济转型之初即形成税收双轨制，并持续了相当长的时间。外资企业税收在1991年随《中华人民共和国外商投资企业和外国企业所得税法》（以下简称《外商投资企业和外国企业所得税法》）而得到统一；内资企业税收同一的目标在1994年《中华人民共和国企业所得税暂行条例》（以下简称《企业所得税暂行条例》）施行后方得到统一；但内资、外资企业税收待遇二重标准直到2007年因《中华人民共和国企业所得税法》的颁布才得以终结。

时至今日，双轨制所带来的经济法上的二重标准仍未得到彻底解决，国有企业在营业领域、融资渠道、政策支持等方面仍享有非国有企业所能企及的显性和隐性优惠。

四、试点性使得经济法不断试行试点

法律试行制度普遍存在是摸着石头过河的经济转型的直接结果之一。作为确定改革成果、开辟前进道路、保障改革所需的稳定秩序的手段，经济改革需要经济法律制度跟上趟，法律的制定也和经济改革一样采取"有总比无好"的次优选择和"粗线条立法，日后完善"的现实主义态度，"试点""试行"成为新法律制度出台的必经之路。在1979年至1985年间，中国公布的713件经济法律和行政法规中，暂行和试行法律法规有82件，占5%。[①] 在1979年后大约20年间制定的法律、行

---

① 周林彬：《法律经济学论纲》，北京：北京大学出版社，1998年版，第427页。

政法规中，暂行、施行规定的比例高达1/4，最多的年度曾达到36%。[1]在1980年前期，哈尔滨等7个城市被指定为法制建设全面试验区域，而家庭承包制、股份制、破产法、土地使用权转让制度都曾在全国不同地区试点，然后由全国性立法机关上升为法律或发现问题后对原有法律中的立法缺漏予以修订和完善。[2]经济改革的空间纬度"试点"和时间纬度"试行"避免了全面改革的风险，节省了改革的成本，经济法律制度的试点与试行也起到了降低风险和节省立法成本的作用。"法律试行是一个通过反复实践的试错过程并不断进行自我调节和修正，来适应社会环境、接近预期目标的反馈系统。法律试行还可以被理解为通过比较和选择来淘汰条文内容、优化规范构成的一种反思机制。"[3]

五、政府主导性使得经济法以政策施行良好为先导

中国经济转型的目标是逐渐清晰和明朗化的。缺乏明确目标的经济转型自然也难以找到适当的他国法律制度作为参照物，边破边立的改革使得国家主导经济转型的主要手段只能是富含灵活性的政策，而不能是相对固化的法律。而且通常的路径是"中国共产党首先以修改党章的方式改变自己不符合社会潮流（主流社会意见）的那部分意识形态，然后以文件的形式向全国颁布，最后在适当时机由中国共产党提议并经法定程序，由全国人大表决通过和颁布"[4]，因此，只有待改革证明行得通的举措和做法，最后才会用法律予以固定下来。即便是宪法，也遵循以党的政策、国家政策作为改革的先导，待改革的结果是正的且成效显著的时候，再以修宪的形式确认下来。现行宪法的四次修宪均是"政策性修宪"。

---

[1] 季卫东：《法律编纂的试行——在事实与规范之间的反思机制》，见季卫东《法制秩序的建构》，北京：中国政法大学出版社，1999年版，第177页。

[2] 张建伟：《"变法"模式与政治稳定性——中国经验及其法律经济学含义》，载于《中国社会科学》，2003年第1期，第141页。

[3] 季卫东：《法律编纂的试行——在事实与规范之间的反思机制》，见季卫东《法制秩序的建构》，北京：中国政法大学出版社，1999年版，第179~182页。

[4] 张建伟：《"变法"模式与政治稳定性——中国经验及其法律经济学含义》，载于《中国社会科学》，2003年第1期，第139页。

政府主导型经济转型不仅使得政策成为国家指导、控制改革的主要手段，而且政府的权力从行政权扩张到立法权。正式启动经济体制改革的五个规定（《关于扩大国营工业企业经营管理自主权的若干规定》等）和1982年至1986年经济立法五年规划均由国务院起草颁布。绝大部分对经济改革起到举足轻重作用的经济法律都是国务院及其下属各部门制定的。《中华人民共和国电力法》（1995）（以下简称《电力法》）、《中华人民共和国邮政法》（1986年制定、2009年修订）、《中华人民共和国民用航空法》（1995）（以下简称《民航法》）、《中华人民共和国铁路法》（1991）（以下简称《铁路法》）、《证券法》、《保险法》等经济法都是由兼有管理和经营职能的行政部委制定的，都是名副其实的行业法。

六、目标层进性使得经济法理论发展迟滞

中国在20世纪90年代才进入经济转型期，此前经济体制改革的目标一直游移不定，且偶有反复，直到1993年，中共中央发布《关于建立社会主义市场经济体制若干问题的决定》后，转型目标才明确和稳定下来。同样，经济法理论的发展在20世纪90年代初期才取得了基本一致。

20世纪80年代，经济转型长期胶着于计划与市场孰多孰少的反复实验中，经济法理论也处于百家争鸣中，"纵横关系统一论"一度占据上风。因为当时的经济法律法规从立法目的到法律条文都既受到计划的影响，也反映了市场的需求。这恰恰体现了"纵横关系统一论"的思想。20世纪90年代初，构建社会主义市场经济成为经济转型的目标，经济法的价值定位也随之发生改变，经济法与民法的地位之争也偃旗息鼓，经济法退出了对横向平等主体之间经济关系的调整，而侧重于培育和规范市场，调整和约束政府干预经济的行为，"纵横关系统一论"逐渐被"经济需要干预说"取代。《公司法》既适用于国有企业，也适用于私营企业等非公有制经济；《经济合同法》、《中华人民共和国涉外经济合同法》（1985）、《中华人民共和国技术合同法》（1987）三法鼎立的格局因统一《合同法》的出台而终结；《反不正当竞争法》《消费者权益保护法》《产品质量法》等市场经济典型法律制度也一一出台。经济法

理论进入自我深化阶段，有关经济法价值、经济法要素、经济法实施机制、经济法的性质等方面的研究不断推陈出新。经济法理论也在不断的讨论和研究中以及经济立法、执法中日益明晰和成熟起来。

七、小　结

中国经济法的产生、发展与中国经济转型有着密切的关联，在发展理念和路径上有着很强的一致性，经济转型所具有的中国特色使得同时代的中国经济法也具有相类似的特征。中国经济转型具有很强的政府主导性、过渡性和渐进性特征，这不仅使得中国经济法在一定时期总是难以形成完备的体系，适应不了急剧变化的经济生活的需要，或者是为了应对新形势新情况而频繁对经济法立、改、废；而且使得中国经济法律制度异常分散和多样化。然而，经济转型对经济法所产生的影响并非完全是消极的，其对经济法理念的更新、内容的充实、执法司法的改进、守法的增进都起到了非常积极的作用，而且这种作用是主流、是常态。

第二章　经济转型中的中国经济法进路

在经济转型中，中国经济法逐步名正言顺，从不完全经济法到真正经济法，从为改革服务到服务于改革，从地方、部门立法泛滥到法律法规立法程序法定化，从政府管理经济的工具到约束政府权力的利器，从经济纠纷案件到与经济法单行法规有关的案件，从运动式执法司法到柔性执法司法，从被动守法到主动遵法，中国经济法的法律理念、立法、法律制度、执法、司法及守法在经济转型中不断发展和完善。

第一节　经济法立法的变迁

"立法部门论证和通过普遍方案，司法部门依照这种法律根据来解决行动冲突，行政部门则负责实施那些不自动生效而需要加以执行的法律。"[①] 该理论是三权分立的政治体制的理想模式，但现实生活往往有所突破，处于经济转型期的中国法律制度更是突破了这种鼎立之势。经济法律制度的立法，往往不是完全按照论证和通过的程序，而是边立法边改革或边改革边立法；行政部门不再是单纯地执法，而行使着广泛多样的立法权；司法部门也不是完全被动地适用法律解决矛盾冲突，而是时常主动运用法律来指导和引导经济。经济法的立法、执法、司法、守法以及法律制度本身都在经济转型过程中不断更新、发展、完善。

---

① ［德］哈贝马斯：《在事实与规范之间——关于法律和民主法治国的商谈理论》，童世骏译，北京：生活·读书·新知三联书店，2003年版，第226页。

一、经济立法变迁概述

中华人民共和国成立后参照苏联恢复立法工作,制定了一系列经济法律法规。改革开放后,经济立法工作受到广泛重视,各种经济法律法规纷纷出台,但其中有不少属于商事法律。经济转型正式启动后,真正现代意义上的经济法法律法规陆续出台,经济法变得更为纯粹。

(一)经济转型前经济立法缺失

中华人民共和国成立后为了构建社会主义市场经济体制,需要对原官僚资本主义、帝国资本主义进行改造,国家为此出台了一批法律法规。按最广义的经济法定义——与经济有关的法律,这些以某某指示、某某条[1]为名称的法规都属于经济法。即便如此生搬硬套,当时的经济法成果也非常有限。更不用说从其出台过程看,这些经济法基本上是对领导指示、行政命令以及经济政策进行法律外包装,而没有遵照立法程序。从实施结果看,虽有这些"与经济有关的法律",国家管理经济的手段仍是行政手段,而不是经济或法律手段。不论是形式还是实质,中华人民共和国建立后到改革开放前,中国基本没有真正意义上的经济立法。

(二)经济转型初期的受制性立法

改革开放后,随着对商品经济、市场、计划、社会主义、资本主义认识的变化,国家对经济从参与、介入到管理、监管、干预转变,干预手段也从行政手段向经济手段、法律手段转变,经济法的地位日益得到改善和提升。

20世纪80年代我国经济立法迎来了第一个高峰,自1978年至1986年,全国人大及其常委会通过的56个法律里有一半以上是关于经

---

[1] 如《政务院关于没收战犯、汉奸、官僚资本家及反革命分子财产的指示》《国务院关于对私营工商业、手工业、私营运输业社会主义改造中若干问题的指示》《人民公社六十条》《工业七十条》。

济的立法，国务院所制定的 400 多个行政法规中，经济法规也占很大比重。[1] 由于当时法学界盛行大经济法理论，经济法的调整范围包括"调整所有权关系的，调整经济流转关系的，调整商事活动的，调整财政金融的，调整劳动关系的，调整知识产权的，调整经济管理关系的，等等"[2]。因此，经济立法大包大揽，不论本质属性是否是经济法，均被冠以经济立法的名号。如《中华人民共和国专利法》《经济合同法》，依照现有的法律分类，它们分属知识产权法和民法。尽管当时经济立法盛况空前，但立法成果却较为稚嫩。从立法目的看，经济法主要在于实现政府对经济进行管理的主观意图，为改革服务；从立法过程看，经济法往往以相似的经济政策施行良好为前提；从立法内容看，经济法的法律条文和规定，既要体现培育市场的需求，又要确保政府计划的实施；从立法机关看，行政部门的法规规章占据相当数量，且起着关键性作用；从法律名称看，经济法往往带有暂行、试行二字；从法律施行看，经济法通常先在某地区或行业试点成功后再在全国通行。总而言之，经济立法受制于经济转型，不论是立法程序，还是立法目的和内容，经济立法均不自主。

（三）经济转型中后期的自主性立法

经济立法因经济转型而复兴，尽管在初期，经济立法依附于经济转型，但随着经济的增长、社会的发展、文化的进步，经济立法逐渐走向自主。首先，经济立法有了"法律目的"，而不再一味地"为计划""为改革""为经济"，而开始"为公平""为正义""为人民福利"。其次，政府立法、部门立法数量减少或权力减小，人大立法增多。最后，法律不再试点、试行，法的同一性、普适性得到保障。

当然，经济立法自主性的增强并不等于说经济转型对经济立法的影响已经消失。经济基础决定上层建筑，经济法仍需随经济转型的发展而适时进行废、改、立。

---

[1] 中国法律年鉴编辑部：《中国法律年鉴（1987 年）》，北京：法律出版社，1987 年版，序言，第 2 页。

[2] 顾明：《关于我国经济立法问题》，载于《中国法学》，1984 年第 1 期，第 108 页。

二、经济立法随经济转型而完善

"社会不是以法律为基础的,那是法学家们的幻想。相反地,法律应该以社会为基础。"[①] 中国从农业社会到工业社会,从贫穷落后到小康社会,从社会主义计划经济到社会主义市场经济,从法律虚无到法律至上,经济转型带来了经济增长、社会发展,也带来了经济法的完善。经济立法在经济转型中逐步实现了立法主体规范化、立法程序民主化、立法权限明确化、立法内容法律化以及立法技术科学化。

(一) 立法主体规范化

所谓立法主体是指依法拥有制定、认可、修改、解释、补充和废止法律的国家机关,包括立法机关、司法机关、行政机关和国家主席。立法主体与立法机关有密切关系,但不能等同。立法机关是最主要的立法主体,但立法主体并不仅仅限于立法机关。在中华人民共和国成立初期至 1954 年宪法颁布以前,中国的立法主体是多级立法主体多元化立法。[②] 全国地方各级人民政府发布的暂行法令条例和单性法规数量甚多。1954 年宪法将立法权完全收归全国人民代表大会及其常务委员会。1982 年宪法修正,立法主体又呈现出中央和地方分权、多级并存的特点。根据立法权的来源不同可以把立法主体分为法定立法主体和授权性立法主体。西方国家的经济立法在 19 世纪即出现了"立法机关权威衰微、行政机关受托立法大量存在"的现象。除了减轻极度繁重的立法负担和特殊领域的立法技术难题外,社会变革时期社会的需要和压力也是经济立法行政化的原因之一。中国经济转型中经济立法行政化问题也很突出,最直接的体现即是国务院及其所属部委和地方政府成为常态的经济立法主体。截至 2003 年年底,全国人大及其常委会制定的法律及法律性文件共 400 多件,国务院制定的行政法规 800 多件,地方人大及其常委会制定的地方性法规近 8000 件,部门规章和地方政府规章约

[①] 《马克思恩格斯全集》,北京:人民出版社,1972 年版,第 291 页。
[②] 曹海晶:《中外立法制度比较》,北京:商务印书馆,2004 年版,第 58 页。

30000件。[①] 立法主体的不规范导致法不统一、法不协调，中央政府与地方政府、地方政府与地方政府、国务院部委与部委之间或争夺立法地盘，或重复立法，或推诿立法，所出台的法规、规章也屡次出现冲突。但完全取缔授权立法又是不可能的，"经济立法行政化已是全球普遍的特征，行政性法令的大量制定并日益取代立法性法令成为国家进行经济管理的基础已是为人们所共同目睹的事实"[②]。较为可行的方案是规范立法主体。经济转型的过程也是政府职能转变、政府权力受到限制和约束的过程，行政部门的经济立法权也不例外。

立法法对立法主体、立法程序、立法权限的规定，对遏制经济立法中的行政化现象起了重大作用。目前，由全国人大制定的经济法数量虽未有明显增多，但其有效性遍及全国，且由于内容的完备而降低了部门地方法规规章出台的概率。更为重要的是，国务院及其所属部委、地方政府本身的立法规范性也逐渐增强，"用宪法来约束立法部门，用法规来约束行政部门，其依据是把种隶属于类、把特殊规范隶属于宪法规范的外延逻辑：措施、条例、法令必须像单个法规隶属于宪法规范那样隶属于法规之下"[③]。

（二）立法程序民主化

邓小平在党的十一届三中全会上指出："国家和企业、企业和企业、企业和个人等等之间的关系，也要用法律的形式来确定，它们之间的矛盾，也有不少要通过法律来解决。现在立法的工作量很大，人力很不够。因此法律条文开始可以粗些，逐步完善。有的法规地方可以先试搞，然后经过总结提高，制定全国通行的法律、修改补充法律，成熟一条就修改补充一条，不要等'成套设备'。总之，有比无要好。"在此立法思想的指导下，经济立法长期处于零敲碎打，零存整取的状态，且立法程序秘而不宣，随意而为。

[①] 秦前红：《宪政视野下的中国立法模式变迁——从"变革性立法"走向"自治性立法"》，载于《中国法学》，2005年第3期，第43页。

[②] ［英］罗杰·科特威尔：《法律社会学导论》，潘大松等译，北京：华夏出版社，1989年版，第319页。

[③] ［德］哈贝马斯：《在事实与规范之间——关于法律和民主法治国的商谈理论》，童世骏译，北京：生活·读书·新知三联书店，2003年版，第230页。

理想的立法程序是每一个人根据自己的利益都是同意这种程序的，而且，每一个人都在某种程度上可以参与立法过程。如果立法仅仅是依赖于某个强势的私人团体或某个精英人物对效益所作出的最佳统计，那么，就不会存在每个私人团体或每个人完全服从法律的状况。因为这样制定出来的法律不能消除任何一方通过违反法律而获取利益的机会，一旦人们认为这种机会成本的付出是值得的，那他就不会服从法律，而决定违反法律。所以，科学的立法应当是"制定一种共识，一种超越任何成本收益统计的相应的责任感"[①]。回顾一下中国经济立法程序，尽管善于计划的传统在经济立法工作中得到传承，立法前有较为成熟的规划过程，如经济立法五年规划，但经济立法居庙堂之高，颁布之前民众难以观之，更不用说参与立法。经济法律在经济转型中逐渐增多，民众的法律意识也在经济转型中逐渐增强，专门规范立法的法律在21世纪诞生，经济立法程序得到统一和法定，走向公开和民主。如今，某法律凡颁布之前，其征求意见稿、法律草案都通过各种便于民众知晓的方式广而宣之，民众不但可以表示同意与否，而且可以将自己的意愿表达出来，不同的利益在立法中均能得到回应或体现。经济立法程序在经济转型中从集权走向民主。

（三）立法权限明确化

立法主体所享有的法律关系是权力与责任，而不是权利与责任；权利具有自治性、自律性，而权力具有国家强制性、主导性、支配性。正因为此，对于立法主体所享有的权利必须设定明确的界限。中国对立法主体制定法律的权限规定得较为明确，但对于行政机关（主要是授权性立法和地方性立法）制定法规和规章的权限规定得则不明或不当，虽然立法机关与行政机关争抢立法事项的例证尚未出现，但行政机关之间（既包括横向行政机关之间，也包括纵向行政机关之间）却多次出现争抢或推诿立法事项的例证。经济转型初期，大量经济法都由国务院等行政机关制定，全国人大概括性、原则性地授予国务院在经济体制改革、

---

① ［美］R. M. 昂格尔：《现代社会中的法律》，吴玉章、周汉华译，北京：译林出版社，2001年版，第127页。

对外开放、利改税、工商税制改革等方面可以制定暂行的规定或者条例。经济转型中税收制度改革方面的立法基本都是由国务院进行的。如果说国务院高等级的机构级别、高素质的人员配备、累积的丰富的立法经验可以确保这种无权限约束的自主性立法的质量的话，那么那些由地方政府行使的立法自主权就令人担忧了。事实也证明，由经济特区等地方政府所享有的无权力约束的立法对法制统一、市场开放、权利平等造成了巨大的损害或威胁。近年来，对地方政府立法权的回收和限制有助于经济立法权限的明晰和科学。但遗憾的是，越权立法的法律后果仍是空白，以致某些立法主体仍草率、随性立法。

（四）立法内容法律化

转型早期，中国干预经济主要通过经济政策，经济法律往往只是经济政策、经济制度的简单翻版，"经济政策的发展决定了经济法的发展，经济政策的内容决定了经济法的特性和组成"[①]。随着法律手段成为国家干预经济的主要手段，经济政策基本完成了向经济法的转化。经济立法的目的、精神、条文结构、法言法语、适用范围、法律责任等要素也得以完善，经济法成为真正意义上的法律。

（五）立法技术科学化

立法技术的提高不是体现在法律用词如何深奥，法律条款如何冗长，法律规定如何接轨国际。转型初期的经济法主要是为了保障和促使市场机制快速形成，一方面由于中国自身缺乏演进市场机制的环境，另一方面自发演进需要耗费过长的时间、遭受过多的错误与失败，因此，立法者纷纷将西方国家的经济法律制度作为参照物，于是颁布了一些脱离中国实际需要的经济法律。把西方国家经济立法的历史和逻辑简单地运用于对中国实践的分析和理论构建，虽然从形式上确立了中外通用的经济法理论模式，但由于忽视了背景的差异，从而使理论不能有效地对

---

① 邓峰：《经济政策、经济制度和经济法的协同变迁与经济改革演进》，载于《中国人民大学学报》，1998年第2期，第94页。

实践作出解释和指导。[①] 这种简单移植式的立法技术是落后的，体现和符合经济、社会需求的，具有实用性和操作性的立法才是科学的。就经济法的条款设计来看，经济法是赋权法，是限权法，而不是诉权法，故经济法更需要合理地平衡强制性规范与任意性、授权性规范。1993年《公司法》规定了大量的不符合实际、不利于公司发展的强制性规定，不当地束缚了公司的自我治理能力，减损了市场对公司的作用。2005年修正后的《公司法》明显减少了强制性条款，增大了授权性、任意性条款的比重，提高了股东的权益，规范了董事、经理等管理阶层的管理行为，这体现了国家适度有序地释放权力，减弱其干预强制性，支持和培育民间自治能力，满足了社会主义市场经济的要求。

（六）立法目的独立化

立法目的最为直接地体现了法律的立法宗旨和指导思想，在经济转型过程中，经济法的立法目的随市场化改革逐步独立。转型早期所制定的经济法律有着浓厚的计划色彩和经济政策痕迹。《经济合同法》第一条就明确指出该法的目的之一是"保证国家计划的执行"[②]。转型目标的不确定性也直接影响了法律目的的科学性。如1986年制定的《企业破产法（试行）》第一条规定："为了适应社会主义有计划的商品经济发展和经济体制改革的需要，促进全民所有制企业自主经营，加强经济责任制和民主管理，改善经营状况，提高经济效益，保护债权人、债务人的合法权益，制定本法。"从中可以看出，《企业破产法（试行）》最大的功能是服从经济体制改革，是全民所有制企业摆脱严重亏损的法宝。"促进全民所有制企业自主经营，加强经济责任制和民主管理，改善经营状况，提高经济效益"均不应是法律应起的作用，更不应该成为经济法的使命。经济法作为现代社会法律，其与传统法律在价值理念上略有

---

① 孙同鹏：《经济立法问题研究——制度变迁与公共选择的视角》，北京：中国人民大学出版社，2004年版，第131页。
② 《经济合同法》在1981年通过时，其第一条规定是："为了保护经济合同当事人的合法权益，维护社会经济秩序，提高经济效益，保证国家计划的执行，促进社会主义现代化建设的发展，特制定本法。"当经济转型确定以社会主义市场经济体制为目标后，该法于1993年9月修正，将第一条修改为："为保障社会主义市场经济的健康发展，保护经济合同当事人的合法权益，维护社会经济秩序，促进社会主义现代化建设，制定本法。"可见，经济转型直接影响和决定了法律的立法目的。

不同。经济法不仅要实现法律的基本价值——公平正义，也要追求其特有的价值目标——经济效率，因此在立法中经济法需要合理平衡经济效率与公平正义之间的关系。如《反不正当竞争法》第一条规定："为保障社会主义市场经济健康发展，鼓励和保护公平竞争，制止不正当竞争行为，保护经营者和消费者的合法权益，制定本法。"《反垄断法》第一条规定："为了预防和制止垄断行为，保护市场公平竞争，提高经济运行效率，维护消费者利益和社会公共利益，促进社会主义市场经济健康发展，制定本法。"两相对比，不难发现，《反垄断法》更充分体现了经济法的现代理念，关注经济效率，保护社会整体利益。

三、小　结

社会主义计划经济向社会主义市场经济转型，不论是市场的培育、规范，还是政府的改革、规制，都离不开经济法。经济立法在经济转型中从无到有，从少到多，从无序到有序，从追数量到求质量，经济立法的目的、程序、权限、内容、技术等多方面获得了长足发展，从"变革性立法模式"向"自治性立法模式"转变。[①]

第二节　经济法内容上的完善

20 世纪 80 年代，对经济法的认识是朴素的，与经济建设、经济发展有关的法律基本都可以被冠以经济法的名号。所制定的经济法均带有计划经济色彩，宜粗不宜细成为经济立法的重要指导思想；成熟一个制定一个的立法模式体现了先零售，后批发的指导思想；经济法往往是在经济改革的试点、试行成功后对经济政策、政府指令的法律化翻版；经

[①] 所谓"变革性立法模式"，即一种以法律适应性为基本价值目标、以政府主导立法为基本特征、以构建秩序为目的的立法模式。所谓"自治性立法模式"，是指法律不再仅仅是反映官方立法者和强势利益团体的意志，广大民众积极参与法律的制定及实施过程，与官方和强势团体进行利益的博弈和法律的征讨，从而产生体现社会一致性规则的法律，产生具有良好社会认同性和普遍遵从性的法律。详见秦前红：《宪政视野下的中国立法模式变迁——从"变革性立法"走向"自治性立法"》，载于《中国法学》，2005 年第 3 期，第 44 页、46 页。

济法以部门立法、地方立法为主,以坚持计划为本,以政府放权让利并保护国有企业特权为主。《经济合同法》《全民所有制工业企业法》《私营企业暂行条例》等经济法律法规的施行打破了计划经济、国有企业一统天下的格局,拥有独立财产、独立承担责任的经济主体开始涌现并不断增多,市场开始形成并基本实现自由交易。该时期的经济法更多地担负着培育市场的功能,貌似民法。

20世纪90年代,中国对经济制度的认识基本做到了全面化和客观化,对计划与市场作为资源配置方式有了较为准确的定位,构建社会主义市场经济成为经济改革的目标。经济法伴随着计划经济体制向市场经济体制转型的正式启动体现出新的时代特征:大量吸收和借鉴西方发达资本主义国家在规范市场经济活动方面的法律制度,制定了《公司法》《反不正当竞争法》《消费者权益保护法》《产品质量法》《证券法》等;由"零售"的立法模式开始向"综合"转变,《经济合同法》《涉外经济合同法》和《技术合同法》三足鼎立的格局被统一的《合同法》所取代;经济政策按立法程序转化为经济法,法律制度的可操作性增强,如农村家庭联产承包责任制有了专门的法律予以调整。该时期的经济法已开始规范市场、调节市场,已是名副其实。

20世纪末,中国经济转型取得了总体性成功,经济增长速度和经济总量都有了惊人的成绩,创造了经济奇迹,市场经济基本形成,法律制度也从单纯的配套性改革走上自我创新和完善的道路。法律理念从"法制"到"法治"的转变为社会主义市场经济下的法律制度奠定了思想基础。经济法律制度在吸收借鉴西方国家法律制度的过程中开始反思制度移植的成本与可生性,不再一味地强调西方国家的市场经济法律制度如何先进和科学,开始关注如何制定出更符合中国国情的法律制度,适时地对《公司法》《证券法》进行修改;法律开始对非国有经济给予平等的法律地位,统一、平等适用于各种经济主体的破产法律、税收法律成为经济法律的新亮点;经济法律制度的重心逐步从促进竞争向谋求全民福利、维护社会整体利益转变,社会保障、分配环节、劳动关系等领域的法律制度纷纷出台;吸收西方国家市场经济发展过程中的教训,通过颁布一系列经济法律制度对环境、自然、生态予以保护。法律制度是社会生活的反映,到了21世纪,经济法律制度仍然对经济转型的巩固和深化起着非常重要的作用,但是与此前相比,法律制度本身不再是经济改革措施或方式的固化或合法化,而更多地起到指引经济改革的作用。

一、经济法内容变化的总体特征

法内容是社会经济实况的反映和体现。经济转型过程中,经济法内容由寡到繁,由简单到复杂,由模拟移植到本土化,由重计划轻市场到强市场弱政府。经济转型的过程是渐进的、漫长的,经济法的内容是逐渐完备的,体现了法律的兼容性特征;经济转型的目的是明确的、唯一的,经济法的目的是相对独立的、确定的,体现了法律的前瞻性特征。

（一）兼容性

渐进式的经济转型使得经济制度具有强烈的兼容性,在体现市场机制的同时承载着计划经济的遗迹,生存、成长于经济转型中的经济法具有内容上的兼容性和时序上的过渡性。

1. 形式、实质平等交叉

在市场经济体制下,所有的市场主体都应当地位平等、权利同一,但在经济转型的很长时期里,出于国情的需要,经济法对不同的经济主体给予不同的待遇。关于国有企业的法律制度几乎都力求尽善尽美地为国有企业改革提供方便,赋予国有企业广泛且众多的特权,而对于私营企业等非公有制经济则要不限制,要不忽视,即便在纲领上放宽待遇但在具体落实上也时有折扣。直至 2004 年《宪法》修正[①],所有权结构从等级制向民主制转变,国有企业不再唯我独尊地处于保护伞下,破产法律制度、所得税法律制度的统一化表明经济法律制度对各类经济主体的保护正在从形式平等向实质平等过渡。

---

① 《宪法》第十一条第二款:"国家保护个体经济、私营经济的合法的权利和利益。国家对个体经济、私营经济实行引导、监督和管理。"修改为:"国家保护个体经济、私营经济等非公有制经济的合法的权利和利益。国家鼓励、支持和引导非公有制经济的发展,并对非公有制经济依法实行监督和管理。"

2. 民事、经济法耦合

中国的经济转型是构建社会主义市场经济体制的过程，是中国经济主体、经济关系、经济结构市场化改革的过程，是个体和企业实现独立人格，并不断增加财产权利的过程，同时也是政府释放权力、从权力型政府向服务型政府转变的过程，因此，此过程既需要民事法律制度以确认和维护个体权益，为市场提供自由的卖方和买方，也需要经济法律制度保护市场的公平和竞争，提高经济主体的交易能力，限制和规范政府对市场的干预和调控。这就决定了中国经济转型过程既是民事法律产生和完善的过程，也是经济法律制度孕育和茁壮成长的过程。经济法与民法大论争的难舍难分一定程度上即由于中国经济法并非成熟市场经济下的具有西方经济法典型特征的经济法，其产生、内容、功能与民法有着交叉与重合。

3. 建设、矫正市场重叠

中国的市场经济体制并非如同西方的市场经济体制那样经历了自然发展、自发演进、逐渐成熟的过程，而是在政府主导下由计划经济体制向市场经济体制转化。转型初期所制定的经济法律制度侧重于培育构建市场。随着市场失灵、外部性问题、公共产品公共服务缺失等问题陆续出现，经济法律制度开始对市场经济所存在的体制性弊病进行诊治，对市场进行规制。而且由于经济转型的试点性、渐进性，使得各类市场的建立存在明显的时差，以致不少经济法既旨在建设市场又同时以规范市场为目的。

4. 本土、外来制度共存

不论是技术，还是制度，模仿成本从理论上讲都是小于创新成本的，各发展中国家在追赶发达国家的历程中很重要的一项举措就是对发达国家的技术与制度进行模仿。制度模仿是否成功，关键不仅仅在于要选择与本国国情相适应的先进制度，还在于要为引进的制度创造适宜的条件以利于吸收利用先进制度。中国经济法的生长发育是以经济转型为土壤的，其决定了要从发达国家寻找到适合中国国情的先进制度具有一定的难度，毕竟发达国家的市场经济是自发演进之果，而中国市场经济的构建是在政府主导下的自觉与自发双重作用下进行的。转型初期所施行的经济法律制度包含着强烈的计划经济色彩，中国本土制度占据优势。20世纪90年代所制定的一些经济法律制度较多地借鉴了西方国家的经济法律制度，外来制度大量充斥，在经济法体系中占据了主要位置。不过中国的经济法始终没有完全"西化"，毕竟从社会主义计划经济向社会主义市场经济转型的特殊背景决定了中国经济法不能以矫正市场失灵和补救政府失灵为出发点和归宿，本土制度有着厚实的土壤和坚韧的生命力。进入21世纪后，尽管由于市场化改革成果的积淀，如何分配、让每个人从改革中获益成为中国经济法新的使命，福利国家关于社会保险以及分配领域的相关法律制度成为中国新的参考，但中国经济法所处环境的特殊性决定了其只能是借鉴西方法律制度，不能进行简单的复制或移植。因此，在整个经济转型过程中，本土制度和外来制度的角逐互有胜负，二者始终并将长期处于共生状态。

（二）前瞻性

"法律在反映一定的统治阶级意志的同时，还具有一些超越时间和空间，超越种族、宗教信仰和文化差异背景的共同的价值。"[1] 经济法所具有的经济性、国际性使得其具有较强的共通性和共享性。无论是资本主义市场经济体制，还是社会主义市场经济体制，只要存在市场机制，其固有缺陷就必会显露，从而产生国家干预的需求；无论是社会主义国家，还是资本主义国家，国家干预经济的能力和效果必依凭其政府，而政府必难逾越其自身理性的局限和扩张的本性，从而需要法律的规制。这些是无国别之分的，虽然中国的市场经济尚未完善，但经济转型及经济学、经济法学的研究都深受西方经验的影响，这使得经济立法于中国现实具有了一定的超前性和前瞻性。

前瞻性并非当然的褒义词，在20世纪80年代和90年代前期，由于中国经济法律建设直接受制于经济改革的导向，在经济转型正式启动以前，经济改革目标的变动不居决定了经济法具有强烈的探索性和实验

---

[1] 贺航洲：《论法律移植与经济法制建设》，载于《中国法学》，1992年第5期，第47页。

性，有的法律也就难免会超越当时的社会经济和文化现状。前瞻性立法的推崇对于加快经济改革的步伐和力度起到了积极作用，但是过度追求前瞻性，会"使得概括性的价值规范设计累硕，而具体的程序要素和后果要素却缓缓不能跟进"①，这样制定出来的经济法律只是貌似法律，有法律之形，而无法律之味，而且由于实施机制的匮乏，法律有效性会非常薄弱，民众依法办事、用法维权的意识也难以形成。因此，前瞻性立法应是积极的、适当的，而不是过度的、急于冒进的。积极的前瞻性立法应当起到为经济转型提供合法性和有效性的功能，2005年《证券法》修正中就有许多内容属于前瞻性立法，如通过诸如"必须遵守国家有关规定""国家另有规定的除外"等原则性的例外条款，既为混业经营、证券股指期货期权等非现货证券交易形式、国有企业和国有资产控股的企业买卖股票、证券公司开展融资融券业务等既已存在的生活事实提供了法律依据，又为政府主导进行下一步金融体制改革提供了合法性前提并奠定了理论基础。

二、经济法具体法律制度的完善

中国经济转型的稳步推进促使经济法在内容上不断获得制度创新和体系更新。

（一）市场主体法律从等级制到平等型

市场主体既包括企业又包括个人。从数量及分量看，企业的多寡、优劣对市场的规模、运行都有着决定性意义，因此，市场主体法律制度主要是指有关企业的法律法规。计划经济虽然排斥市场，但企业仍是经济生产的基本元素，此时的企业不论企业本身的运作、管理模式，还是关于企业的法律、经济制度都与市场经济体制下的企业有着本质的区别。首先，企业根据所有制的不同被划分成全民企业、集体企业、私营企业和个体企业。企业在成立之初进行企业工商登记时，必须要标明其

---

① 秦前红：《宪政视野下的中国立法模式变迁——从"变革性立法"走向"自治性立法"》，载于《中国法学》，2005年第3期，第43页。

所有制性质。其次，国家对不同所有制性质的企业给予了不同的经济待遇和法律地位。这种制度惯性在改革开放后仍保持了相当长的时间——针对不同所有制的企业制定不同的法律法规。如《城乡个体工商户管理暂行条例》(1987)、《全民所有制工业企业法》(1988)、《私营企业暂行条例》(1988)、《中华人民共和国乡村集体所有制企业条例》(1990)、《中华人民共和国城镇集体所有制企业条例》(1991)都是根据不同的所有制形式制定的法律法规。1992年，构建社会主义市场经济体制成为中国经济转型的目标，按照所有制评定企业的做法严重阻碍了市场主体的完善和繁荣，因此后来出台的经济法开始打破企业主体分治立法、分法而治的格局，于1993年、1997年、1999年颁布了《公司法》(1999年、2005年修订)、《合伙企业法》及《中华人民共和国个人独资企业法》(以下简称《个人独资企业法》)三部法律。这三部关于市场主体的法律不再以所有制为标准来划分企业，而是按出资者的形态和出资者责任来评定企业的类型并赋予企业不同的法律权利和义务，这标志着中国由过去以所有制为划分企业的标准正式过渡到以企业资本构成和投资者责任形式为标准对企业进行分类，标志着中国开始构建与社会主义市场经济体制相适应的市场经济主体结构。目前，中国已基本形成以公司制企业为主，包括合伙企业、个人独资企业等形式的企业主体格局，在法律上基本结束了以往以所有制评定企业、给予差别待遇的历史。

市场主体法律制度从所有制等级格局过渡到按企业资本构成和投资者责任形式为标准的平等化格局，是经济转型的直接需求和要求。经济转型的阶段性需求和成果在市场主体法律制度的构建和完善中起到了决定性的作用。经济转型中各种新生的组织形式在法律中都逐一得到体现和反映。1996年10月29日通过的《中华人民共和国乡镇企业法》(以下简称《乡镇企业法》)既不是按所有制形式立法，也不是按资本构成和责任形式立法，而是混同了二者。从投资主体看，既可以是农村集体经济组织(属于政府)，又可以是个人(农民)，还可以是其他企业、组织或个人(不论是国有、私营性质，非农民也可以投资，但投资比例均须小于50%)。从组织形式看，既可以是公司，也可以是合伙，还可以是个体。在责任形式上，投资者既可以依照《公司法》承担有限责任，也可以依照《个人独资企业法》或《合伙企业法》承担无限责任。乡镇企业在投资主体、筹集资金、经营方式、责任形式上的多种多样性，违反了市场经济所需要的投资主体权利义务明确、责任形式清晰、治理结构合理的内在需求，《乡镇企业法》对这种状况的合法化和固定化，决定了执法、司法、守法上的不稳定性和不统一性，同时也造成了乡镇企业在市场经济的竞争中迅速优胜劣汰，较快地失去了迅猛发展的态势。经济转型的阶段性、试探性与立法的混同性、不成熟性可谓是互为因果，这在乡镇企业的产生、发展、衰败上得到了最充分的体现。

经济转型对市场主体法律制度的决定性作用还体现在外商投资企业上。自 20 世纪 70 年代末开始的"改革"，总是和"开放"形影不离，吸引外资是当时经济建设的重点，调整外商投资企业的法律制度自然也就成为市场主体法律制度的排头兵。改革启动后制定的第一部市场主体法律制度即是 1979 年 7 月 1 日通过的《中外合资经营企业法》。之后，1986 年 4 月 12 日通过了《外资企业法》（与《民法通则》同日通过），1988 年 4 月 13 日通过了《中外合作经营企业法》（在《私营企业暂行条例》之前）。外商投资企业法律制度不仅出台早，而且其体系和内容均较为完善。为便于贯彻实施，国务院根据上述三部法律制定了相应的实施细则，并出台了一系列单行法规，如《关于鼓励外商投资的规定》(1986)、《中外合资经营企业合营期限暂行规定》(1990)、《指导外商投资方向暂行规定》(1995)、《外商投资企业清算办法》(1996)、《指导外商投资方向规定》(2002) 等。此外，在 1990 年、2001 年对《中外合资经营企业法》作了两次修订，《外资企业法》《中外合作经营企业法》也在 2000 年被修订。外资企业法律规定的优先性和偏重性，与经济转型中长期重视吸引外资、对外商投资企业实行超国民优惠待遇不无关系。

(二) 市场规制法律从分散化到体系化

市场经济以竞争为基本，但并非存在竞争即是好的市场经济，良好的市场经济必须以有效竞争为前提。在空间和交易机会相对稳定的市场，数目巨多的市场参与者所拥有的生存和发展空间是有限的，占有资源和获取利益的空间也是有限的，因此，为了以最小的成本获得最大的利益，市场参与者之间不得不进行残酷的竞争：或是通过各种方式贬损、欺骗、伤害其他竞争对手，或是将竞争优势固定下来，对市场进行分割、占有和支配。不论哪种方式，都会对市场整体秩序产生破坏。这种破坏是市场机制内生的，通过其自身调整是难以根治的，只能凭借国家之手，反不正当竞争法和反垄断法即是西方国家补救上述破坏的集中体现。

中国《反不正当竞争法》在1993年出台，其对鼓励和保护公平竞争，制止社会经济交往中的不正当竞争行为，保护经营者和消费者的合法权益起到了积极作用。不过，其立法虽体现了为市场经济保驾护航的目的，但立法理论、立法技术以及实践经验积累明显不足。施行后其立法的不足性和适用的冲突性日益暴露。如所规定的十一种不正当竞争行为，尽管每种行为都有明确的适用界定，但这种过度追求法律确定性的立法大大限制了法律的具体适用。而以双轨制为特色的新旧体制交叉、交替存在使得市场中的不正当竞争行为形式多样且隐秘化，许多新出现的不正当竞争行为都无法纳入其调整范围。最高人民法院于2006年12月30日通过的《关于审理不正当竞争民事案件应用法律若干问题的解释》仅是从司法环节解决了《反不正当竞争法》的适用性问题，经济法的有效性得以提高的最有效方式是改进行政执法。

尽管《反不正当竞争法》对地区垄断、行政垄断有一定规制，但中国实行不正当竞争与垄断分别立法模式。20世纪90年代初，反垄断法即着手起草，历经十余载风风雨雨、多次提交审议、多方利益角逐、多次反复修改、多方面征询意见，最终在2007年得以出台。《反垄断法》较多地考虑到了法律的现实可行性，如调整重点是公用企业和在华跨国公司的垄断行为，以及消除和防范行政垄断；在执行机构的设置上，并没有从理论出发——选择具有足够独立性和权威性的、作为立法机构和代议制的人大设立反垄断委员会，而是明确由国务院设立反垄断委员会。同时，对于长期形成的分散执法的现有格局，《反垄断法》也通过"双层模式"的反垄断机构设置（即"反垄断委员会"和"反垄断执法机构"）而得以维持，既避免了《反垄断法》对现有政府执法体制造成巨大的冲击和破坏，也避免了引起法律之间的冲突，又为今后的机构改革和职能调整留有余地,是一种务实和稳健的立法思路的体现。① 《反垄断法》初步界定了垄断行为,使得当前突出存在的市场垄断行为,如串通定价、限制产量、划分市场和滥用市场支配地位等,和严重的地区封锁和行业垄断,有了明确的法律规制,有利于构建和维护平等竞争的市场环境,但不能期望各种垄断行为因《反垄断法》的出台而销声匿迹。西方发达国家反垄断法的发展历程证明,反垄断法体系非一蹴而就②,反垄断法的实施受制于经济状况和政治环境,从结构主义到行为主义,从强硬到宽松,从经济性规制到社会性规制,反垄断法的具体适用不单纯是法律逻辑推演。有理由相信《反垄断法》日后必将随经济发展状况、政治民主建设等因素发生增补或删减。

除了《反不正当竞争法》和《反垄断法》从整体性经济关系出发对市场秩序进行规制外,还需要《消费者权益保护法》、《产品质量法》、《中华人民共和国广告法》(1994)、《中华人民共和国食品卫生法》(1995)、《中华人民共和国食品安全法》(2009)(以下简称《食品安全法》)等法律从微观经济入手维护市场竞争机制的有效性和公平合理性。在20世纪90年代初期基本完成了对这些法律的制定,但是这些法律和《反不正当竞争法》一样存在立法滞后性和适用有限性的弊端。这批及以前所颁布的市场规制法都急需应势修改。2008年三聚氰胺事件直接促使食品行业免检制度的废除及《食品安全法》③的诞生。

(三) 宏观调控手段从政策化到法律化

市场制度所产生的优胜劣汰一旦超过临界值则在导致个体贫困的同时带来地区贫穷或行业萎缩,抵消市场制度非中性的办法之一就是由政府予以宏观调控与计划。"在一个政治社会里,相对于拥有自主发展权而导致宏观经济环境恶化的经济主体来说,强有力的政府制度,尤其是

---

① 邓聿文:《反垄断机构的设置必须做到有效》,http://finance.people.com.cn/GB/6189542.html,访问日期:2007-09-03。
② 美国反垄断法体系自1890年起经百余年后,才形成了以《谢尔曼法》《克莱顿法》《联邦贸易委员会法》为中心,涵盖企业并购指南和若干法院判例的制度体系。
③ 2009年2月28日第十一届全国人民代表大会常务委员会第七次会议通过,对食品安全风险监测和评估、食品安全标准、食品生产经营、食品检验、食品进出口、食品安全事故处置及法律责任等作出规定,该法自2009年6月1日起施行。

强有力的中央政府制度是改善宏观发展环境、实现公共利益的保证,强化中央政府在全局性公共事务方面的制度化权威,是任何一个经济体制顺利运行的必要基础。"① 经济转型虽以市场化改革为根本,但政府宏观调控也不能完全被否定或排斥,所应做的是实现宏观调控的法治化。

计划经济体制下,国家主要通过行政手段实现对经济的管理和控制;市场经济体制下,国家对经济的干预则更多地凭借经济手段和法律制度。经济转型的过程也就是国家不断缩小和限制行政性手段,增加和规范经济、法律手段的过程。经济手段和法律手段都是国家对经济进行宏观调控所必需的——经济手段主要利用税收、财政补贴、信贷、价格、利率、工资、奖金以及国家直接掌握的部分资金和重要物资等形式作为调节经济运行的手段,借助财政、货币等经济政策直接作用于市场,通过市场参数的改变,对经济产生间接的、总量上的控制,并对企业等经济主体的行为产生间接影响。法律手段则体现为对经济的微观规制和宏观调控,前者通过法律、法规、规章直接作用于企业,直接的、个量上地对企业等经济主体的行为予以规范、约束和限制,后者则是经济管理中相对稳定、成熟,具有规律性的经济政策的法律化、规范化和具体化的管理方法。②《反不正当竞争法》《消费者权益保护法》《公司法》等即是对经济进行微观规制的法律;而《中华人民共和国预算法》(1994)、《中华人民共和国人民银行法》(1995)、《中华人民共和国政府采购法》(2002)、《行政许可法》及《价格法》等则是国家对经济予以宏观调控的依据和边界。法律手段与经济手段在宏观调控中并非此消彼长的关系,而是互为补充,只有这两种手段和必要的行政手段有机结合,国家对经济的宏观调控才能达到良好效果。尽管目前尚未建立起健全的宏观经济调控体系,政府在经济宏观调控领域也有许多不足之处,但随着宏观调控法律自身制度的完善和实施机制的健全,政府干预经济将在法治的空间进行。

---

① 袁峰:《制度变迁与稳定——中国经济转型中稳定问题的制度对策研究》,上海:复旦大学出版社,1999年版,第48页。
② 陈富良:《放松规制与强化规制——论转型经济中的政府规制改革》,上海:上海三联书店,2001年版,第53~54页。

（四）税收法律制度从差别化到统一化

计划经济体制力求税制简化，政务院颁布的《全国税政实施要则》（1950）仅有十二条，且"实体"与"程序"规范不分。改革开放前，税收法相当简单，税种少，规定弱，税收的组织财政收入功能被严重忽视，企业上缴利润成为政府财政收入的最主要来源，税法应有的作用和功能也难以得到体现和发挥。企业的体制改革带动了税收制度改革，《中华人民共和国税收征收管理暂行条例》（1986）标志着税收征管制度开始单独立法，初步实现了税收征管制度的统一化和法制化。1993年因经济转型目标的明确而促成税收征纳程序关系的第一部法律——《中华人民共和国税收征收管理法》（以下简称《征管法》）的施行。分别于2001年5月1日和2002年10月15日颁布的新《征管法》及《中华人民共和国税收征收管理法实施细则》反映出税收法律已经开始注重对政府权力的规制与监督，新的经济法理念开始体现在中国税收法律制度建设中。税收程序法从一开始即确保了法的统一性、平等性和普适性，但税收实体法则从一开始就实行差别待遇，以企业所得税法最为典型。

企业所得税是以企业取得的生产经营所得和其他所得为征税对象所征收的一种税。经济转型之初，为了吸引外资、引进先进技术，税法对外资企业给予"超国民待遇"。对不同的外资企业也采取了区别对待——适用不同的所得税法。1991年，《外商投资企业和外国企业所得税法》出台，不同类型的外资企业实行不同所得税法的格局因此终结，外资企业实现了税收的统一。同时，国有企业与非国有企业所依据的所得税法也是不同的，这种差别待遇在1994年因《企业所得税暂行条例》而终结。但内资企业与外资企业仍适用不同的所得税法。2007年3月16日，第十届全国人大五次会议表决通过了《中华人民共和国企业所得税法》（自2008年1月1日起施行），这部法律参照国际通行做法，以合理的"特惠制"取代标准不明确、适用不统一的"普惠制"，变"直接减免"的优惠方式为国际普遍使用的"间接"优惠方式，税收优惠政策变得更加规范与透明。其体现了"四个统一"，即内资企业、外资企业适用统一的企业所得税法；统一并适当降低企业所得税税率；统一和规范税前扣除办法和标准；统一税收优惠政策，实行"产业优惠为主、区域优惠为辅"的新税收优惠体系。取消单独针对外资的税收优惠，制定针对所有企业的有利于国家产业政策和地区发展政策的税收优惠。[①] 内资企业、外资企业、国有企业、非国有企业在改革开放近30年后基本实现了缴税义务的平等待遇。

（五）社会保险法律从缺失到构建

中华人民共和国成立不久即制定了《劳动保险条例》（1951），但其立法目的是"为了保护工人职员的健康，减轻其生活中的困难"，其以城市全民所有制职工为保护对象。尽管该法两年后即被修正，但立法目的和调整范围均没变。该法最为不利的后果是导致城乡社会保险待遇长期处于不平等状态。计划经济体制下的社会保险为城市全民所有制职工提供囊括了生老病死、衣食住行的超级福利，广大农民被排除在该法的保护范围之外。这种对城镇全面对农村片面的社会保险体制在经济转型过程中延续了很长时间，城市社会保险体制在经济转型中不断变革完善，但农村社会保险体制长期保持着旧制度形同虚设、新制度千呼万唤不出来的状况。仅从养老保险看，目前5.6亿城市人口中，享受养老保险的人口只有1.75亿，享有医疗保障的仅有1.4亿，而农村7.5亿人口中，享有养老保障的人口只有5000万。[②]

相对于其他经济法而言，社会保险法的发展要滞后得多。首先，社会主义计划经济孕育的社会保险法长期存在，新旧制度混杂。《劳动保险条例》至今未被废止，但也未被适用而已成为死法。打破计划经济体制下城市居民福利式社会保险主要是通过意见、决定等政策性规章，以及政府行政命令和指示。而且，社会保险领域的改革采取先立后废，此消彼长的做法，即先建立一项新的社会保险制度，然后才废除相应的单位保险。于是，在整个改革过程中，时常会在一项社会保险中出现两种制度共容的现象，如养老保险中的"老人老办法、中人中办法、新人新办法"；医疗保险中住院、大病采取社会保险的办法，而门诊采取单位

[①] 佚名：《企业所得税新税率确定为25% 统一内外资企业税率》，http://www.gov.cn/jrzg/2006-12/25/content_477419.htm，访问日期：2008-09-07。

[②] 王健：《收入分配不均源自再分配体制不健全》，载于《新华文摘》，2006年第23期，第25页。

保险的办法。① 其次，社会保险法出台时间晚，立法级别低。1994年颁布的《中华人民共和国劳动法》（以下简称《劳动法》）虽对社会保险作了规定，但共计仅有七个条文，规定也过于原则，缺乏实用性和可操作性，以至于现实生活中，社会保险关系适用最多的不是《劳动法》的规定，而是行政法规、政府规章或通知。至今，具有最高法律效力的直接以社会保险名义制定的经济法，不外乎两部行政法规，即《失业保险条例》和《工伤保险条例》，而它们出台的时间分别已是1999年和2003年。最后，社会保险法过度分散。除了城市与农村间社会保险制度、待遇、改革进度完全不同步外，在城市里，社会保险立法也是零敲碎打，养老保险、工伤保险、失业保险、医疗保险、生育保险，不仅是分类立法，而且法出多门、层次不一，导致社会保险法严重不统一，致使社会保险制度改革与建设长期滞后。经济转型的顺利推进，需要社会保险的内涵和使命发生根本性变革，尤其在当下纵深发展阶段，改革成本累积巨大、社会矛盾突出的状况下，有助于社会稳定的社会保险法必须积极、及时跟进。2004年《关于农民工参加工伤保险有关问题的通知》首次把城市人专享的社会保险待遇的适用对象扩展到农民工，对从事非农业生产的农民工和城市人进行平等保护，此举体现了法律平等原则，也响应了废除城乡二元格局的改革方向。2008年12月，全国人大常委会办公厅下发通知，就《中华人民共和国社会保险法（草案）》在全国范围内征求意见。该草案分章对基本养老保险、基本医疗保险、工伤保险、失业保险、生育保险以及社会保险费征缴、社会保险监督等作出规定。作为社会保险基本法，其立法目的是"为了规范社会保险关系，维护社会保险参加人的合法权益，使公民共享发展成果，促进社会和谐稳定"，此立法目的的转变集中体现了市场化经济转型在取得经济高速增长后需要更加注重经济发展、社会发展的现实。

迄今为止，中国社会保险制度应当说还处于初创时期的初始阶段，即制度建设的萌芽期。除了完善社会保险法律制度自身的建设外，还需

---

① 董保华：《社会保障法与劳动法的界定》，载于《华东政法学院学报》，2001年第3期，第42页。

其他法律制度进行配套改革。[①] 鉴于社会保险法所牵涉的面过广，关乎每个人的福祉，尤其是养老保险所存在的巨大分歧，故草案虽在 2008 年 12 月向社会公布，原定于 2009 年 8 月进行的三审也推迟到 2010 年 10 月，《社会保险法》在 2011 年 7 月 1 日正式施行。所幸的是单项社会保险并未因社会保险法立法的停滞而停顿。2009 年 4 月 6 日国务院公布《关于深化医药卫生体制改革的意见》，提出了"有效减轻居民就医费用负担，切实缓解'看病难、看病贵'"的近期目标，以及"建立健全覆盖城乡居民的基本医疗卫生制度，为群众提供安全、有效、方便、价廉的医疗卫生服务"，逐步向城乡居民统一提供疾病预防控制、妇幼保健、健康教育等基本公共卫生服务的长远目标。次日，国务院又公布了《医药卫生体制改革近期重点实施方案（2009—2011 年）》，明确了 2009—2011 年医药卫生体制改革需要抓好的五项重点：一是加快推进基本医疗保障制度建设，二是初步建立国家基本药物制度，三是健全基层医疗卫生服务体系，四是促进基本公共卫生服务逐步均等化，五是推进公立医院改革试点。医改方案的出台体现了社会保险从市场化改革向政府主导的公益性改革回归。有理由相信，随着医疗保险、工伤保险、失业保险等各项社会保险的改革和完善，统一规范各项社会保险的社会保险法的出台将日益临近。2010 年 10 月 28 日，全国人民代表大会常务委员会通过了《中华人民共和国社会保险法》，并自 2011 年 7 月 1 日起施行，系统规定了养老保险、基本医疗保险、工伤保险、失业保险、生育保险等社会保险制度，对社会保险费征缴、社会保险基金使用管理等事项进行规范。社会保险事业得到明显发展，社会保险覆盖面得到迅猛扩展，2016 年度，全年五项社会保险基金收入合计 53563 亿元，增长 16.4%，基金支出 46888 亿元，增长 20.3%。

[①] 如《公司法》在 2005 年年底进行修改时，即删除了第 177 条、第 188 条规定公司应在税后利润中提取 5%~10%作为法定公益金用于职工集体福利的规定，因为"法定公益金"提取的目的是职工福利分房，这种计划经济体制下的福利保障已经随着市场化改革的进行而社会化了，企业福利分房已经被货币分房和住房公积金制度所取代，因此再保留这个条款不仅没有意义，反而会增加企业的负担。

三、小　结

中国经济法律体系在经济转型过程中不断更新，从而渐进完善，除了在市场主体、市场规制、宏观调控、社会分配与社会保险等领域制定和修订了大量应对市场经济需求的法律法规外，而且在资源和环境保护方面，先后颁布实施了《中华人民共和国森林法》（1984年制定，1998年修正）、《中华人民共和国水污染防治法》（1984年制定，1996年修正，2008年、2017年修订）、《中华人民共和国草原法》（1985年制定，2009年、2013年修订）、《中华人民共和国矿产资源法》（1986年制定，1996年修正）、《中华人民共和国煤炭法》（1996）、《中华人民共和国渔业法》（1986年制定，2000年修正）、《中华人民共和国环境保护法》（1989制定，2014年修订）、《中华人民共和国环境噪声污染防治法》（1996）、《中华人民共和国固体废物污染环境保护法》（1995）、《中华人民共和国海洋环境保护法》（1982年制定，1999年修订）、《中华人民共和国大气污染防治法》（1987年制定，2000年、2015年修订）、《中华人民共和国环境影响评价法》（2016）等法律；在规范金融市场秩序方面，先后制定了《中华人民共和国税收征收管理法》（1992年制定，2001年、2013年修订）、《中国人民银行法》、《商业银行法》、《中华人民共和国证券法》（1998年制定，2004年、2013年修订）、《中华人民共和国外资保险公司管理条例》（2001）、《金融机构撤销条例》（2001）、《中华人民共和国外资金融机构管理条例》（2002）、《中华人民共和国环境保护税法》（2016）等法律法规；在规范涉外秩序管理方面，颁布了《中华人民共和国海关法》（1987年制定，2001年修订）、《中华人民共和国进出口商品检验法》（1989年制定，2002年修正）等法律。经济法律体系的完备、完整，一方面是经济转型的必然结果，另一方面又是经济转型继续推进的必然需求。

第三节 经济法司法上的变迁

广义的执法包括司法机关的司法行为和行政机关的执法行为。司法机关通过对具体案件作出合法或违法的权威性判决，有利于稳定人们对行为和结果的期待和判断；而行政机关则以落实现行法律的目的为职责。与传统法律相比，经济法在实施方面具有一个显著特征，即经济执法对经济关系、经济行为的规制作用、影响力度远远强于经济司法。而且在一定情况下，中国经济法执法的同时也是经济法立法机关。经济法的执法主要是政府等行政机关，经济法执法状况与政府职能改革息息相关，关于这一点后文将有详尽论述，在此仅对经济法司法进行阐述。

一、对经济法司法的实证研究

经济法自诞生之始即与民法发生了地位大论争，在理论界尚且经民不分，司法实践中则长期以经济纠纷案件代替部分民事案件。诸如购销合同纠纷、借款纠纷、劳动争议等案件均被纳入经济纠纷案件。经济法司法的准确定位有赖于经济法地位的独立和明确。在经济转型中，经济法逐渐回归本位，从培育市场到规范市场，从政府管理经济的工具到规制政府的工具，经济法的司法实践也应随之发生变迁。

（一）经济纠纷案件

政法机关在1978年年底、1979年逐渐恢复工作，人民法院的审判工作也逐日正常化。改革开放初期，以经济建设为中心的方针不仅体现在经济领域，司法领域也同样遵守这一方针，党的五届人大三次会议提出人民法院应加强经济司法工作，因此，开展经济审判工作是适应社会主义经济建设的需要，是新的历史时期赋予人民法院的重要任务。1979年2月，四川省重庆市中级人民法院率先成立了经济审判庭，进行经济审判试点工作。1983年9月，党的六届人大常委会二次会议通过修改《中华人民共和国人民法院组织法》（以下简称《人民法院组织法》）的决定后，各地区中级人民法院和基层人民法院均陆续设立了经济审判庭。截至1986年年底，全国3400多个法院中，已经有97%以上的法院设立了经济审判庭，经济审判工作在全国全面铺开，迅速发展。法院的组织结构体现了以经济建设为中心，案件也不例外。当时的经济立法是指与经济有关的立法，而经济法也就是与经济建设、经济改革、经济发展有关的法律法规，因之产生的案件也就被称为经济案件。[①] 依据最高人民法院历年工作报告，所谓经济案件，包括经济纠纷案件和经济犯罪案件。经济纠纷案件在法院报表统计上是一个独立项，与民事案件并列。据统计，在1978年至1986年八年间，全国人民法院共审理5801933件民事案件，677632件经济纠纷案件。[②] 经济纠纷案件的种类，根据人民法院统计案件的口径，包括购销合同、借款合同等经济合同纠纷，涉外、涉港澳台经济纠纷，经济损害赔偿以及劳动争议等。经济纠纷案件中绝大多数是经济合同案件，其中又以借款合同居首。如1989年，全国共受理经济纠纷一审案件690765件，其中经济合同案件有634941件，占比为92%，而在经济合同中借款合同纠纷占41%，有258652件。这种案件分类与中国经济法与民法诞生的同时段性有密切关系。

随着经济改革的逐步推进，各种经济新现象、新问题不断涌现，催生了大量的新型经济纠纷，这些新类型的纷争有不少直接成为新类型的经济纠纷案件。现行的经济法律法规大多都制定于1988年至1998年十年间，在此通过这十年间人民法院受理的经济纠纷案件类型的变化阐明经济转型对经济法司法的影响和作用（见表2—1）。

[①] 经济案件包括经济纠纷案件，如最高人民法院院长江华在1981年12月7日在第五届全国人民代表大会第四次会议上所作的《最高人民法院工作报告》中提到："一年来，各级人民法院依法处理了14600余件经济案件，其中大部分是经济纠纷案件，也有一部分是与这类纠纷有关的刑事犯罪案件。"

[②] 中国法律年鉴编辑部：《中国法律年鉴（1987年）》，北京：法律出版社，1987年版，第1页。

表2-1 1988年至1998年十年间经济纠纷案件受理情况[1]

年份	经济纠纷案件总量	购销合同	借款纠纷	企业承包、租赁经营合同	破产案件	农村承包合同	房地产案件	劳动争议	股票债券保险
1988	513615		174445	开始增多					
1989	694907	192808	251582	6959		29810			
1990	588143	167393	214343			31217			
1991	587148	180485	178040		57	44562			
1992	650601	214093	182980	8620	265	51036		911	1170
1993	894410	308240	267853	22056	478	47452	82024	1092	1838
1994	1043301	358638	307073		1156			23632	2479
1995	1278806	383366	421499		1938	87694	111800	28072	2672
1996	150064	395628	550887		3907	116419	129054		4248
1997	2801817	432732	644285		6190				
1998	3375069			36696	3380	56344	17万余	58205	

再以破产案件为例。《破产法（试行）》在1986年出台，但由于当时国有企业改革尚处于放权让利、两权分离阶段，直到1991年法院才有了破产案件，全国各级法院共计审理57件。1992年社会主义市场经济体制目标确定后，国有企业经营机制进一步转换，全国法院审理破产案件达到265件。1993年国有企业改革开始进行现代企业制度试点，逐步推行公司制股份制，全国法院审理破产案件达到478件。1994年国有企业破产工作试点开始，全国法院审理破产案件达到1156件，比上年度增加了141.84%。在1998年开始的为期三年的"脱困"改革，通过关、停、并、转等多种方式实现了国有企业的整体扭亏或盈利增加。国有企业的"三年脱困"在人民法院受理的破产案件的数量变化上得到了直接体现。全国法院破产案件在1998年达到了3380件，比1993年增长了6倍多。可见，经济法纠纷案件类型的变化及相应数量

---

[1] 囿于数据采集障碍，表中对经济纠纷案件类型的分析直接依据最高人民法院相应年份的工作报告，某案件类型数量的空缺并不表明司法实践中没有受理该类案件，仅是通过案件数量统计的有无及多寡证明当年经济纠纷案件的突出点。

的增减，直接反映了当时经济转型的重点和难点，也反映了经济转型的阶段性、渐进性特征。法律制度在适应经济发展需要的同时，自身也进行着制度建设和理论创新。经济发展需要改革开放，法律建设也同样需要改革开放，在对外交流过程中，法律理论也经历着与国际接轨、与他国共享共通的历程。民事法律、经济法律的发展使得民法、经济法间的关系逐渐清晰和明确，人民法院所受理的经济纠纷案件也面临着对号入座的问题。也许是考虑到程序法仅有民事诉讼法，而无经济诉讼法，而且各单行经济法律法规所对应的案件数量又较少，最高人民法院自2000年起在全国各级人民法院取消经济审判庭，自此，在人民法院的司法统计中，经济纠纷案件成为历史名词，被民事、商事案件取代。如今，我们只是在日常生活中还能听到"经济纠纷"的提法，但其内涵已发生了巨变。鉴于此，本书所言经济法案件既包括改革初期所指的经济纠纷案件，也包括当前经济法学下的单行法律、法规所对应的案件。

（二）案件类型及数量的激增

经济冲突总是与社会一般经济交往相伴相随，交易越多，纠纷也就越多，经济案件数量的增长一定程度上是交易频度的反映，也间接反映了市场化过程的进度与深度。

变化了的政治经济情况，在法院所受理案件的类型上有直接反映。1979年，反革命案件在人民法院所复查的113万多件刑事案件中占23.89%，到了1982年，就只占刑事案件总数的0.5%。经济法案件也因经济转型阶段的不同而出现不同类型的案件并在数量上发生变化。首先，新类型案件的出现与同时段所进行的改革重点息息相关。1982年家庭联产承包责任制在全国建立，出现了不少涉及土地、山林、水利、农具、耕畜、肥料的纠纷。改革开放引进外资，涉外民事案件也随之出现。国有企业改革在1991年开始集中进行经营机制转化改革，开始出现破产案件。1992年，股票市场开始在全国范围内构建，开始出现股票、债券案件。其次，通过经济犯罪案件也能得出同样的结论。1981年，全国各级法院共审结刑事案件20.3万件，其中有24636件属经济犯罪案件，占比为12.13%；1995年，全年共受理一审刑事案件482927件，其中经济犯罪案件43013件，占比为8.91%；2006年，全年共审理 319525 件刑事案件，其中审结生产、销售伪劣产品、走私、破坏金融管理秩序等破坏社会主义市场经济秩序的犯罪 16679 件，占比为 5.21%。2016 年，全年各级法院审结一审刑事案件 109.9 万件，判处罪犯 123.2 万人。尽管经济犯罪案件的内涵在改革的不同阶段有重大区别①，但其在刑事案件中所占比例的不断缩减，既反映了法律建设的不断专业化和科学化，同时也反映出经济活动的逐渐规范化和法治化，而经济主体行为自觉的合法性选择与经济法所产生的约束、指引、威慑是离不开的。

（三）案件主体的多样多元

案件的当事人同时也是经济生活的主体，他们是同一的，经济生活中主体的新生、消亡等变化都在经济案件主体的变化中得到体现。随着公司等法人数量的增多，以公司为当事人的民事案件也在增多。2008 年度成都市中级人民法院受理各类民事案件 7827 件，其中一方当事人为公司的达到 4866 件，比例为 62.17%。若除掉婚姻家庭纠纷等纯粹自然人之间的案件，则比例会更高。

经济转型过程也是政府职能转变的过程，政府干预经济的权力不再是唯我独尊，经济法等法律对其干预行为从实体到程序都作了规定和约束，政府也开始成为诉讼主体。以政府为主体的案件一般有两类：一是行政案件，一是以政府为一方当事人的民事案件。中国经济转型是政府主导型，行政案件的增多，本身也说明政府在经济转型过程中逐渐从唯我独尊的管理人地位转化为被监督者地位。2008 年度成都市中级人民法院共计受理各种行政案件 712 件，其中立案环节的共 273 件，其中案字为成立初的 162 件百分百裁定不予受理，案字为成立终的 111 件则百分之九十六驳回，进入实体审查的共计 439 件。政府不再是老虎屁股摸

---

① 时至今日，经济犯罪案件仍是司法实践和理论界均在使用的名词，但在市场化改革的不同阶段，在新旧《刑法》适用机制下，其内涵发生了很大变化。在改革之初，即 20 世纪 80 年代初期，所谓经济犯罪案件包括走私贩私、贪污、受贿行贿、投机倒把、诈骗公共财物、盗窃公共财物、盗卖珍贵文物等；在改革中期，即 20 世纪 90 年代中期，所谓经济犯罪案件包括破坏经济秩序犯罪和贪污、贿赂、挪用公款犯罪等；到了改革攻坚期，即 21 世纪初期，经济犯罪案件主要指《刑法》第三章破坏社会主义市场经济秩序罪，如生产、销售伪劣产品罪、非法经营罪、集资诈骗罪、合同诈骗罪、虚报注册资本罪等。详见历年最高人民法院工作报告。

不得，政府负责人到庭参加诉讼也不再是稀罕事。

（四）案件的行政性审判减弱

"行政权力对社会生活整个过程无所不在的管制逐步消解，这既反映为行政管制空间的逐步减缩，亦体现于行政管理力的弱化。大量的社会生活处于行政权力的控制之外。"[1] 法律逐步成为社会关系的常规性的、基本的评判标准，法院成为解决纷争、化解矛盾、惩恶扬善的主要机构，行政权力对个人、企业的干预逐步减少，但行政权力对司法的干预却长期存在，破产法的适用情况就是最好的佐证。

中国经济转型是政府主导型的强制性变迁过程，其间，凡与经济改革有着重大密切联系的司法活动往往都要受到行政权力的密切关注，乃至直接干涉。1986 年 12 月通过的《企业破产法（试行）》是一部与《全民所有制工业企业法》配套的法律，其适用范围仅限于全民所有制企业，即国有企业。该法之所以时距近两年（于 1988 年）方正式生效，最重要的原因乃是国有企业改革尚处于两权分离阶段，国有企业的破产还不能在现实生活中出现，法院所审理破产案件的多寡与改革的进程密切相关。不仅如此，作为审判机关，法院对破产案件的审理并没有自主决定权，国有企业破产与否，决定权掌握在政府手中。从破产企业的名单，到破产程序的设计，以及破产后债权债务的处理都由政府作出全盘部署。更有甚者，破产法的适用范围也是由政府说了算。国务院在 1997 年下发国发 10 号文件，补充完善了破产政策，并将国有企业破产工作试点扩大到全国 111 个城市。1999 年以后，把关闭破产的重点集中到纺织、煤炭、有色金属、军工等结构调整任务重的行业。从 2004 年年初开始，全国企业兼并破产和职工再就业工作领导小组组织各地和有关中央企业共同编制完成了全国企业关闭破产总体规划。经过一年的调查研究和部门协商，2005 年 2 月国务院第 80 次常务会议审议批准了总体规划。总体规划对将实施的国有企业关停并转破的任务以及实施的时间范围和重点都作了明确的规定，法院的司法在此过程中仅仅是扮演了为企业破产穿戴合法外套的角色。当然，这种"政策性破产"对国有

---

[1] 顾培东：《从经济改革到司法改革》，北京：法律出版社，2003 年版，第 127 页。

企业改革的顺利推进起到了非常关键的作用。截至2008年，经国务院批准，全国共实施关闭破产项目约5000户，其中，在"三年脱困"期间，1997年亏损的6599户国有及国有控股大中型企业中，有1529户是通过兼并破产消除亏损的，占脱困企业的29.49%，3年间企业兼并破产工作使国有大中型亏损企业减少亏损316亿元。① 2003—2006年，国有企业总户数呈逐年缩减态势，从149988户减少到119254户，净减少30734户，年均减幅达7.4%。② 通过破产，国有企业实现了"优胜劣汰"，在国民经济中从量的优势转化为质的优势，国有企业在市场经济中的生存和竞争能力大为增强，改革初期为国有企业设立的特殊待遇也就到了退场的时候。2007年，适用于各类企业的《企业破产法》终于应需登上舞台，政策性破产逐渐成为历史，法院的司法独立性也随之获得了发展空间。2016年度各级法院审结破产兼并、股权转让等案件1.4万件。

（五）案件执行的增与减

法律的权威不仅表现在制定法律上，更重要的还表现在对法律的切实贯彻执行中。"任何一个法律制度的可信赖性和有效性，都必须根据法院判决的执行能力来判断。"③ 中国法院的执行能力一直以来都差强人意，尽管缺乏准确可靠的数据资料对此进行精确的分析，但依据可查数据大致可得出如下结论。

1. 执行案件及执结标的额激增

截至1997年，地方各级人民法院基本上都设立了执行庭，做到审执分离。1993年至1997年五年间，全国法院共审结一审刑事、民事、经济、行政、海事案件22417744件，其中刑事案件2437426件，而执结刑事以外的各类案件6688804件，执结率为33%，执行标的总金额

---

① 佚名：《国资委：国企政策性破产进入倒计时》，http://www.my.gov.cn/MYGOV/149181737656647680/20041018/14058.html，访问日期：2008-09-27。

② 国资委信息中心：《全国国有企业改革发展取得重大进展》，http://finance.qq.com/a/20090614/003465.htm，访问日期：2009-09-07。

③ [美] 彼得·穆雷尔：《法律的价值——转轨经济中的评价》，韩光明译，北京：法律出版社，2006年版，第242页。

2685亿元。1998年至2002年五年间,共审结各类案件2960万件,共执结1226万件,执结率为41%,执结标的总金额13477亿元,比前一个四年增长了4倍。2003年至2007年五年间,全国法院共审结各类案件3180.4万件,强制执行案件1080万件,执结率为33.96%,执行标的金额17276.2亿元,增长28.19%。以上统计并未区分案件类型,但收集全国性执行各类案件各自比例的相关数据存在障碍,而案件的标的额可间接体现案件的数量多寡,因此,在此通过成都市中级人民法院执行案件执结标的额分类数据以管中窥豹(见表2-2)。

表2-2 2003—2008年成都市中级人民法院执结标的分类对比表

(单位:千万元)

类型	年度					
	2008	2003	2004	2005	2006	2007
刑事	2.5	4.09	5.41	18.96	4.76	18.71
民商事	396.6	440.27	468.56	805.32	694.34	615.04
行政	0.1	3.18	1.46	2.05	1.66	0.6
审查与执行行政非诉	3.4	0.78	2.46	0.25	1.02	3
仲裁	16.6	14.74	16.72	30.97	20	28.06
其他	12.2	49.63	80.57	85.96	58.63	64.32
合计	431.1	512.69	575.69	943.51	780.41	729.73
民商事案件标的额所占比例	92%	86%	81%	85%	89%	84%

由表2-2可知,民商事案件标的额在法院执行案件执结标的总额中占绝对多数,年平均比例达到86.6%。

2. 执行难且执行到位率低

1985年和1986年,经济纠纷案件判决后未能执行的均为20%左右,1987年上升到30%左右,1987年至1989年三年,最高人民法院的工作报告都明确指出经济纠纷案件执行难问题相对突出。自1987年至1992年五年间,全国法院共审结经济纠纷案件2996496件,共执行经济纠纷裁判1191152件,经济纠纷案件判决后未能执行的比例达到60%。经济转型正式步入构建社会主义市场经济体制后,这种执行到位率低的状况并未能得到实质性改观。

在各级法院的工作报告中，关于执行状况的改进主要集中于执行制度的建设、执行措施的改进、执行案件的增多以及执结率的提高。所谓执结率，简单地说即是执行结案数占执行案件收案数的比率。执结率的提高可以直接证明执行效率的提高，但对执行到位情况（即兑现了执行依据）只能是间接反映。众所周知，执行结案包括多种情形，既有强制执行到位的，也有被执行人无财产可供执行的，还有申请执行人与被执行人达成和解协议的（至于和解协议是否履行则不再是执行案件需要关注的），以及其他情形。成都市中级人民法院在2008年着力贯彻全国集中清理执行积案专项活动，从内部完善执行工作流程监督制度，建立按款限时兑付等制度；从外部加强部门联动，并开展大规模的拒执查处行动，当年共受理执行案件20849件，执结17704件，执结率为84.92%，同比上升2.46%，执结标的额72.97亿元，而全年民事一审案件的涉案标的额为110.2亿元，这样算出来的执行标的到位率为66.2%。但实际上综合各类执行案件，当年执行案件的执行标的到位率仅为44.08%。

经济转型中，经济法的司法实践有了重大改观，但相对于经济转型发生的经济变化及取得的经济增长而言，经济司法的改进较为有限。这不仅是由于司法体制的改革难，更重要的是经济法司法本身存在诸多特殊性。

二、对经济法司法的理论探讨

经济法司法状况的不乐观，既与司法大环境有关，也与经济法本身的特殊性有关。

（一）法院对新类型案件态度审慎

随着《反不正当竞争法》《消费者权益保护法》《环境保护法》等经济法律法规的出台，以往被定为"非法律问题"而被关在诉讼大门之外的污染问题、不正当竞争等问题都名正言顺地步入诉讼的门槛。但"能进入"与"实际进入"往往存在较大差距，除了民众对法律规定有理解消化的过程外,最主要的原因在于法院对新类型案件往往持慎立、少立的态度。宏观调控、社会分配、消费者权益保护、环境保护、垄断等问题都是社会敏感性强、共识度低、利益冲突激烈的政策性问题,当这些类型的热点、难点问题成为司法案件时,法律分析的焦点就必须是那些阻碍法律目的实现的社会模式和制度安排,而非被侵害的个体本身。①因此,法院在面对涉及面广、扩散性强的经济法问题时,其司法裁判往往不是诉讼当事人个体的、个别的权利和义务,而往往是社会上普遍存在的实际问题的反映,该个案的裁决结果一旦作出,必难防成千上万的同类案件涌入法院,故法院在受理扩散性强的经济法问题案件时是慎重和退缩的。

将社会敏感度高的纠纷关在大门之外,是降低司法风险的首选方式。自2005年12月5日至2008年12月5日,成都市中级人民法院共计受理两起股票交易纠纷,且两起案件均驳回原告的诉讼请求,上诉后也被"驳回上诉,维持原判"。《证券法》于2005年修订后,小股东诉讼、信息披露、保荐人责任追究等都可以成为诉,但在2008年度,成都市中级人民法院以"证券公司"为一方当事人的案件共计6件,案由分别是:一般委托合同纠纷、房地产合作开发纠纷、侵犯专利纠纷、股票交易纠纷、其他证券合同纠纷、客户交易结算资金纠纷,其中股票交易纠纷乃是原审原告申请再审被驳回。如果说《证券法》所规定的诉因深圳、上海证交所的住所地不在成都而案件畸少是正常的,合理的,那么在《公司法》的适用上新类型案件就不应具有任何天然的地域限制了。2005年修订后的《公司法》规定了股东代表诉讼制度②和股东直接诉讼制度③,大大拓展了《公司法》的可诉性,在传统诉讼法律制度中增加了派生诉讼制度。然而从司法实践看,股东代表诉讼、股东直接诉讼、公司人格否认、股东申请解散公司等案件仍然是凤毛麟角。2008

---

① [美] P. 诺内特、P. 塞尔兹尼克:《转变中的法律与社会:迈向回应型法》,张志铭译,北京:中国政法大学出版社,2004年版,第131页。

② 新《公司法》第152条规定,董事、高级管理人员有本法第150条规定的情形的,损害公司利益的,董事会、执行董事、监事会、监事怠于维护公司利益时,股东有权为了公司的利益以自己的名义向人民法院提起诉讼,通过司法途径追回属于公司的利益。

③ 新《公司法》第153条规定,在董事、高级管理人员违反法律、行政法规和公司章程的规定,损害股东利益的,股东可以向人民法院提起诉讼。

年度成都市中级人民法院共受理其他股东权纠纷案 374 件①，具体包括股权确认变更纠纷、股权转让协议纠纷、股东资格纠纷、公司解散纠纷等，公司解散纠纷案件仅 3 件。法院对经济法新类型案件持慎重态度在中国具有普遍性。《反垄断法》于 2008 年 8 月 1 日开始施行，尽管上海市第二中级人民法院成立了专门的合议庭，但迄今尚无一件反垄断案件得以审理并作出判决。当然，法院对经济法案件态度慎重并不等于司法对经济法纠纷无能为力，2007 年下半年上海市虹口区人民法院就受理了一批解禁社会法人股确权案件。

法院对经济法新类型案件持慎重态度不单纯体现在是否受理案件以及受理案件数量上，在裁判结果上也同样尽可能慎重。如成都市中级人民法院在审理的 3 件公司股东诉请解散公司的案件中，有 2 件驳回股东申请解散公司的诉请，1 件通过调解由股东转让股权的方式避免解散公司。司法对股东诉请解散公司持相当严格的标准，此从最高人民法院《关于适用〈中华人民共和国公司法〉若干问题的规定（二）》可得到印证。在 2008 年度，成都市中级人民法院共计受理 45 件股东会议召集权纠纷，但其中有 43 件是集团案，有 2 件是立案环节对再审申请的驳回，43 件集团案的结果都是驳回股东诉讼请求。

（二）经济法司法难度大

无论是从经济法本身看，还是从经济法案件的结果看，司法的难度都相当大。

1. 从经济法的概念看

经济法广泛存在界限不清、含义不明的非法律术语，有的是将日常用语、经济术语移植后赋予法律定义，而有的就是对生活用语的直接照搬。前者如不正当竞争行为，在经济学中不正当竞争是市场失灵的一种常见现象，《反不正当竞争法》对之下了法律上的定义，即"不正当竞争行为是指经营者违反本法规定，损害其他经营者的合法权益，扰乱社会经济秩序的行为"。后者如消费者、农民、经营者、企业、公司、税

---

① 其中 244 件属于集团诉讼。

收、金融等。由于经济法概念缺乏哲学上的抽象，不像民法那样拥有自己独创的诸如对价、合意、过错、法人等具有强烈法律味的词语，其在适用时即便是作字面解释也需要跨出经济法学进入经济学、社会学寻找和确定经济法律主体、行为的准确含义。经济法概念与日常用语、经济学术语的相同、雷同使得法官在适用经济法的规定时往往需要熟悉经济、商贸以便形成确定性的概念，同时需要顺应社会经济、社会伦理道德、价值观念以保证作出的概念判断或解释是适当的。

2. 从经济法的规则看

经济法的大部分法律条文都是标准性规范，一般性条款和原则性规定大量存在，加上许多非法律性概念——诸如垄断、竞争、限制竞争、不正当竞争等很难断定其是法律概念还是经济概念，抑或是日常生活中的普通概念——既不清晰，也不具体，反而模糊、含混，这客观上增大了法官适用的难度。对经济法来说，则必须"权衡 N 个非量化因素，或者以其他方式作出一种判断的定性的评价"[①]。这对习惯了"如果 X，即 Y"形式逻辑推理的法官而言，其难度是不言而喻的。

此外，中国经济法在立法上所存在的"立法技术的粗糙、法律用词的失当、规范意旨的含糊"[②]更使得法官在理解与适用经济法时出现多种歧义。

3. 从经济法的裁判标准看

审判人员在个案中所追求的目标是多元的，大体有："第一，保证合法权益的实现和法定义务的履行；第二，维护法律的尊严，体现法律秩序的权威；第三，化解和消弭主体之间的冲突；第四，创立用以引导社会成员趋从的行为模式。这一目标的着眼点并不在于简单地对当事人之间的权益作出公平的分配，而在于追求个案裁决以及个案裁决的效果对社会成员将来行为的准确引导。以此为目标，在某些情况下，裁决的

---

① [美] 波斯纳：《联邦法院：挑战与改革》，邓海平译，北京：中国政法大学出版社，2002年版，第 393 页。

② 顾培东：《社会冲突与诉讼机制》，北京：法律出版社，2004年版，第 126 页。

结果甚至可能以损害个案的实质公正为代价。"[1] 上述四项目标在各类案件中都有体现,但有不同的侧重点,经济法案件在第四项目标的追求上甚为突出。法律是法官裁判的唯一准则,因此,司法裁判必须关注法律后果,经济法的司法裁判却时常打破此圭臬,往往是社会效果优于法律效果。从现有法院处理的涉及经济法问题的案件来看,那些社会影响面广、扩散性强的案件均以行政案件的性质受理和审结,如2001年轰动全国的铁路春运涨价案[2]、吸烟少年状告国家烟草专卖局及全国24家烟草企业侵害未成年人知情权案[3]、湖北十堰银行代办员诉×银行反歧视案[4]。这些案件所反映的并不单纯是行政机关作为与不作为的问题,而反映出相关行业,如铁路、烟草等行业的营运和市场开放以及国家如何宏观调控等经济法问题。从这些案件的审理结果看,其都是本着社会效果而非法律效果进行裁决,铁路春运涨价案根据行政诉讼法的规定的确是违法,但法官并没有局限于行政法律的自治性目的,而充分考虑了阻碍法律目的实现的社会模式和制度安排,从而作出了符合政策实际模式和系统效果的裁判,即在裁判推理上,所追求的不是"将通过绝对的逻辑演绎过程而达到的对于每个案件的精确规则"[5],而是就现存规则应如何延伸或如何限制上以社会福利来确定其路径、方向和距离。

4. 从经济法的司法机构看

经济法案件的审理结果可能是仅对案件双方当事人的权益产生影响,也可能是对社会上不确定人产生连锁反应或示范效应。"在现代社会中,社会冲突日益多样化,对效率性和技术性有严格要求的经济案件已经不适合纯粹人类纠纷的司法解决方式,这就提出了以'类型化'和

---

[1] 顾培东:《社会冲突与诉讼机制》,北京:法律出版社,2004年版,第130页。
[2] 杜卫东:《南北两律师叫板春运涨价》,载于《南方周末》,2001年2月15日。
[3] 王宁江:《武汉17岁少年状告24家烟草商侵害其知情权》,http://news.sina.com.cn/s/283242.html,访问日期:2008-12-18。
[4] 佚名:《十年同工不同酬"代办员"反歧视告银行》,http://news.sohu.com/45/18/news204941845.shtml,访问日期:2006-12-12。
[5] [美]本杰明·卡多佐:《司法过程的性质》,苏力译,北京:商务印书馆,1998年版,第40页。

适合的司法机关来处理社会纷争的要求。"① 鉴于经济法的内容、立法技术、适用结果具有以上特殊性，一些国家成立了专门的法院以司其纷争。德国有社会保障法院、行政法院、财政法院、劳动法院等专门化法院，美国有关税上诉法院、专利上诉法院、国际贸易法院等，英国在普通法院系统外建立了以社会保障法庭、税收法庭、土地法庭、工业法庭、赔偿法庭、租金与住房法庭等组合而成的行政法庭系统作为补充，法国则在普通法院外有行政法院。② 我国在政法系统复苏后，在法院机构设置上，审判机构包括经济审判庭和刑事审判庭，后来成立了行政审判庭，2000年8月最高人民法院进行机构改革，撤销了经济审判庭。从经济法纠纷的审理机构看，有的是由民事审判庭依照民事诉讼法予以审理；有的则是由行政审判庭依照行政诉讼法予以审理，既没有专门的法官，也没有专门的机构。

（三）经济法司法的特殊性

经济法的司法标准难以恒定，司法结论易反复，且不以法律结果至上。以美国为例。美国最高法院在1963年"怀特汽车公司诉美国案"中宣布纵向非价格限制不适用本身违法原则，但仅四年后，在1967年"美国诉阿诺德·舒文公司案"中，美国最高法院未作任何清楚的解释就推翻了怀特汽车公司案所确立的原则。十年后，在1977年"大陆电视公司诉GTE斯莱瓦利亚公司案"中，美国最高法院又推翻了舒文公司案所确立的原则，主张采用合理原则来判断纵向非价格限制行为。③ 不仅美国，"各国反垄断法的实施在不同程度上都表现出时紧时松、宽严交错、前后不一致的起伏态势，很难有某个原则或某种方法在一国反垄断的司法实践中能够得到确定不移的'一以贯之'，这与强调遵循先例、类似案件必须类似处理的形式化推理方法形成了鲜明对比"④。从

---

① ［日］小岛武司：《诉讼制度改革的法理与实证》，陈刚等译，北京：中国政法大学出版社，2001年版，第206页。
② 曾东红：《科学借鉴外国经验同盲目与国际接轨的论争》，见漆多俊：《经济法论丛》（第三卷），北京：中国方正出版社，2000年版，第10页。
③ 黄勇、董灵：《反垄断法经典判例解析》，北京：人民法院出版社，2002年版，第364~377页。
④ 叶明：《经济法实质化研究》，西南政法大学博士学位论文，2003年，第72页。

经济法司法追求实质性合理的特点看,司法因时因势作出不同或完全相反的裁决是合理的,且不一定违法。这与传统法律所倡导的司法一致性、司法确定性的宗旨是相悖的。即便是法治发达的美国亦如此,何况中国尚处在经济转型过程中,其中的变数要大得多。目前,我国《反垄断法》虽已经开始施行,但尚无司法实践经验。

(四)中国法官与创造性司法

刑法、民法、行政法这些强调法律形式理性的法律,概念清晰、规则严密、结构严谨、体系完整,法官在适用时即便达不成精确和完美,但做到准确不是一件难于上青天的事。但经济法的适用却对中国法官的能力提出了严峻的挑战,一则由于经济法本身存在司法适用性弱,二则由于中国法官自身能力、职权配置上产生的限制与约束。

经济法本身所具有的专业性、经济性增大了司法裁判的难度,法官裁判时需要把法律规定与经济发展、风俗习惯、民众福利等整体利益进行综合考量,而不能孤立地以救济个体利益、化解个体纠纷、了结个案为目标,同时还需关注案件裁判后将可能产生的社会影响、将会引发的利弊得失等,这在客观上增加了法官经济法司法裁判的难度。

法官司法必然有自由裁量,法治并不排斥自由裁量,只不过要求在法律的控制和约束下进行。经济法的特殊性使得法官在裁判经济法案件的过程中有更为广泛的裁量权,但这种权力却可能隐含着巨大的职业风险。"李慧娟事件"[①]虽然已过去了好几年,但其对司法能动性与目的性司法的冲击却仍未消逝。于是,面对影响不得不大的经济法案件,更多的法官明智地选择了谨慎性司法。

此外,中国法官的来源是广泛的,条件是宽松的,既不像美国法官那样要经历漫长的职业转化过程,也不像日本法官那样需要通过苛刻的筛选。20世纪80年代转业军人是中国法官的主要来源,90年代法学本

---

① 河南省洛阳市中级人民法院法官李慧娟在一起民事案件的判决书中指出:"《种子法》实施后,玉米种子的价格已由市场调节,《河南省农作物种子管理条例》作为法律阶位较低的地方性法规,其与《种子法》相冲突的条款自然无效,而河南省物价局、农业厅联合下发的《通知》又是依据该条例制定的一般性规范性文件,其与《种子法》相冲突的条款亦为无效条款。"这几句创造性司法,给李慧娟和洛阳中院带来了不小的麻烦。

科生是中国法官的主要来源，21世纪统一司法考试的推行、《法官法》的修改改变了中国法官的选拔机制，但中国法官的组成并没有随即发生实质性的变革。这样的主客观条件与经济法目的性法律推理的客观需求之间的矛盾，决定了中国经济法的司法状况仍令人担忧。更为直接的是，现行的法官考核、任用及人事制度等都大大限制了法官的创造性司法。

（五）对经济法公益诉讼主张的反驳

近年来，有不少学者主张就经济法纠纷建立公益诉讼。笔者认为，经济法缺乏有效的诉讼机制，公益诉讼并不能成为经济法的基本诉讼模式。

公益诉讼是20世纪60年代欧美国家兴起的一种新型诉讼制度，其是相对于民事、行政诉讼等以维护私人权益为目的的私益诉讼而言的。公益诉讼中的"公益"应当是社会公共利益，但在司法实践中往往并非以社会公共利益为诉讼目的。

庞德将利益分为个人利益、公共利益和社会利益三类。[①] 庞德所言的公共利益实际上是国家利益，而不是公益诉讼中所诉求的公共利益，其所言的社会利益更靠近公益诉讼中的公共利益。"公共利益"（public interest）和"共同利益"（common interest 或 general interest）是两个容易混淆的概念，两者在词源上有很大的相似性。"共同利益"是指"多数人"的利益，"多数人"可能是指两个人、少数几个人、绝大多数人甚至是所有人。共同体的性质和价值取向决定了共同体利益的性质，只有当共同利益是"公众的、与公众有关的并具有社会共享性"时，共同利益才等于公共利益。公共利益不是个人利益的叠加，也不能简单地理解为多个人基于个人利益关系而产生的共同利益。庞德所言的公共利益和社会利益都是共同利益的组成部分。理想的公益诉讼是为了公共利益而打官司，实际案件却多半是为了特定的、部分人的共同利益。在美国很多的公益诉讼案件往往都是某些特定的社会集团发动和提起的，其所维护的只是自己集团成员所关心和享有的利益。更何况，公益诉讼案

---

① 沈宗灵：《现代西方法理学》，北京：北京大学出版社，1992年版，第262页。

件往往潜藏着多种社会公共利益的冲突和选择，如环境保护问题的公益诉讼中，常常就交织着庞德所称的"保护社会资源的利益""一般进步的利益（如发展经济）""个人生活方面的利益（如个人身心健康、最低生活条件的保障）"等多种共同利益。[①] 因此，尽管理论上任何人、任何组织都有提起公益诉讼的资格，但真正提起诉讼的毕竟只有少数人或组织，苛求他们为非其集团所占有的利益而进行诉讼至少违背了基本人性，也违反了起诉人是代表人的诉讼要件。因此，从诉讼技术层面看，以公益诉讼作为经济法专有诉讼模式的构想并不具有推广价值和可行性。

另外，公益诉讼的成本和费用以及法院的司法资源分配等方面也证明公益诉讼是一种发展非常受限的制度。公益诉讼在其发源地也随以司法能动主义为指导的司法革命的消退而"由热到冷"，公益诉讼成为只是个别国家法院的个别案例。可能在众多法律制度中，除了宪法等公法外，法院的司法功能在经济法的运用中是最显虚弱和多变的。这除了经济法本身的特性使然外，还与国家的司法地位、权限有关。中国经济转型从现实主义出发，采取了风险相对较小、成本相对较低的渐进式、双轨制改革，法律领域的改革也与此雷同。"中国和其他后发国家一样，选择了'规则优先'的法律改革方案。这种模式的缺点在于，执法环节落后，法律往往流于表面化。"[②] 20世纪80年代，各级法院自上而下设立经济审判庭，开始大量受理经济纠纷案件。这些与经济有关的案件被人们朴素地认为就是经济法案件，但从大陆法系看，这些经济官司实则为民事官司。经济审判庭撤销后，一些属于经济法上的案件（如不正当竞争案件）被交由法院民事审判庭或者行政审判庭完成审理。这种经济审判庭审理名为经济纠纷案件实为民事案件，民事审判庭审理名为民事案件实为经济法案件的情况，反映了中国法律改革、法院建设深受经济转型进度的影响。不论是经济纠纷案件，还是民事案件，都不宜作为经济法律关系的可诉性大小的测量指数。《反垄断法》实施后，《人民法院组织法》并没有马上修改，也未在全国掀起倡导重建经济审判庭的热

[①] 叶明：《经济法实质化研究》，西南政法大学博士学位论文，2003年，第182页。
[②] 张建伟：《"变法"模式与政治稳定性——中国经验及其法律经济学含义》，载于《中国社会科学》，2003年第1期，第143页。

潮。目前仅有上海市第二中级人民法院正式成立反垄断案件专项合议庭，在审理程序上采取"反垄断民事案件是由法院知识产权审判庭受理，反垄断行政案件是由行政审判庭受理"的做法。截至今日，该合议庭尚未受理一件反垄断案件。[①]

学者对于经济法案件是否应构建独立的诉讼类型，观点分明，持肯定观点与否定观点的人都有各自充分的理由。笔者认为，经济法案件的特点决定了现行的民事诉讼法律制度难以完全适用，其司法过程有其特殊性，但这并不能成为在刑事诉讼、行政诉讼、民事诉讼三大诉讼程序之外新设第四诉讼程序——经济诉讼的论据，通过在民事诉讼或行政诉讼程序中创设特别的审理程序应成为恰当的选择。在认识到司法对经济法的促进作用，对经济发展的保障作用的同时，应当准确认识司法在经济法运行机制中的局限性。司法在经济法运行中不可能占据主导地位，这是由经济法的变动性、创新性等特性与司法的保守性、中立性等特性所决定的。试图在刑事诉讼、民事诉讼、行政诉讼程序之外再创立适用于经济法的独有的司法诉讼模式，这种构想是美好的，但其实现是遥远的和艰难的。过度强调能动主义司法，则不仅不能从根本上解决经济问题、社会问题，反而会浪费司法资源、破坏国家机构的机能，美国20世纪60年代沃伦大法官所领导的美国联邦法院发动的司法革命即为例证。准确认识司法在经济法运行机制中所占有的地位不仅有利于法院本身在经济转型中正确地定位，也有利于政府勇于担当起治理经济转型中所出现的各种"疑难杂症"的责任，还有利于人们对经济法问题的解决途径形成切实、有效的方案。

第四节　经济法守法上的变化

经济转型的过程是法制建设恢复、加强、繁荣的过程，数量众多的经济法一出台，各类市场主体就有了保护、救济权益的工具，也有了对

[①] 陈静：《中国首个反垄断案件专项合议庭在上海二中院成立》，http://www.chinanews.com.cn/gn/news/2008/12-22/1498017.shtml，访问日期：2009-02-22。

抗国家强权的利器，诉讼制度得以恢复、救济渠道得以畅通，民众日益主动地使用法律、自觉地遵守法律，经济法的守法指数得到有效提高。市场经济建立、发展的过程，也是社会组织孕育的过程，在市场与政府双重失灵的领域或时区，这些社会组织担当起管理者、调控者的角色。同时，社会组织也在市场与政府间起到沟通的桥梁作用，有效地促进市场、政府间的信息交换和自我克制，有利于社会和谐，经济法守法指数随之提高。西方国家对市场经济的干预由无到有，由弱到强再到适度；中国对市场经济的干预由强到适度。现代政府无一例外地对经济进行干预，对市场进行监管，随着干预广度与深度的变化，政府衍生出众多新型的专门的相对独立的管理机构，这些机构有效地增进了经济法的守法指数。

一、民众守法现状分析

古训云，徒法不足以自行。当法律完全脱离宗教色彩，成为世俗的、实证的法律后，法律的承受者们对法律的遵从往往是因为制裁的存在，而不是出于信念，法律不再问承受者们的态度和动机，而只是强迫他们对规则的遵守。然而，"一种法律秩序的合法性程度越低，或至少被认为合法的程度越低，诸如威胁、环境力量、习俗和纯粹的习惯等因素，就必须作为补充因素对这种法律秩序起稳定作用"[①]，这就是为什么会存在有法不依的情况，为什么法律的承受者们会想方设法地逃避、规避法律。改革开放四十年来，经济法律法规的数量日益繁多，积极应对经济转型，满足经济改革的需求，有的获得了民众的普遍欢迎和遵守，有的颁布后不久就成为死法，有的出台后很久才发挥效用。"从经验的角度看，实证法的有效性首先是这样同语反复地确定的：方式根据合法程序而获得法律效力的，就被当作是法律——而且，尽管法律上存在废止的可能性，它暂时是具有法律效力的。但是，要充分说明这种法律规则的意义，只有同时诉诸这样两个方面：一方面是社会的或事实的

[①] ［德］哈贝马斯：《在事实与规范之间——关于法律和民主法治国的商谈理论》，童世骏译，北京：生活·读书·新知三联书店，2003年版，第36页。

有效性［Geltung］，即得到接受，另一方面是法律的合法性［Lefitimitat］或规范有效性［Gultigkeit］，即合理的可接受性。"[1] 时至今日，中国的经济法律制度仍有诸多方面不符合市场经济科学设计、运行规律的要求，提高民众遵守经济法不是孤立地从民众入手，而需要通过立法前征询意见、立法后广泛宣传、政府严格执法、法院准确司法、其他组织督促守法等方式激励民众自觉自愿遵守并积极示范、引导、监督经济法律法规。由于相关信息采集的高难度，目前关于民众遵守经济法律法规的统计匮乏，暂且只能通过法院受理案件数量、政府等部门收到的信访数量、消费者协会受理的投诉数量、中国证券监督管理委员会查处情况等评估经济转型过程中经济法守法状况。据统计，从1980年10月至1981年9月，全国地方各级人民法院共审结一审刑事案件209600余件、二审刑事案件41000余件、一审民事案件632000万余件（其中婚姻家庭纠纷365000余件，财产权益纠纷267000余件），各级人民法院依法处理了14600余件经济案件，其中大部分是经济纠纷案件，也有一部分是与这类纠纷有关的刑事犯罪案件。[2] 2008年，全国各级法院受理案件10711275件，审结、执结9839358件，共审结金融纠纷、房地产纠纷、企业改制、股权转让、涉外及海事海商等案件1136430件，全国各级法院共审结土地承包经营权、农产品和农业生产资料供给等涉农案件232615件，知识产权案件27876件，审结劳动争议案件286221件。[3] 经济转型中，法院所受理的案件日渐增多，2008年较1981年增长了近12倍，案件类型也丰富了很多。关于信访数量，有报告显示，2003年至2007年，除告诉、执行等其他信访案件外，申诉信访198万件（人），其中，立案复查数（即申诉、申请再审的收案数）82.5万件，占例为41.68%；经过复查，决定进入再审的12.1万件，仅占立案复查案件结案数的14.7%。从再审案件处理情况看，2003年

---

[1]［德］哈贝马斯：《在事实与规范之间——关于法律和民主法治国的商谈理论》，童世骏译，北京：生活·读书·新知三联书店，2003年版，第35~36页。

[2] 江华：《最高人民法院工作报告，1981年12月7日在第五届全国人民代表大会第四次会议上》，http://www.people.com.cn/zgrdxw/zlk/rd/5jie/newfiles/d1130.html，访问日期：2009-08-21。

[3] 王胜俊：《最高人民法院工作报告（摘要），2009年3月10日在十一届全国人大二次会议上》，http://cpc.people.com.cn/gb/64093/64094/8941498.html，访问日期：2009-08-21。

至2007年再审案件改判率为32.99%，发回重审率为6.95%，驳回起诉率为1.58%。[①] 诉讼案件、信访数量的绝对性激增间接反映了民众对法律运用频度的增加。关于消费者协会受理投诉情况及证监会查处情况，详见后文。

二、第三、四部门有效增进守法

经济法守法不单单是考察自然人或法人遵守经济法、依经济法行事的多寡、优劣。从现代社会经济关系看，企业、个人是市场里从事各种交换、生产等活动的主体，政府是干预经济、规制市场的主体，各类社会组织、非政府组织既是市场主体，又是监管市场、监督政府的主体。准确评估经济法守法情况，需要对企业、个人、政府及各类社会组织分类统计，总体测评。关于企业、个人守法情况上文通过诉讼案件、信访数量、投诉情况等得到了间接指标。关于政府的守法情况，从行政诉讼的数量、裁判结果等可见一斑，详见后文，在此仅阐述各类社会组织等增进经济法守法的情况。

（一）第三部门增进经济法守法

随着市场经济的发展，"一种既不同于传统的以政府为代表的公共部门，也不同于以企业、公司为代表的私人部门的民间非政府组织或非营利性组织即第三部门兴起"。这些民间环保组织、消费者组织、经济协会、行业协会以及其他志愿者团体对经济和社会发展产生着巨大影响力，有人将之誉为"20世纪最伟大的社会创新"[②]。在中国，社会中介组织的出现和逐步良性化运作与经济转型的逐步深入、政府职能转变有着密切联系。随着计划经济体制的逐步被打破，民众对公共服务、公共产品的需求数量增大、名目增多，政府容易供给不足；同时，社会资源控制者的多元化使得政府在公共产品和服务的提供上心有余而力不足。一方面，一些代表不同群体的组织形式得以萌芽和发展，如自发生成的

---

① 佟季：《全国法院申诉信访案件情况调查》，http://www.jcrb.com/fzttb/zymt/200807/t20080730_57382.html，访问日期：2009-09-21。

② 何增科：《公民社会与第三部门》，北京：社会科学文献出版社，2000年版，第9页。

商会、行会等社会中间层；另一方面，在进行经济体制改革的同时，政府不仅逐步释放其对资源配置的权限，而且对其社会管理功能也进行了修正，对其本身的职能和职责进行了一系列改革，一些提供公共服务的机构从政府体系中解脱出来，成为企业或中介组织，如消费者协会[①]、律师事务所、仲裁委员会等。从类型上看，第三部门包括以下几种基本类型：（1）具有半官方性质的社会中介组织[②]，（2）行业自律组织，（3）民间性组织，（4）公证性中介组织，（5）服务性中介组织，（6）经纪业务中介机构[③]。

从功能看，这些介于政府和市场主体之间以及市场主体相互之间的社会中间层具有中介功能，其功能是双向的，即在于弥补市场失灵和政府失灵双重失灵。具体而言，以商会为代表的社团性中间层主体发挥着对团体成员的自律、维护和组织以及与相关利益团体的交涉等职能；以会计师事务所为代表的事业性中间层主体发挥着为社会提供准公共产品和规范市场主体行为的职能；以商业银行为代表的企业性中间层主体发挥着通过市场行为，利用市场机制来实现政府的宏观经济意图和社会政策目标的职能。[④] 尽管在组织结构、运行模式、人员素质、功能作用上，现行社会中介组织距离弥补市场失灵和政府失灵双重失灵的理想尚有很长距离，但不可否认，这些社会中介组织对增进民众遵守法律，尤其是经济法起到了非常积极的作用。

以中国消费者协会为例。1984年12月26日，经国务院批准，中国消费者协会正式成立，开始了中国消费者保护运动的新纪元。1993

---

① 消费者协会是经同级人民政府批准、在民政部门注册的非政府组织，但与其他非政府组织相比，消费者协会有其特殊性：它是依法由政府部门成立，挂靠工商行政管理部门，工作人员系事业编制，经费主要来源于政府的财政拨款，因而该组织既带有浓厚的官方色彩，又属于社团性质，运作机制具有民间社团的特点，组织宗旨具有公益性、社会性、服务性、公正性和相对独立性的特点。

② 中国目前的社会团体都带有准官方性质。《社会团体登记管理条例》规定，成立社会团体必须提交业务主管部门的批准文件。业务主管部门是指县级以上各级人民政府有关部门及其授权的组织。社会团体实际上附属在业务主管部门之下。中国有全国性社会团体近2000个。其中使用行政编制或事业编制，由国家财政拨款的社会团体约200个。截至2008年6月，全国登记注册的社会组织总量已经超过38.6万个，其中社团21.1万个。

③ 陈朝宗：《中西社会中介组织比较研究——兼论我国社会中介组织的发展思路》，载于《福建行政学院福建经济管理干部学院学报》，2006年第2期，第86页。

④ 王全兴、管斌：《社会中间层主体研究》，见漆多俊：《经济法论丛》（第五卷），北京：中国方正出版社，1999年版，第62页。

年10月31日,《消费者权益保护法》公布,明确规定了消费者的九项权利、经营者的十项义务,以及消费者协会的地位和职能。在消费者协会的推动下,中国消费者权益保护事业从无到有,从启蒙到繁盛;中国消费者权益意识从混沌到觉醒,越来越多的消费者懂得运用《消费者权益保护法》维护权益,自1984年至2007年,全国受理投诉总量10786725件,挽回经济损失868476万元。[①] 经济转型中地区发展的不平等性在消费者维权意识的强弱上也得到了印证。经济发展速度快的地区,消费者维权意识往往更强,维权渠道也更加便利多样,投诉数量也大。2006年,投诉量最多的省份是山东、上海、浙江,这三个省的投诉量占到全国投诉量的26.4%。[②] 消费者的投诉类别反映出民众消费已实现了从生存型消费向发展型、享受型消费的转变,体现了经济发展水平。最初,消费者的投诉主要集中在日用百货、服装鞋帽等,随着经济的增长、生活水平的提高,消费者的投诉重点转变为移动电话、汽车、商品房等大件商品以及电信、金融、交通运输等服务价格的合理性、合法性问题。

再以慈善业为例。中华慈善总会以及各地专门从事慈善事业的组织逐渐成为社会互助的重要形式与力量。[③] 从1978年至2006年,中国农村绝对贫困人口数量从2.5亿下降到2148万,减少了2.28亿多人;农村绝对贫困发生率由30%下降到2.3%。[④] 第三部门的介入对国家反贫困起到了积极作用,摆脱贫困降低了违法行为发生的概率,从另一层面提高了经济法的守法指数。

(二) 第四部门强化对经济法的遵守

所谓第四部门是指在近代资本主义国家出现的集立法、司法、行政权力于一身的独立的国家机关。这些机关不仅与企业、政府,也与第三

[①] 孙玉波:《全国消协受理投诉总量突破1000万件》,http://news.xinhuanet.com/society/2007-03/14/content_5846841.htm,访问日期:2007-04-08。

[②] 孙玉波:《全国消协受理投诉总量突破1000万件》,http://news.xinhuanet.com/society/2007-03/14/content_5846841.htm,访问日期:2007-04-08。

[③] 佚名:《民政三十年:创新的乐章》,http://mzt.zj.gov.cn/newsxp/html,访问日期:2008-09-18。

[④] 李培林:《中国国有经济转型的社会学思考》,载于《管理世界》,1995年第1期,第183页。

部门有明显区别，故被称为第四部门。以美国为例，联邦机构中有29个实行委员会制的独立机构，如1887年成立的州际商业委员会，1913年成立的联邦储备委员会，1914年成立的联邦贸易委员会，1934年成立的联邦电讯委员会以及1972年成立的消费者产品安全委员会等。这些机构与国家对社会经济的干预密切相关，且一般都拥有行政执行权和准立法权及准司法权，在机构权能上处于一种混合状态。① 之所以在传统的三权分立基础上诞生了集立法、行政、司法于一身的国家机构，一个重要缘由在于这些机构所需监管和防范的领域及风险是传统分权理论下的立法、行政或司法机关都单独无法完成的。在市场经济中，有的风险是市场主体可以预见和防范的，有的风险是市场主体虽不能预见和防范但尚可以承受的，但是对于那些受害人并不限于单独的经济主体或某项经济交易的双方当事人或少数经济主体的风险，则需要由法律由"一个基于法律确定性下系统转向一个基于法律价值保障的系统"②，诸如金融监管法、环境保护法、社会保险法等都是此种意义上的"预防性规范"法律，而这些法律的制定和执行，传统的立法、司法、行政机构往往难以胜任，证券交易监督管理委员会、金融监管委员会等享有立法权、行政执行权、司法权的第四部门得以生成。

中国第四部门以中国证券监督管理委员会（以下简称证监会）为例。证券市场在发展过程中不可避免地会出现证券违法违规行为，内幕交易、市场操纵、虚假陈述等问题屡见报端。我国证监会在1992年建立，1998年国务院证券委员会撤销后，将其职能划归证监会，自此，证监会运用立法权、执法权、司法权对全国证券期货市场实施统一管理，在经济转型过程中，证券市场的监管逐步从单一的、简单的行政监管机制向融行政、司法、自律三种机制于一体的监管体制转变。首先，证监会制定了一系列有关证券监管实体、程序的规定，如《关于进一步完善中国证券监督管理委员会行政处罚体制的通知》（2002）、《中国证券监督管理委员会冻结、查封实施办法》（2005）、《上市公司信息披露管理办法》（2006）。其次，证监会查处了一大批违法违规行为，引导和

---

① 王名扬：《美国行政法》（上册），北京：中国法制出版社，1995年版，第173页。
② ［德］哈贝马斯：《在事实与规范之间——关于法律和民主法治国的商谈理论》，童世骏译，北京：生活·读书·新知三联书店，2003年版，第536页。

促使民众遵守证券法律规定和证券市场交易规则。据统计，从证监会成立至 2005 年 6 月底，共公布了 438 个行政处罚决定，涉及 536 家单位、1066 名个人，包括上市公司高管人员 497 名，证券公司高管人员近 98 名，期货公司高管人员 32 名，其他中介机构人员 56 名。从受处罚的行为类别来看，违反信息披露行为共计 110 件，操纵市场行为共计 19 件，内幕交易行为共计 7 件，期货违法行为共计 44 件，其他证券违法行为 198 件，移送司法机关查处的案件共 86 件。[①] 证监会对各种违法行为的查处方式超出了一般行政机关所享有的处罚权。证监会可以对违法行为责任人进行罚款，可以将涉嫌犯罪的责任人移送司法机关，可以对违法违规者采取终身或定期禁入（即对违法违规者给予在一定期间内或者终身不得从事证券业务的处罚），还可以将违法违规者的行为向社会公开，记入征信档案。此外，证监会在执法过程中，还可以采取搜查、冻结、扣留等措施。证监会对证券市场中违法违规行为进行查处，不仅惩处违法者，而且能促使民众积极主动遵守证券法律制度，增进证券法的守法行为。2008 年经各级法院宣判的非法发行或非法经营证券业务的案件是近几年审结案件最多的一年，接近 20 起。[②]

三、小　结

中国经济转型促使经济法从立法、内容到执法、司法、守法等环节发生了重大变革和发展，经济法的实体内容、程序规则以及实施机制都得到了长足的进步，但许多经济法的出台并非单纯由于国内原因，有的法律深受经济全球化的影响，如破产法。1986 年出台的仅适用于全民所有制企业的试行破产法在国内经济中起决定性作用，但 2006 年颁布的新破产法却更多地体现了市场经济的国际性特征。美国、欧洲以及世界银行等国际组织的密切关注和热切关怀也推动和促进了这部体现市场经济中主体退出机制国际惯例的法律的出台。但内因是起决定性作用

[①] 郑文：《证监会行政处罚执法取得成绩令人瞩目》，http://finance.sina.com.cn，访问日期：2006-09-08。

[②] 佚名：《证监会：08 年审判非法证券案件近 20 起历年最多》，http://money.163.com/09/0114/23/4VLH5LBO00251LIE.html，访问日期：2009-05-06。

的，经济转型的平稳推进，经济水平的持续增长，经济状况的不断改善，既要求经济法在横向上及时出台、适度增多、扩容，又要求经济法在纵向上及时更新，中国经济法在经济转型中逐渐实现了体系完备、制度完善。

第三章　经济法调控下的中国经济转型进路

国家影响市场机制的运行大体有两种方式：一是通过改变市场经济运行机制的基础——产权来影响或者作用于市场机制，如产权的私有化或国有化等；一是通过政府权力直接作用于市场机制来施加影响，如政府通过宏观经济政策或直接出台政策法规等作用于市场经济运行机制。[①] 不同国家、不同时期需要有侧重地采取上述两种方式，在经济转型过程中，苏联侧重通过前一种方式，而中国侧重通过后一种方式，其中最为突出的手段即是经济法的运用。中国经济转型的启动与推进都与经济法有着密切的关联，中国经济法并不是为弥补市场失灵而由国家干预市场的工具或手段，而是国家有意识地推动和重塑市场主体、构建市场体系、确定市场规则的过程，经济法律制度的建立与施行对于经济转型能否顺利推进和完成、实现效率与公平至关重要。不论是农村产权改革，还是城市经济体制改革，或是商品市场、资本市场、价格体制等基本市场经济要素的建立，或是市场公平、公开、公正的运行规则，或是企业市场准入、市场退出机制，或是初次分配、二次分配、社会风险的防范与保障，都需要经济法律制度。经济法对中国经济转型起到了积极推动、有效引导、有力保障的作用。

第一节　经济法与市场体系的构建与完善

市场经济的关键在于发挥市场配置资源的基础性功能和作用，成熟

[①] 伍装：《中国经济转型分析导论》，上海：上海财经大学出版社，2005年版，第30页。

的市场经济必然以完备的市场体系为前提条件和表现指针,市场是否完整直接关系到市场运行的效率和市场配置资源的功能的发挥。完备的市场体系包括商品市场、金融市场、劳动力市场、技术信息市场、房地产市场等,商品市场又分为现货市场和期货市场,现货市场又可以划分为农产品市场、工业消费品市场和生产资料市场。商品市场、资本市场和劳动力市场是市场体系的最基本要素。改革开放四十年,中国基本实现了完备市场体系的组建和培育,但市场的规范性和有效性却尚显不足。

一、经济法与商品市场

市场是商品交易的场所,因此形成有效的商品市场是构建市场经济体系的最基础性需求。经济法在培育商品市场、规范商品市场方面起了重要作用。

(一)经济法与商品市场的形成

尽管没有一部单行的经济法律或法规以商品市场的形成或建立为调整对象,但中国商品市场的形成和繁荣与经济法息息相关。商品市场一般由农产品市场、工业消费品市场和生产资料市场三部分组成。首先从农产品市场的出现看,丰富多样的农产品与家庭联产承包责任制改变了农业生产管理体制。没有家庭联产承包责任制,农民就不能自主决定生产什么,生产多少,也不能将农产品用于销售,家庭联产承包责任制合法性的确立是农产品充足供给的充分要件。没有经济法赋予农村经济改革的合法性,农产品自主流通体制就难以形成,农产品的产、供、销就难以摆脱政府指令计划,农民就不能进行自愿、等价的交换,农产品集贸市场、批发市场就难以形成。同理,没有《价格管理条例》《全民所有制工业企业法》《价格法》及《进一步扩大国营工业企业自主权的暂行规定》(1984)等法律法规,工业消费品、生产资料就依旧处于统购统销、统购包销制度之下。企业、农民有了生产自主权后,工业消费品、农副产品数量井喷,自愿、自由交换的零售市场、批发市场迅速形成,到1992年年底,全国农副产品批发市场已有1600多个,城乡集贸市场达7.9万个,工业小商品集贸市场有3000多个,而且在深圳等地出现了期货市场。①

（二）经济法与商品市场的规范

完备的市场体系并非单纯地以构成要素的充足为标志，在具备了市场要素充分性的同时还必须以各个市场良性运行、实现秩序化为要件。市场规制法是经济法最基本的组成部分。西方经济法的孕育就是以市场失灵为基本理论前提的，市场是自由的，也是自发的，市场秩序的维护、商品质量的安全、市场交易规则的统一均需要经济法及时回应。《反不正当竞争法》《产品质量法》《消费者权益保护法》《商品交易市场登记管理办法》（1996）及《中华人民共和国农产品质量安全法》（2006）（以下简称《农产品质量安全法》）等集中体现了国家对商品市场的管理。这些法律法规和政府部门规章对依法治市、鼓励竞争、促进市场规范化发展起到了重要作用，商品市场从种类、流通渠道、经营方式、供需状况等方面都得到了良好发展。据统计，目前中国消费品市场有8万多个，年成交额亿元以上的商品批发交易市场3398个，交易额占销售总额近50%。其中，综合性市场1194个，专业市场1728个。②到20世纪末，已经形成了多种经济成分、多种市场流通渠道、多种经营方式并存的商品市场格局，囊括城市与农村的商品流通体系基本形成，商品市场的供求关系从以商品短缺为主要特征的"卖方市场"转变为绝大多数商品供大于求的"买方市场"。而且，商品价格形成机制基本实现了市场化，绝大多数商品和服务价格由市场决定，96%的消费品、94%的农副产品和88%的生产资料价格完全放开，由于价格由市场供求关系决定，中央政府定价的商品和服务价格仅有13种。中国经济已从供给约束型转向需求约束型。③

（三）经济法规制商品市场的不足与缺位

提及2008年的三聚氰胺事件，仍让人心有余悸。近年来爆发的食

---

① 马洪：《什么是社会主义市场经济》，北京：中国发展出版社，1993年版，第75~76页。
② 陈文玲：《我国现代市场体系建设取得重要进展》，http://www.bjqx.org.cn/qxweb/n8438c5.aspx，访问日期：2006-05-29。
③ 陈文玲：《我国现代市场体系建设取得重要进展》，http://www.bjqx.org.cn/qxweb/n8438c5.aspx，访问日期：2006-05-29。

品安全事件总是令人触目惊心，"苏丹红""多宝鱼""陈化粮"等，无一不令人对食品、药品的质量安全担忧，作为规范市场的基本法律，经济法为何没有作为呢？

完备的法律法规体系是政府有效监管市场的前提之一，目前中国关于食品、药品质量的法律规定颇为匮乏，已有的规定也存在大量漏洞和标准缺失。如1984年颁布的《中华人民共和国药品管理法》（以下简称《药品管理法》），虽颁布于改革开放后，但当时经济转型的目标尚未确定为构建社会主义市场经济体制，仍处于计划经济与市场博弈的时期。由于该法产生于以计划经济为主、商品经济为辅的经济环境下，对新形势、新条件下可能出现的质量问题没有预测或预测不足。尽管在2001年2月对之进行了修订，但仍未建立有效的监管、检测、惩罚体系。而关系每个公民基本健康保障的"食品安全法"在2003年才被全国人大常委会列入立法规划，但到了2007年，仍是"被列入该年立法计划"，直到2009年才得以通过。

有了《产品质量法》《农产品质量安全法》，但假冒伪劣商品仍不断；有了《证券法》，但股票市场仍存在内幕交易；有了《消费者权益保护法》，但仍有消费者权益受损；有了《反垄断法》，但仍有政府滥用权力，仍有垄断行业大行其道。有了法律并不等于实现了法治。但这些并不能成为经济法无用、无需经济法的论据。标准、防线的确定只是法治化的最初前提，法律的有效性更多地依赖于切实可行的实施机制。从执法现状看，以食品的质量与安全为例，从种养殖、生产加工、市场流通一直到存储、运输的整个过程中，有农业、质监、卫生、工商、药监、检验检疫、食品药品监督管理等多个部门负责监管。尽管《产品质量法》《农产品质量安全法》《药品管理法》对产品的标准、监管部门的权力作了详细的规定，但这些政府部门往往为了各自的私利而进行监管，有利时争抢，无利时推诿。于是，由于监管部门职责重叠、职权紊乱、有法不依，食品的质量和安全得不到有效监管，市场里假冒伪劣等违法问题得不到及时查处和有力惩罚，从而导致法律虚置。经济法要实现对商品市场有效果、有效率的监管不仅要适时修正制度设计，还须不断优化和落实法律的实施机制。

二、经济法与资本市场

计划经济体制下，国家的财政收入来源以企业收入为主，企业作为政府的附属物，所需资金与投资动向均由国家统一安排，以计划的方式实施。其既缺乏建立资本市场的必要性，也没有建立资本市场的可能性。经济转型后，企业成为独立的市场主体，不仅财产和责任由企业独自承担，而且企业的资金融通、投资意向基本成为企业自决事项。资本市场有了产生的必要性和生存的空间。

（一）经济法与资本市场的组建

债券市场和股票市场的出现标志着按照市场准则运作的金融交易活动的诞生，其发展水平已成为衡量一个国家资本市场化的重要标准。在中国，不论是债券市场，还是股票市场的形成，都是政府直接培育的，但并没有直接的经济法法律或法规为依据。1981年，中国开始发行国库券，证券发行市场开始萌芽。

股票市场的形成远远早于《证券法》的颁布。1990年12月19日上海证券交易所成立并开始营业，1991年4月3日深圳证券交易所成立并开始营业，但此时的证券市场处于区域性试点阶段，1990年只有10家企业上市。随着1992年10月国务院证券委员会和中国证券监督管理委员会的成立，证券市场开始从区域性市场转变为全国性市场。尽管经济法对证券市场的形成没有起到直接的效用，但却对证券市场的发展起到了非常重要的作用。1999年7月《证券法》出台，证券市场真正迎来了发展的春天。《证券法》等法律法规不仅促进了主板市场、中小板块、股份代办转让系统、债券等多层次的资本市场体系的形成，而且有效增强了资本市场的融资能力。

首先从证券市场的规模看，1992年各类有价证券的发行总量为1280亿元，证券交易市场总交易额为1728.5亿元，其中债券（主要是国债）交易额351.2亿元，股票交易额1377.2亿元。① 2007年8月9日，沪深市值首次突破21万亿元大关，以21.147万亿元首次超越2006年我国内地国内生产总值（GDP）总量。其次，从证券结构看，1992年证券交易市场仅限于股票和债券，而在2005年，证券投资基金由36只增加至213只，基金资产总值由847亿元增加至4631.75亿元。目前中国证券投资品种变得越来越丰富。国内已形成了A股、B股、证券投资基金、国债、政策性金融债券、其他金融债券、企业债、国家投资债券、国家投资公司债券、可转换债券、认股权证等多种基础证券，另外还有在境外发行和上市的H股、N股、L股、S股、存托凭证和国际债券等。再者，证券市场功能逐渐完善。截至2009年7月底，国内上市公司超过1640家，境内资本市场累计为企业融资超过5.4万亿元，其中股票融资2.5万亿元，债券融资2.9万亿元。② 最后，证券市场基本形成多层次结构。2001年《证券公司代办股份转让服务业务试点办法》增强了证券公司代办股份转让系统功能，使其成为退市公司股份转让的主要平台。2004年《深圳证券交易所中小企业板块交易特别规定》《深圳证券交易所中小企业板块上市公司特别规定》《深圳证券交易所中小企业板块证券上市协议》规定在深圳证券交易所开设中小企业板，为创业板的建立奠定了基础。2009年3月31日，证监会发布《首次公开发行股票并在创业板上市管理暂行办法》（自2009年5月1日起施行），创业板正式开启；同年9月21日，中国首批10家创业板公司在深圳证券交易所发布公告，创业板开市在即。

（二）经济法对资本市场的监管

中国证券市场是由政府培育而成的，天生具有市场化不足、自我调节功能差的弊病。证券监管体制自形成之初即是一种以政府监管为主，证券市场自律为辅的监管模式。③ 由于缺乏相应的经济法律的有效规

---

① 佚名：《证券市场稳定健康发展》，http://www.gov.cn/ztzl/2006-01/11/content_154900.htm，访问日期：2008-06-12。
② 佚名：《六十年的辉煌三十年的成长——中国证券市场巡礼》，http://stock.bbs.hexun.com/viewarticle.aspx?aid=34746011&bid=2，访问日期：2009-09-08。
③ 尽管《证券法》在制度设计上赋予了证券市场自律与自治的权利和空间，但是从实际运作来看，自律机构和机制形同虚设，并没有起到规范证券市场的作用。

范，政府对证券市场的监管长期存在监管权力、监管范围配置不合理，监管失灵、监管无效等问题。

证券市场监管的无效性使得证券市场混乱不堪，1998年始，证券市场陷入长期低迷期。这促使政府积极探索证券市场监管新模式，在2004年开始对证券市场进行大力度的监管模式转型。2004年国务院发布《推进资本市场改革开放和稳定发展的若干意见》，对资本市场今后一个时期的改革和发展工作作出了全面安排，并借此开始实施一系列改革和发展措施，对证券市场进行了为期一年多的制度性变革和行业整顿。2005年4月29日启动的作为资本市场基础性制度变革的股权分置方案改革试点[①]，被誉为资本市场第二次革命。2005年年底修订的《证券法》在证券市场监管方面有了突破性进展。预披露制度、发行失败制度、民事法律责任制度、股东诉讼制度等都为证券市场的公开、公平、公正提供了制度保障，其关于监管机构的执法手段、监管措施以及对证券违法行为的处罚都严格规范了政府监管证券市场的程序，提高了证券监管的权威和效率。从宏观定位上讲，政府发展证券市场的目标应从现阶段帮助国有企业筹集低成本资金，转变到维护企业和投资者的利益一致性，有效配置资源，改善金融结构，降低金融风险，促进产业结构的高级化上来。[②] 中国股市在2006年得以全面复苏，在2008年受全球性金融危机影响跌入熊市，在2009年上半年即开始复苏，此与政府监管、干预的法治化是密不可分的。

三、经济法与劳动力市场

中国商品市场的形成有较多的自发性，资本市场的出现有较强的政府主导性，劳动力市场的产生则是市场自发与政府主导共同作用的结果。劳动就业要从高度集中的计划经济体制下的国家"统分统配"转变

---

① 2005年4月29日，中国证监会发布了《关于上市公司股权分置改革试点有关问题的通知》，宣布启动股权分置改革试点工作。"股权分置改革"就是要让上市企业中的国有及法人股成为"可流通股"，达致同股同权、同价的全流通状态。2009年8月我国股市流通市值首次超过非流通市值。

② 李燕：《中国证券市场中政府监管的理论思考》，载于《人民日报·海外版》，2001年3月24日，第七版。

为市场经济下的"劳动者自主择业、市场调节就业、政府促进就业"的新型体制,少不了劳动法等经济法律法规的指引和保障。

(一) 经济法促进了劳动力来源的丰富

自由劳动力数量的急剧增长为劳动力市场的形成和繁荣提供了基本的前提条件。改革之初,农村零星地出现剩余劳动力向城市进军,在城市里则因人事制度的松动而促使不少人主动地放弃"铁饭碗",到市场里自主择业或创业。到了 20 世纪 80 年代后期,《中华人民共和国农业法》(1993)、《中华人民共和国土地管理法》(1999)(以下简称《土地管理法》)等允许承包经营权自由流转,农村释放出大量剩余劳动力,他们成批涌进城市,为劳动力市场提供了首批大数量的"商品源"。《劳动法》以法律的形式确立和保障企业自由用工、劳动者自主决定就业的权利。国有企业改革打破了职业终身制,国有企业也向市场释放了大量的自由劳动力,这为劳动力市场提供了又一批丰富的商品源。20 世纪 90 年代,高等学校毕业分配制度改革又为劳动力市场提供了一种新的"商品源"。党的十四届三中全会提出了"改革劳动制度,逐步形成劳动力市场"的任务,并把劳动力市场作为培育市场体系的重点之一。《促进劳动力市场发展完善就业服务体系建设的实施计划》(1994)对如何促进劳动力市场发展做了细化。在劳动力商品源头不断充实、政府加大扶持的双重作用下,劳动力市场得以形成并逐日壮大起来,中国劳动力市场实现了资源由少到多,由以单一到多元,由体力劳动者为主到体力、脑力劳动者均有的多层次、多类型的构成。

(二) 经济法促进了劳动用工制度的完善

成熟的劳动力市场应当是劳动力的供需由市场机制决定,而不是国家制定岗位职数或劳动力人数。从劳动力的供给看,劳动力的供给随着劳动收入的增加而增加;从劳动力的需求看,劳动力所能带来的收益大于雇佣劳动力所需花销的成本时,企业会增加劳动力需求量。不过现实情况并不是严格按照上述原则运行的,毕竟每个国家所拥有的劳动力的资源是不一样的,每个国家对劳动力权益保障的范围和力度都是不一样的,每个国家企业所需花费的劳动力成本也是受不同因素影响的。中国的劳动力一直很丰富，但并不是一直保持着供过于求的状况。此外，由于劳动力来源的多样化、复杂性决定了通过市场竞争机制自行运作是无法解决劳动力市场自洽问题的，劳动力市场无法实现完全的市场化，对劳动力市场的调控责任当仁不让地落在政府身上。

用工单位及劳动者的权利义务在《劳动法》中均有规定，但劳动力市场交易中仍普遍存在伤、骗、欺劳动者的现象，保证金、押金、诚意金成为用人单位或劳动力市场经营者压榨、欺压、欺骗劳动者的手段，"口头合同"成为用人单位或劳动力市场经营者哄骗、压制劳动者的工具。《中华人民共和国劳动合同法》（2007）（以下简称《劳动合同法》）在坚持《劳动法》确立的劳动合同制度框架的基础上，对劳动合同期限、试用期、经济性裁员、经济补偿金等内容作了补充和完善，并对用人单位的民主管理、劳务派遣、非全日制用工、竞业限制等内容作出了新的法律规定，也为政府劳动保障部门对劳动用工制度进行监督管理提供了实体上的依据和程序上的保障。调查结果显示，自2008年《劳动合同法》实施以来，当年1月到9月对企业成本的增加大约为2％，多年来困扰劳资双方的劳动合同短期化、劳动者权利得不到保障等问题得到很大改善。规模以上企业签订劳动合同的比例从法律实施以前的不足20％上升到了93％。①

劳动力市场的公平公正不是仅靠《劳动法》《劳动合同法》就能解决的，劳动者权益保障、职业安全保障问题往往牵涉再就业保障、退休离职后保障以及劳动技能的培训保障等多方面、多层次的问题，这些问题不是仅仅通过改善劳动力市场的交易环境和秩序就能解决的，其涉及社会保障制度、劳动安全保障、基础教育和职业技术教育等多领域的改革与完善。政府必须通过对相关领域的配套改革为劳动力市场交易的安全性提供制度性的保障。

（三）经济法督导政府促进就业

中国经济转型的顺利推进，低廉劳动力起了至关重要的作用。当经

---

① 信春鹰：《劳动合同法不会因金融危机而修改》，http://news.xinhuanet.com/legal/2009-03/09/content_10980018.htm，访问日期：2009-03-09。

济转型进入攻坚阶段时，劳动力不再廉价，2008年，沿海地区破天荒地出现了"民工荒"，企业居然招不到工。这并不是表明中国劳动力供不应求，恰恰相反，中国劳动力市场仍积聚着异常丰富的劳动力，整个社会出现失业率高、就业率低的怪圈。劳动、社会保险等法律对劳动者权益保障的滞后和无力，以及一些地方政府在就业问题上的冷漠，是导致该问题出现的主要原因。

《劳动法》(1994)虽对促进就业作了专章规定，但既缺乏对雇佣方违法行为的严厉惩罚和有效制约，也没有把促进就业作为政府的基本职责。因此，整个劳动力市场不仅供需严重失衡，而且广泛存在就业歧视、非法用工、职业垄断等现象，如同工不同酬、欺骗招工、随意克扣工资、无视工作场所安全卫生等现象。此外政府所应担当的无偿就业服务责任也被异化成市场化的就业中介业务，更有甚者由于政府监管的无效，大量经营性的职业介绍机构不仅未能提供良好的就业服务，反而有恃无恐地伤害和损害劳动者的权益，对特殊社会群体的就业扶助更是缺乏。于是乎，中国经济转型以来经济持续高速增长，而就业率的增长基本停滞，如1998年国内生产总值（GDP）增长7.8%，就业仅增长0.5%，2000年国内生产总值增加8.0%，而就业仅增加0.8%。在就业率增长缓慢的同时，失业人员绝对性增多，失业率攀升，据中国社会科学院2008年12月发布的第十七个《社会蓝皮书》，2008年中国城镇的实际失业率为9.6%，比政府公布的截至2008年三季度末城镇登记失业率为4.0%的统计数据多出两倍；而大学生的失业率达到了12%，是登记失业率的3倍左右。[①]值得庆幸的是，中国政府已认识到调控劳动力市场的必要性和重要性，并有所作为，如为打破劳动力市场的制度性分割而开始改革户籍制度，逐步取消农业、非农业二元户口性质，统一城乡户口登记制度；为降低劳动者职业风险，提高职业保障，出台系

---

① 佚名：《2008年中国城镇失业率已达9.6%》，http://www.changjiangtimes.com，访问日期：2009-01-04。

列规章完善社会保险，2004年农民工在法律上已被纳入工伤保险范畴[①]；为增强劳动力的就业能力和机会[②]，制定有关税费减免、小额信贷、社会保险补贴、岗位补贴、职业介绍与培训补贴、主辅分离等政策，"劳动者自主择业、市场调节就业和政府促进就业相结合的"就业机制基本确立。2007年8月30日第十届全国人民代表大会常务委员会第二十九次会议通过《就业促进法》，对各级人民政府促进就业的职责分工、政策支持以及提供就业服务、就业培训、就业管理、就业援助、就业监督的相应的法律责任作了规定。2008年《劳动合同法》开始施行，为劳动者提供了更有力更全面的法律保障。

四、经济法构建完备市场体系的局限性

完备的市场体系既体现在要素的完整上，也体现在各要素市场的良性运行上，还体现在各要素市场之间达成统一、开放格局并有效合作上。中国经济法促进了各要素市场的形成，也维护了各要素市场的运行，但在确保市场体系的统一性和开放性上尚有明显不足。

（一）从市场的完整性看

除了商品市场、资本市场和劳动力市场三大支柱外，成熟的市场经济还应当有完善的技术信息市场、房地产市场等。中国技术信息市场一开始就属于经济法的调整范畴。1982年7月开始施行的《经济合同法》，对技术转让、信息咨询、服务等技术、信息交易活动作了原则性规定，在法律上确认了技术和信息作为商品的地位。随着统一《合同法》的施行，知识产权法的完备，经济法对技术信息市场的规范大幅缩

[①] 劳动和社会保障部2004年6月1日发布《关于农民工参加工伤保险有关问题的通知》。根据人力资源和社会保障部的数据，截至2008年年底，农民工参加工伤保险人数达4942万人。另据其对农民工就业情况所作的调研，到2008年年底，全国农民工就业总量是2.25亿人。以此数据推算，全国农民工参加工伤保险的比率近22%。佚名：《全国约22%农民工参加工伤保险》，http://www.bjld.gov.cn/zxzx/zhxx/news/t20090826_402251068.htm，访问日期：2009-09-03。

[②] "十五"期间，有1800万国有企业下岗失业人员实现了再就业。2003年以来，通过实施就业援助，帮助370万就业困难人员（"4050"人员）实现了再就业。劳动保障部：《"十五"期间积极就业政策取得明显成效》，http://www.gov.cn/ztzl/2006-01/01/content_145031.htm，访问日期：2008-07-15。

水,尽管邮政、通信、网络等市场的维护仍属于经济法的地盘,但这些领域的立法仅限于部门规章或政策,无法形成统一的技术信息市场。此外,房地产交易市场法律供给不足问题也相当突出,《中华人民共和国城市房地产管理法》诞生于1994年,其对商品房修建、交易、管理等均缺乏明文规定。尽管该法在2007年被修正,但长期以来,中央通过国务院转发主管部门所制定的通知、意见对房地产市场进行调控的惯性并未得到明显改观。目前,房地产市场仍缺乏专门的国务院行政法规或全国人大制定的法律,政府对房地产市场的调控手段仍体现为政策化、低层次和弱效力化,房地产市场仍如一匹脱缰的野马。市场体系的完整,不是简单地凑数,从数目上,中国的市场体系具备了商品市场、资本市场、劳动力市场、技术信息市场、房地产市场等,但这种低水平组合的市场仍是残缺的。

(二)从市场的统一性看

一是市场发展严重失衡。商品市场发展较快,而要素市场明显落后;资本、劳动力市场基本形成,而产权市场才刚起步。二是市场分割、分裂严重。既存在城乡阻隔,又存在地区封锁和部门分割。不论是哪种,都对市场统一性造成了重大阻碍,无谓地增加了交易成本,降低了市场交易的频度。《反垄断法》的出台一定程度上能降低部门分割和行业垄断,减少地方间区域性贸易壁垒,增强内部市场的开放性和统一性。《反不正当竞争法》在促进市场有序竞争的同时,也增强了市场的统一性。

(三)从市场的开放性看

在被动中开放市场缺乏"自我"经济法予以规制。入世后,按照一系列协定或协议的要求,中国需要逐步实行贸易自由化,扩大市场准入水平,促进市场的合理竞争和适度保护。中国关于市场开放的承诺几乎涉及了与贸易有关的所有领域,而且其中一些领域对中国来说是全新的,中国只能按照有关规则和承诺,对原有的法律法规规章进行废、改、立,使中国的贸易规则与世界贸易组织规则和国际惯例相一致。而对于新增的市场主体、新出现的市场行为、市场现象,却没有本土化法律或法规进行有效规制，缺乏抗击外部势力的能力，如何在市场开放中化被动为主动是经济法需要思考的问题。

此外，中国现代市场体系建设中还存在不少深层次的矛盾和问题。一是规范市场体系的经济法律法规本身还不完善；二是政府管理经济的能力亟待提高，在干预广度和深度的把握上欠缺标准；三是市场中介组织的作用未能真正发挥；四是市场经营主体的信用缺失，急需建立和完善社会征信体系；五是市场基础建设相对滞后，流通效率较低，物流成本过高等。[①]

第二节　经济法与所有制结构变革

经济转型最为根本的变革是对所有制的改革，所有制是一个国家国体在经济制度上的集中反映，苏联经济转型的一大举措即在于私有化，中国经济转型并没有将私有化作为构建社会主义市场经济条件的初始目标，至今也没有实现私有化，但中国经济转型过程中所有制结构、所有权制度也发生了重大变革。所有制结构变革的总体趋势是，把单一的公有制经济发展为以公有制经济为主体的多种所有制经济共同发展。

一、经济法与所有制概述

法律制度层面的所有权制度与人们通常所称说的公有制、私有制既有明显区别，又有密切联系，前者是从产权的角度，而后者属于经济制度的范畴。不过，经济领域的变革往往需要法律层面的制度予以确认和保障，"经济改革改变了中国公民的财产权结构和财产观念，而法律改革通过对经济改革成果的确认，使之上升到一般性规则，成为公民共同认可的可预期的共同知识。正是这些共同知识构成了社会主义市场经济

[①] 陈文玲：《我国现代市场体系建设取得重要进展》，http://www.bjqx.org.cn/qxweb/n8438c5.aspx，访问日期：2006-05-29。

财产制度的基础"①。因此,"明确而独立的所有权是市场机制最基本的构造"②。尽管产权界定并不是所有制改革得以顺利进行的必要前提,但是所有制改革的成功离不开法律对产权的规范化和法制化。独立的经济人人格构成商品交换普遍化的原动力,而只有受到法律保护的排他性所有权体系的确立,才能迫使全社会所有经济单元无一例外地通过平等竞争来谋得自己的利益,只有安分地经过平等的交易来完成他们之间的交往。高度集中的计划经济没有市场,计划经济下没有私法,只有经济上的"公"的所有制,没有法律上的"私"的所有权。1978 年以前,中国只有单一的公有制经济,国有企业占 77.6%,集体企业占 22.4%。③"所有权为了避免自身成为'法学上的幻想',必须包含非常具体而完全的经济行为规范。"④ 对计划经济体制的扬弃,需要对市场主体的人格及财产的所有权性质进行法律意义的界定,所以,尽管很多民商、经济法律制度没有明确所有权应何、有何,但其对企业、个体独立主体地位予以确认,对企业、个体所持有财产赋予独立的、不可侵犯的法律保护,对企业、个体所为的经济行为进行规范,这些规定间接地起到补足所有权格局、改革所有制结构的作用,尤其是有利于非公有制经济的兴起和发展的经济法产生了变革所有制结构的客观结果。

二、经济法与非公有制经济

中国经济体制改革在对国有企业进行放权让利、股份制改造、公司制治理的同时,对非公有制企业采取了放任、包容、支持、扶助的改革路径,其中经济法起了巨大作用。非公有制企业由最初以 8 名雇工为上限的私营企业、个体户、外商投资企业到资产上亿、雇员过万的股份制、集团化私营企业、跨国公司,非公有制经济的组成成分和竞争力在

---

① 张建伟:《"变法"模式与政治稳定性——中国经验及其法律经济学含义》,载于《中国社会科学》,2003 年第 1 期,第 142 页。

② 周其仁:《产权与制度变迁——中国改革的经营研究》,北京:北京大学出版社,2004 年版,第 61 页。

③ 中央政府门户网站,2005 年 7 月 27 日。

④ 周其仁:《产权与制度变迁——中国改革的经营研究》,北京:北京大学出版社,2004 年版,第 61 页。

经济转型中获得长足发展。

(一) 经济法为非公有制经济打开了突破口

体制外的改革以引进外资为切入点,1979年7月制定的《中外合资经营企业法》是中国第一部市场主体法律制度,其第一条明文指出,为了扩大国际经济合作和技术交流,允许外国公司、企业和其他经济组织或个人,按照平等互利的原则,经中国政府批准,在中华人民共和国境内,同中国的公司、企业或其他经济组织(以下简称中国合营者)共同举办合营企业。其与1986年4月制定的《外资企业法》以及1988年4月制定的《中外合作经营企业法》共同构成了规范外资公司的"三驾马车"。不论是中外合资经营的企业,还是中外合作经营的企业,均不是公有制经济,也不是集体经济,纯粹的外资企业则更是"异己"。这三部法律以及其后出台的实施细则等为外商投资企业在中国大陆生根发展提供了合法性和保障力,合法地在公有制经济板块中打开了缺口。20世纪90年代后,外商投资企业更是大规模进入中国市场,存在方式也不再限于合资、合作,发展领域也从家电、日化、饮料等竞争性行业向计算机、电子设备、信息通信等高新技术产业迈进,不仅改变了市场竞争格局,而且在一些领域呈现垄断之势。1983年全国使用外资共19.6亿美元,包括使用各种贷款10.5亿美元,吸收国外直接投资9.1亿美元。其中,用于海上石油合作勘探开发2.9亿美元,合资与合作经营3亿美元,补偿贸易由外商提供设备2亿美元。到了1995年,全年全国实际使用外资484亿美元,比1983年增长了约24倍。其中外商直接投资377亿美元,至1995年年末已注册的外商投资企业达23.4万户。2007年,全年全国实际使用外商直接投资金额748亿美元,比1983年增长了37倍多。[①] 公有制经济一统天下的格局在开放之初因外商投资企业的进入而被打破,时至今日,外商投资企业已是非公有制经济中重要的一员,仅2007年一年,全年非金融领域新批外商直接投资企业就达到37871家。

---

① 详见中华人民共和国国家统计局关于1983年、1995年以及2007年国民经济和社会发展的统计公报。

（二）经济法为非公有制经济提供了基础性保障

1988年国务院出台《私营企业暂行条例》，国家工商管理局在次年出台实施办法，对私营企业的成立从实体和程序上作了较为完善的规定，私营企业数量急剧攀升。1988年宪法修正案关于"允许私营经济在法律规定的范围内存在和发展。私营经济是社会主义公有制经济的补充。国家保护私营经济的合法的权利和利益，对私营经济实行引导、监督和管理"的规定，以根本大法、母法的身份为非公有制经济提供了强有力的法律保障。1997年，中国政府进一步提出非公有制经济是中国社会主义经济的重要组成部分，鼓励资本、技术等生产要素参与收益分配，使所有制改革迈出更大的步伐。1999年《个人独资企业法》开始施行，非公有制经济的组织形式更为灵活多样。1999年宪法修正案明确"在法律规定范围内的个体经济、私营经济等非公有制经济，是社会主义市场经济的重要组成部分。国家保护个体经济、私营经济的合法的权利和利益。国家对个体经济、私营经济实行引导、监督和管理"。非国有企业在宪法层面获得了与国有企业平等的法律地位。私营经济不仅数量逐年增多，且在经济总量中的比重也不断增大。在1978中国改革刚刚起步时，中国非国有经济与国有经济在工业总产值中所占比例仅为22.37∶77.63，1992年，非国有经济第一次超过国有经济，其比重变为52.62∶48.38，到1997年，已发展到74.48∶25.52。[1] 截止到1999年6月，全国登记的私营企业主达到281万人，注册资本达到8177亿元[2]；个体户近2000万；1992—2004年私营企业户数年均增长31.9%。中国对非国有企业的态度在20世纪90年代末彻底结束了消极容忍，转化为积极提倡和保护。2014年公司法修订，将公司注册资本实缴登记制改为认缴登记制，同时取消公司注册资本最低限额、放宽注册资本登记条件、简化登记事项和登记文件等，公司登记的实体、程序要求都大为简化，公司作为最主要的市场主体，份额大幅增加。2017年第一季度，全国新登记市场主体359.8万户，同比增长19.5%，日均新登记4

---

[1] 王金翎、李卅：《非国有经济发展与国有企业改革》，http://ccpser.jlu.edu.cn/new/lunt_see.php?id=94，访问日期：2008-10-09。

[2] 邓国胜：《中国非政府组织发展的新环境》，载于《学会月刊》，2004年第10期，第70页。

万户；新登记企业125.5万户，日均新增1.4万户；新登记个体工商户227.3万户，同比增长21%。①

（三）经济法为非公有制经济提供了较宽松的发展空间

2003年1月1日起施行的《中小企业促进法》的立法目的在于："为了改善中小企业经营环境，促进中小企业健康发展，扩大城乡就业，发挥中小企业在国民经济和社会发展中的重要作用，制定本法。"该法既没有依照所有制类型立法的惯例，也没有依照企业种类来立法，而是根据企业职工人数、销售额、资产总额等指标以及结合行业特点所确定的企业的规模来立法，其包括了各种所有制和各种形式的企业。该法的颁布不仅把中小企业的改革与发展工作纳入法治化的轨道，而且该法已经打破了不同所有制企业差别待遇的计划经济传统，切实体现了法律的平等性，成为中小企业和非公有制经济发展进程中的重要里程碑。

2005年2月，国务院制定了《关于鼓励支持和引导个体私营等非公有制经济发展的若干意见》，这是中华人民共和国成立以来第一部全面支持发展非公有制经济的国务院文件。截至2005年12月，已有10多个部门和单位出台了配套文件和具体措施。31个省区市已累计出台促进非公有制经济发展的法规政策性文件200多件。非公有制经济在这一系列政策法规的保护下迎来了历史上最好的发展时期。2005年9月底，注册私营企业已达419.1万户，比2004年年底增长14.79%，已经成为数量最多、比例最大的企业群体。个体私营经济的发展速度成倍地高于全国经济增长速度，占GDP的比重从1979年的不足1‰增长到目前已超过1/3，非公有制经济投资已占到全社会固定资产投资比重的50%。据统计，在40个工业部门中，非公有制经济在27个部门中的比例已经超过50%，在部分行业已经超过70%，成为推动行业发展的主体。在部分地区，个体私营经济已经成为经济增长的主要推动力量。在2007年，规模以上工业增加值增长18.5%，其中国有及国有控股企业增长13.8%；集体企业增长11.5%，股份制企业增长20.6%，外商及

---

① http://www.saic.gov.cn/sj/tjsj/201704/t20170413_261385.html。

港澳台投资企业增长17.5%；私营企业增长26.7%。①

国家出台的一系列经济法律法规为非公有制经济提供了充足的法律保障和广阔的发展空间，但这些法律法规对非公有制经济的保护力度和广度尚属有限，与国有企业相比仍存在明显的不平等性。

（四）经济法对非公有制经济保护的局限性和不平等性

从非公有制经济的合法化过程看，法律为其提供生存空间和条件经历了较长的历程：1983年《关于城镇集体所有制经济若干政策问题的暂行规定》和《关于城镇非农业个体经济若干政策性规定的补充规定》鼓励集体经济和个体经济商业的发展。1986年颁布的《民法通则》尽管只有数十个条文是对个体工商户的规定，但毕竟非公有经济由此获得了法律的保障；《外资企业法》《中外合资经营企业法》《中外合作经营企业法》为外资企业进入中国市场提供了合法通道；《合伙企业法》《个人独资企业法》进一步拓展了企业类型和种类，非公有制经济主体的出现使得参与交易、合作的市场主体多样化，丰富了市场经济主体。民法和经济法为非公有制经济的产生提供了法律保障，非公有制经济获得了合法性保障，但其发展空间却受到不当限制或歧视待遇，尤其是在市场准入和融资环境两个方面。

1. 市场准入受到限制

市场准入制度是国家对市场进行干预的基本制度，它既是政府管理市场的起点，又是现代市场经济条件下的一项基础性的、极为重要的经济法律制度。

对非公有制经济来说，进入市场是有门槛的，市场准入决定权为政府所持有，非公有制经济在选择市场方面的空间相对狭窄。随着我国加入世界贸易组织的完成，在世界贸易规则的要求下，市场准入之门逐渐向非公有制经济敞开。2005年2月国务院颁布的《关于鼓励支持和引

---

① 佚名：《统计局：07年规模以上工业增加值比上年增18.5%》，http://business.sohu.com/20080124/n254857022.shtml，访问日期：2008-07-27。

导个体私营等非公有制经济发展的若干意见》允许非公有资本进入以往长期被国有企业垄断的行业和领域,该规范性文件为非公有经济的发展提供了更为广阔的舞台,对提高非公有经济主体的市场竞争力有着重大意义。金融、保险、航空等领域,非公有制经济都能进入,但邮政、电力、煤气、供水、供电等领域仍大门紧闭。

2. 融资环境差强人意

宽松良好的融资环境是市场经济主体获得持续性发展所必需的条件之一。非公有制经济所面临的融资环境,不论是直接融资,还是间接融资,都相当严峻。从直接融资看,有的商业银行的贷款管理办法直接对非公有制经济的贷款额度、期限、条件等作了严格限制性、排除性规定。从间接融资看,绝大多数非公有制经济实体难以满足法律对股票债券发行所设定的硬性指标。截至 2003 年年底,通过首发上市的私有上市公司占全体上市公司的比重仅为 6.97%。[①] 自 1999 年始,国家出台了一系列改进非公有制经济融资环境的规章、法律,如国家经济贸易委员会 1999 年发布的《关于建立中小企业信用担保体系试点的指导意见》、2000 年发布的《关于鼓励和促进中小企业发展的若干政策意见》,以及 2002 年通过的《中小企业促进法》,但规范资本市场的基本经济法——《商业银行法》《证券法》并未针对非公有制经济的融资问题作出及时回应,非公有制经济所享有的融资环境仍非常有限,非公有制经济在投资选择、银行贷款、公司上市、优惠政策等方面,都不能享受国有企业同等待遇,尽管法律法规仍在某些方面对非公有制经济给予次优于国有企业的制度待遇。

三、小　结

中国所有制改革的基本趋势是非公有制经济的比重逐渐增大,但并不是所有制非国有化比重、规模越大,市场化改革越深入,所建立的市场经济就越完善。从世界范围看,不同国家因国情不同,对于国有经济

[①] 林艳琴:《我国私有企业法律地位研究》,北京:中国检察出版社,2007 年版,第 177 页。

与非国有经济比重的态度并不完全一致。如，美国和英国有着悠久的市场经济传统，其较为强调市场机制的作用；而日本长期实行统制经济，其更为强调政府对企业的调节作用；法国、德国等欧洲大陆国家则处于二者之间。与此相应，这些国家所形成的和实行的市场经济也就有了不同的模式。即便是同一个国家，在不同时期，对经济所有制的政策也有所不同。如英国，在第二次世界大战后，出于振兴经济、维持稳定的需要，通过直接投资兴办、购买或没收以及国家持股参与等形式积极推进"国有化"运动，建立大批国有企业。而到了20世纪80年代初，又掀起了"非国有化"浪潮，一些原来由政府垄断的行业，如基础设施、公共服务等，也允许私人资本经营。因此，对于中国所有制改革，非公有制经济在国民经济中的份额到底应为多少，目前谁也难以作出论断，当前可以肯定的是社会主义市场经济体制的构建需要扶持和保护非国有经济。因为非国有企业进入市场可以带来两个良性结果：一是使市场竞争力度增强，从而刺激国有企业的技术革新和体制改革以提高效率，反过来又加强了竞争，形成良性循环；二是随着非国有企业的成长及其在工业产出中比重的增加（到1992年已超过国有企业），即使国有企业可能因其固有的体制缺陷导致问题暴露趋于严重，但其对整个国民经济的负面影响趋于减小，同时国家也从非国有经济的发展中获得财力以对国有企业进行适度补贴，减少了国有企业的调整性改革对社会经济的冲击。①

第三节　经济法与国有企业制度改革

公有制经济包括国有企业和集体企业，因集体企业在计划经济体制下是准国有企业，在经济转型过程中或逐渐萎缩直至退出历史舞台，或转化为非公有制经济，因此在此仅以国有企业作为公有制经济的代表进行相关阐述和分析。

中华人民共和国成立后的国有企业有三个来源：一是没收的官僚资

---

① 汪立鑫：《经济制度变迁的政治经济学》，上海：复旦大学出版社，2006年版，第266页。

本，二是征用、征购、管制及代管的外资企业，三是解放区原有的公营经济。在1956年社会主义改造基本完成后，高度集中的计划经济体制正式运行。这种名副其实的国营企业——由国家经营的企业——不是独立的主体，没有完整的人格，是政府的附属物，企业吃国家"大锅饭"、职工吃企业"大锅饭"，企业没有自主权，也没有活力。此时的国有企业称为"国营企业"，因此改革开放启动后，当时所进行的国有企业改革定位在于恢复企业的自主权，恢复企业的生命力。1988年后，国营企业退出历史舞台，被"国有企业"取代，但对于什么是国有企业，国有企业包括那些形态，学界存在多种认识。

一、国有企业的概念

经济学上，所谓国有企业是指国家拥有、经营或控制的生产经营单位，它不但存在于社会主义国家，也存在于资本主义国家。[①] 中西方国有企业的产生途径和目的存在巨大差异，总体而言，中国的国有企业是一种理论化的产物，是中共中央对社会主义经济形态的理解结果，它的建立是一种主观推动型的构建模式；而西方国家国有企业的建立是市场机制运行的一种自然需要，它的建立过程是一种客观压迫型的模式。[②] 鉴于此，中国国有企业改革在经济转型的不同阶段有着不同的目标和侧重点。在改革初期，通过放权让利，恢复国有企业独立主体的地位；在改革中期，通过股份制改造，完善国有企业内部治理结构和国有企业退市机制以及国有资产的监督管理机制；在改革后期，则是以发挥国有企业充当国家宏观经济调控手段的作用，为社会主义制度提供物质保障为使命。

法学上，要不借用经济学对国有企业的概念进行界定，要不借用法律条文的规定。从法律规定看，经济转型的不同时期，对国有企业的定义存在很大差异。1983年颁布的《国营工业企业暂行条例》规定：国

[①] 李华民：《从国有企业的性质看国有企业改革方向》，载于《经济问题》，1997年第3期，第30页。

[②] 黄晶：《从国有企业的性质和功能来重新认识我国的国有企业改革》，载于《商业研究》，2003年第23期，第34页。

营工业企业是社会主义全民所有制的经济组织，是在国家计划指导下，实行独立经济核算、从事工业生产经营的基本单位。1988年颁布的《全民所有制工业企业法》规定，全民所有制工业企业是依法自主经营、自负盈亏、独立核算的社会主义商品生产和经营单位。1998年施行的《关于划分企业登记注册类型的规定》规定，国有企业是指企业全部资产归国家所有，并按《中华人民共和国企业法人登记管理条例》规定登记注册的非公司制的经济组织（不包括有限责任公司中的国有独资公司）。2005年修正后的《公司法》规定，国有独资公司是指国家单独出资、由国务院或者地方人民政府授权本级人民政府国有资产监督管理机构履行出资人职责的有限责任公司。2007年施行的《中华人民共和国物权法》（以下简称《物权法》）规定，国家出资的企业，由国务院、地方人民政府依照法律、行政法规规定分别代表国家履行出资人职责，享有出资人权益。2008年公布的《国有资产法草案》规定，"国家出资企业"，一是企业全部注册资本均为国有资本的国有独资公司和非公司制的国有独资企业，二是企业注册资本中包含部分国有资本的国有资本控股公司和国有资本参股公司。从以上诸多法律法规的定义看，国有企业的定义因经济转型的推进而发生变化，学界对国有企业的定义不恒定，形成独资说、控股说和参股说等均是经济转型影响所致。正因如此，本节对于经济法与国有企业改革间关系的阐述将贯穿经济转型整个过程，国有企业随经济转型阶段而有不同的内涵，本书将不以国有企业含义的变迁为要点，而侧重于阐述以下问题：改革初期，国有企业如何成为独立经济主体；改革中期，国有企业如何从竞争性、营利性行业退出；改革后期，国有企业如何落实监管，如何成为国家干预经济的调控工具。

二、经济法与国有企业独立主体资格的完备

国有企业改革首先要使企业成为独立自主的"人"，《全民所有制工业企业法》等法律法规帮助国有企业实现了从政府附属到市场主体的蝶变。

1978年《关于扩大国营工业企业经营管理自主权的若干规定》使得企业开始从政府机关的附属物向具有相对自主权和利益自有权的经济

主体转变，企业有了部分微观经济决策权。1979年7月，国务院发布了5个文件，集中对国有企业"放权让利"。1983年4月，国务院颁布《国营工业企业暂行条例》，规定"国营工业企业是社会主义全民所有制的经济组织，是在国家计划指导下，实行独立经济核算、从事工业生产经营的基本单位"。首次明确"企业是法人，厂长是法人代表。企业对国家规定由它经营管理的国家财产依法行使占有、使用和处分的权利，自主地进行生产经营活动，承担国家规定的责任，并能独立地在法院起诉和应诉"。据此，国有企业独立自主的地位获得了法律上的确认和保障，并依法拥有了15项经营自主权。1984年5月，国务院颁发《进一步扩大国营工业企业自主权的暂行规定》，扩大了国有企业所享有的生产经营计划权、产品销售权等10项自主权。1988年4月，《全民所有制工业企业法》规定"全民所有制工业企业是依法自主经营、自负盈亏、独立核算的社会主义商品生产和经营单位"。该法从法律上明确国有企业是享有独立经济自主权、享有法人资格、以企业财产独立承担法律责任的市场化主体。不过，依照该法，国有企业所拥有的自主决定权仍非常有限：其一，企业经营形式不能自主，其必须依照政府主管部门的决定，采取承包或租赁等形式；其二，企业人事决定权仍由政府持有；其三，该法规定国有企业所享有的13项权利中有9项需按国务院规定，中央政府对国有企业自主权的大小、内容、实施范围仍有立法权。因此，不论是国务院制定的《进一步扩大国营工业企业自主权的暂行规定》，还是全国人大通过的《全民所有制工业企业法》，均以"扩大企业自主权"和"放权让利"为基本内容，其侧重点在于如何实现国家对企业的经营管理，或者是企业如何经营，没有从市场经济主体应具备的独立财产、独立人格、自决权利、独立责任以及合理的企业内部机构设置入手，也没有将国有企业作为独立的市场化主体来考虑和设计国有企业所应享有的权利和所应采取的治理结构，以致国有企业改革长期在股份制与承包制之间来回反复，低速或负增长的态势未得到有效遏制和改善。《公司法》的出台则大大推进了国有企业市场化改革进程。

三、经济法与国有企业内部治理结构的完善

1993年11月党的十四届三中全会通过了《关于建立社会主义市场经济体制若干问题的决定》，提出国有企业的目标是建立现代企业制度，并把现代企业制度概括为是适应市场经济和社会化大生产要求的、产权清晰、权责明确、政企分开、管理科学的企业制度，要求通过建立现代企业制度，使企业成为自主经营、自负盈亏、自我发展、自我约束的法人实体和市场竞争主体。自此，国有企业改革进入以股份制改革为中心的崭新阶段，《公司法》为其提供了充足的理论支撑和合法性保障。1993年颁布的《公司法》，不仅赋予企业充分的自主权，而且其关于公司组建、内部治理结构、对外融资、经营等诸事项的较为全面的规定，大大增强了国有企业改革的可操作性和可贯彻性，促使国有企业整体或部分改制为有限责任公司和股份有限公司，实现了投资主体多元化，有效扭转了国有企业长年亏损的格局，1997年有12个省（自治区、直辖市）国有企业整体亏损，到2000年年底，31个省（自治区、直辖市）都实现了整体扭亏或盈利增加。1997年，国有大中型亏损企业为6599户，到2000年11月已减少到2208户，扭亏企业比例达66.5%。[①] 据统计，国有企业数量由2001年的17.4万户减少到2004年的13.8万户，减少了26%；资产总额由16.7万亿元上升到22.3万亿元，增长了33.5%；国有资产总量从6万亿元提高到7.5万亿元，增长了25%；实现利润从2811亿元增加到7525亿元，增长了1.7倍。[②]

与以往有关国有企业改革的法律法规相比，《公司法》最大的进步在于，该法开始关注企业治理结构问题，不再限于对企业建立、营运及终止的规定，也不再局限于对企业权利、义务及资格的设定，而是着力于为企业构建一种有效的内部管理模式。公司治理结构就是一种通过防止管理者行使机会主义，降低代理成本，以保证投资者能从其投资中得到收益的机制设计。具体来讲，就是如何通过银行、市场或其他机制来

[①] 佚名：《两大方阵之国企改革》，http://www.shgzw.gov.cn/gb/gzw/xxzh/mrjj/qyxx/userobject1ai6737.html，访问日期：2008-09-25。

[②] 详见中华人民共和国国家统计局关于2001年、2004年国民经济和社会发展的统计公报。

监督和诱导管理者，使其能按照投资者的利益经营企业，进而能够在代理成本最小化的情况下最大化企业的价值。[1]但囿于实践与理论的薄弱，《公司法》关于公司治理结构方面所存在的一些制度性缺陷使得国有企业改制以及非国有经济发展出现了一些不必要的挫折和冲突。如，按照《公司法》关于股东大会的规定，中小股东难以对公司实施有效治理；关于监事会的规定则过于概括，缺乏实用性和可操作性，使得不论是国有企业还是非国有经济的监事会都容易成为一种摆设；而关于公司董事会的规定，造成董事会经理之间关系不顺，无法形成有效的制约和监督机制，以至于在实际生活容易出现"内部人控制"现象。2005年年底对《公司法》的修改在一定程度上改进了法律关于公司治理结构的规定，增强了公司的自治性，适当缩减了国家强制干预的权限，法律的改进为公司治理结构的优化进一步提供了制度上的保障。

《公司法》等法律制度促使国有企业成为真正独立的法人主体，但对于如何防止国有资产流失，如何确保国有资产保值增值，则是《公司法》无法解决的问题，这需要其他经济法来解决。

四、经济法与国有企业监管体制建设

根据新制度经济学的观点，在任一经济体制中，处于均衡状态的权力规则必须满足两项要求：一方面，要求在明确各个个体经济主体权力地位的基础上，满足其自身的利益；另一方面，要求保持和维护最高层次的主体（公共利益的代表）——中央政府对宏观全局的驾驭能力，使各个个体主体的决策和行为合乎社会整体利益发展的要求。[2]发达国家政府对国有企业的管理和调控主要是在现代公司制度框架下进行的，但这并不意味着"出资者所有权"与"法人财产权"之间不存在任何制约关系。为防止"内部人控制"，各国政府作为国有企业的出资者，都力图通过各种措施加强对国有企业经营者行使法人财产权的行为和效果的监督，其管理手段主要通过议会、政府及社会力量。在中国，国有企业

---

[1] 程伟等：《经济全球化与经济转轨互动研究》，北京：商务印书馆，2005年版，第237页。
[2] 袁峰：《制度变迁与稳定——中国经济转型中稳定问题的制度对策研究》，上海：复旦大学出版社，1999年版，第47页。

改革的过程也是国有资产管理职能不断科学化的过程。

中国国有资产管理从扩大企业自主权,到减税让利、拨改贷、贷改投、租赁承包、承包经营责任制,再到股份制、公司制、抓大放小等,最后在2002年确立了中央地方政府分别代表出资人管人管资产、责权义相统一的"政府—经营机构—企业"三层次的管理体制。目前,国有企业监管体制建设最有成效的即是国资委的成立和国有资产法的起草。国务院国有资产监督管理委员会(简称国资委)在2003年4月成立[①],此后,各地国有资产管理委员会陆续设立。国资委作为连接政府和企业的资产经营机构,为政府从国有企业管理事务中分离出来提供了一种较为符合中国国情的机制。国资委的成立进一步推进了国有企业的改革步伐,2003年,国资委批准了48家国有企业的部分产权和股权的转让行为,涉及国有资本及权益225亿元。党的十六大和十六届二中全会明确了国有资产管理体制改革的一系列重大原则,归纳起来就是"三分开、三统一、三结合"[②]。

较为遗憾的是,国有企业监管体制建设主要通过政府政策、法令进行,迄今未出台专门的法律。尽管财经委员会早在1993年就着手调研论证国有资产法,并在1995年形成草案,但至今该草案仍未被提交全国人大常委会审议,在2007年全国人大常委会工作计划中仅被归入19件建议立法项目之一。当前规范国有资产管理事务的法规仅有国务院在2003年制定的《企业国有资产监督管理暂行条例》,以及国资委据此制定的关于企业改制、产权转让、资产评估、业绩考核、财务监督等方面的16个规章和40余件规范性文件。国有资产监管有了行政化的规范体系,但距离完备的法律法规体系仍较远。

[①] 国资委的建立采取了逐步推进的方式,直到2004年6月,全国31个省(区、市)和新疆生产建设兵团国资委全部组建,到2006年,市(地)级国有资产监管机构的组建工作已基本完成。此外,就管理范围而言,资源性、行政性和经营性资产现纳入的主要是14万9千家企业(资源性、行政性未纳入),还未纳入的还有金融性资产(归属于银监会、证监会、保监会)、铁路、烟草。而国资委的管理范围主要是人、技术管理(产权交易等)、对地方国资委管理的指导以及解决遗留问题等。

[②] 佚名:《三分开、三统一、三结合》,http://www.sasac.gov.cn/n1180/n4175042/n5405123/n5564463/5564505.html,访问日期:2008-09-25。

五、经济法与国有企业退市机制构建

中国破产法律制度出台较早,在国有企业公司化改造之前,早在 1986 就颁布了《企业破产法(试行)》,虽名为法律,但实施机制不是诉讼性司法,而是颇具灵活多变特性的行政式司法,据此所为的破产被形象地称为政策性破产。虽冠以"企业破产法",但仅为全民所有制企业所用。虽然如此,该法为国有企业改革的顺利推进和深化开展仍立下了汗马功劳。到 2004 年年底,全国安排政策性关闭破产项目 3484 个,2005 年,中央财政安排资金 220 亿元,支持 115 户国有企业实施政策性关闭破产,安置职工 59 万多人[1],促使国有经济结构优化,促进中央企业政企职能基本实现了彻底分开。

时至 21 世纪初,体制外经济转型模式所催生的数以百万计的个体、私营企业没有破产的规则可循,缺乏制度化的市场退出机制,致使债权人利益无法得到有效保障。体制内的改革使得国有企业在 20 年里发生了内部结构和外部环境的巨大变化,原有的深受计划经济体制影响的破产法难以适应这些变化。体制内、体制外的局势都要求一部统一适用于各类市场经济主体的破产法律制度。2006 年 8 月 27 日,一部符合中国经济发展的内在要求,具有法律普适性的破产法诞生了。《企业破产法》是非国有企业与国有企业法律平等化的标志。首先从适用范围上落实了法律平等原则——该破产法不再是国有企业独占享有,而是适用于所有的中国企业。其次,新破产法结束了过去全面由政府主导决定企业是否、如何退出市场的垄断格局,确立了主要由市场解决的基本原则,国有企业的破产开始从行政性破产走向市场化破产,这也体现了对各类市场经济主体同等对待的原则。再者,新破产法只在有限时间、有限范围内保留了政府在企业破产事务上的决定权(如金融机构破产事宜),这有利于结束政府与国有企业间的政企不分、政企同盟等不合理关系,同时也有利于促进政府职能改革。最后,在关于债权人利益和破产企业职

---

[1] 齐殿斌:《国企政策性破产"大限"倒计时》,http://paper.people.com.cn/dd/html/2006-04/06/content_1394515.htm,访问日期:2007-07-27。

工利益的问题上,新破产法遵循了"担保债权优先清偿"的国际惯例,彻底改变了1986年破产法将破产企业职工的利益排在优先位置的做法,这既有利于推进国有企业改革,也有利于社会保障制度等相关领域的改革。1986年破产法所产生的历史环境决定了该法从其条文的内容规定到实际运用都异化为政府改革国有企业的工具,2006年通过的新破产法既有遵循国际惯例,与国际规则接轨的地方,也有许多基于中国国情而折中和平衡的地方[①],但总体而言,其基本属性已是市场经济中的经济主体退出市场的规则之制。

国有企业退市机制的完善,并不意味着国有企业数量骤减,也不意味着国有企业从竞争性行业完全退出。尽管目前学界较为流行主张国有企业在公共产品、公共服务领域占据主导地位,在竞争性行业全身而退的观点,但笔者认为,要坚持社会主义基本制度,国有企业的比重就不能过低,政府应持有相当经济实力以备不时之需,对于竞争行业的国有企业,所应为的不是将之全部关、停、并、转,而是终止其优惠待遇,将之与非公有制经济企业一视同仁。在2008年全球性经济危机中,中国所受的冲击较快地得到补救,此与中央政府控制着相当大的经济资源,有较强宏观调控能力和抗外来风险能力是分不开的。

六、小 结

经济法律法规对企业改革的方向和道路作了明确规定,为政府推进国有企业改制提供了理论支持和合法性、正当性依据。中国企业的制度变迁是一种典型的渐进式、增量式的改革方式——依据不同的企业主体有不同的演进途径:从个体企业、民营企业的发展看,其从无到有到多,从弱到强,这是一个体制外的增量改革方式,是立新的过程;从国有企业的变化看,其从虚有的广、强到实际的强、重,这是一个体制内的存量改制的方式,是除旧革新的过程。经济法为企业改革的每一步都提供了合法性,并保障中国企业改革在低成本、弱振荡的状态下逐步推进。

---

① 如关于政府退出企业破产事务问题上所采取的渐进的、有保留的立法,再如关于个人破产仍属于法外内容。

第四节　经济法与农村经济改革

中国农村改革是经济转型的发源地，当经济转型在21世纪初步入攻坚阶段时，农业领域的改革又成为经济转型的重心。总体上，中国农村改革以2004年为界，分为前后两部分，前一阶段重在确立、维护、巩固以家庭联产承包责任制为核心的农村基本经济制度，后者重在完善家庭联产承包责任制与经济市场化改革的衔接；前者的初衷在于恢复农业生产力、调动农民的生产积极性，后者的出发点在于提高农民收入、增强农产品的市场竞争力；前者的成就主要在于实现了农民对土地的自主经营，解决了全国人民的温饱问题，后者在增加农民收入、调整农业经济结构方面取得了初步成就；前者与工业之间的关系是，农业为工业、农村为城市提供改革所必需的成本和资金保障，后者则是以工业反哺农业，以城市带动农村，实现城市农村共融共生、共同发展的新格局。不论是前一阶段，还是后一阶段，经济法对农村经济改革的顺利推进都起到了非常重要的积极作用。

一、经济法与家庭联产承包责任制

众所周知，中国改革开放的导火索是安徽小岗村农民自发进行的包产到户，"它使整个中国进入了改革开放时期。应该说，中国的农民为启动中国的改革开放立下了首功"[①]。自此，以转变农业经营方式为内容的农村土地改革在全国开花。家庭联产承包责任制取代人民公社，成为中国农村普遍采取的经营方式。

（一）经济法为农村自发改革提供了合法性和权利救济

相对于城市而言，农村经济体制改革是以个别地方的自发行为作为

[①] 张先国等：《新一轮农村改革的探索与突破》，http://www.locallaw.gov.cn/dflfw/，访问日期：2008-09-12。

开端的,继而通过党和政府的文件、指令、通知在全国范围内铺开。其间,尽管没有颁布一部旨在推广家庭联产承包责任制的法律或法规,但党和政府所颁布的政策性文件从权利上界定了国家、集体和农户之间的产权关系,起到了法律的实质性效果。所幸,家庭联产承包责任制较快地得到了法律的确认和保护。

1. 宪法明确其合法性地位

1982年宪法明确规定土地所有权分为国家所有和集体所有两种类型,并明确规定了农村集体经济组织实行家庭承包经营为基础、统分结合的双层经营体制。据此,农户依法成为独立的农地使用者和经营者,对所承包土地耕种什么、耕种多少都有了充分的自主权。

2. 法律应势规定承包期

农户与村、乡集体所签订的土地经营合同所约定的期限,最初只有1~3年。1984年年初,《中共中央关于1984年农村工作的通知》为了促使农民爱惜地力并加大对土地的投入,将土地承包期明确在15年以上,家庭生产责任制不再是一种短期的制度。《中华人民共和国农村土地承包法》(2002)(以下简称《农村土地承包法》)充分考虑到农业投资周期长、收效慢的特点,规定耕地的承包期为30年,草地的承包期为30~50年,林地的承包期为30~70年。农户产权的确定大大促进了农业生产,有数据显示,1978—1984年,中国农业产出平均每年保持了7.7%的增长速度。1984年与1978年相比,农业总产值以不变价计算增加了42.23%。家庭联产承包制度作为中国农民的一次伟大创举,不仅迎来了中国农业增长的"黄金时期",而且在很短的时间内解决了上亿人的温饱问题。农村贫困人口的绝对数量从2.5亿人下降到1.3亿人,贫困发生率从30.7%下降到15.1%,成为人类消除贫困历史上的一项奇迹。[1]

---

[1] 张先国等:《新一轮农村改革的探索与突破》,http://www.locallaw.gov.cn/dflfw/,访问日期:2008-09-12。

3. 法律提供权力救济渠道

《民法通则》和《土地管理法》以基本法律的形式进一步从法律上区分了农地的所有权与使用权，对农民的土地承包经营权从取得、行使、救济等方面作了规定，并将集体所有的土地细分为组所有、村所有、乡镇所有共同组成的多元的农村集体土地所有制，准确地反映了现实生活中所存在的多种多样的农地所有类型。《农村土地承包法》较好地解决了家庭联产承包责任制中双方主体的法律地位、权利义务及救济渠道，不仅为农民行使土地使用权各项权能提供了法律依据，而且大大限制了集体以所有权人身份随意调整农民所享有的使用权的权力，并为农户提供了获取法律救济的途径。农村承包合同纠纷在经济纠纷中占重要比例，1993—1997年全国共受理农村承包合同纠纷案件352637件，占经济纠纷案件总量的5.71%。《物权法》进一步巩固和保障了农民的承包经营权。

法律为家庭联产承包责任制提供了合法性和权利保障，但法律规定的不成熟使得土地承包纠纷、矛盾不能得到及时化解，而且在一定程度上激化了纠纷。

（二）法律规定不成熟与农村问题频出之间的关系

土地承包经营权是一个较为纯粹的中国经济改革的特有称谓，计划经济体制改革无论是城市里对企业体制的改革，还是农村对土地利用方式的改革，共同问题之一即是所有权与经营权之间的关系。不过，土地承包经营权由于其客体的特殊性，在立法、政策以及理论研究上都没有明确的界定，而且在国家不同的法律法规以及政策中该概念的使用也不恒定，一些地方的称谓是"土地承包经营权"，如《农村土地承包法》；一些地方又将其称为"承包土地使用权"，如2001年《中共中央关于做好农户承包地使用权流转工作的通知》。在现实生活和司法实践中，人们往往不对二者作区分，而是混合交叉使用此二概念。概念的模糊性只是土地承包经营权的价值定位在物权性和保障性之间摇摆不定的间接反映。一些相互矛盾和对立的规则则直接体现了土地承包经营权的物权属性与社会保障属性的冲突。

1. 承包权性质未决，阻滞农地产权化

承包权的法律性质长期处于未决状态，权利性质在物权和社会保障权之间摇摆不定，这不仅导致了法律规定的模糊不清，彼此矛盾，而且阻碍了农村土地改革的步伐。《农村土地承包法》规定土地承包经营权可以依法流转，但对于流转的方式和主体范围、使用方式等又都给予种种限制，从而使得土地承包经营权貌似物权，但权利人又不像其他物权所有人那样拥有可以自主、自由的处分权利；再如，出于保障农民赖以生存的土地长期稳定的目的，法律按照"无偿取得、人人有份、成员平等"的分配方案保障每个农民都有权利获得土地承包经营权，但同时又规定"在承包期内，发包方不得调整承包地""增人不增地、减人不减地"。这虽然保护了已取得土地承包经营权的农民的利益，但是忽视了新增人员的生存保障，而且"减人不减地"的规则也变相地使土地承包经营权可以被继承，这又违反了"耕地使用权不能继承"的规则。社会保障的理念是，社会保障权属于生存权，具有平等性，国家应当保证每一位国民享有社会保障权。[①] 以土地作为农民的基本保障方式，于是将土地承包经营权定位为社会保障权利，但是，土地的相对稳定和有限性与人口的易变性决定了将土地承包经营权作为农民基本社会保障的不可行性。如果把土地承包经营权定位于物权，那么权利人必以追求经济利益和效益为目的，要求进入市场进行自由的交易和流转，这对于当前中国以土地作为农民基本生存保障的现实是巨大的挑战和背离。目前，法律规定所出现的纵向以及横向矛盾虽都可以归因于土地承包制度的设立初衷在于保障农民的生存，但此不能成为法律规则前后矛盾、法律制度不确定、不稳定的托词，《物权法》虽在体例编排上将土地承包经营权定位于用益物权，但在内容上基本是《农村土地承包法》的翻版，因此，土地承包经营权虽形为物权，但并没有完全摆脱社会保障的属性。

经济转型所带来的种种变革和变化使得土地承包经营权的性质归属问题变得更为严峻和迫切，有人直接指出："土地制度，现行的所谓集体所有制，已经变得畸形了，这是产生城乡之间、农村内部诸多纠纷的

[①] 刘俊：《土地承包经营权性质探讨》，载于《现代法学》，2007年第2期，第271页。

主要根源，一定要改革，使农村土地产权明晰，使农民获得可以自己支配、处置的资产和房产，使农民有参加社会主义市场经济竞争的立足之地。"[①] 其意即要使农民不仅要对农地有经营使用的权利，而且要成为具备完全的占有、使用、收益、处分权利的所有权人。市场化改革的顺利推进为土地承包经营权权利性质的固化提供了方向。第一，农民流动性增强，客观上对土地的依赖程度大大降低，进城务工的农民改变了职业，其生活主要来源不再是农地农活。近几年对农民工社会保障制度的重视、建立和完善，在客观上使得这部分农民不再需要以土地作为基本的生存保障。第二，城市化进程使得国家不得不征收、征用大量农地，被征地农民因此失去土地，成为城镇居民，其生存保障问题也就因纳入城镇居民社会保障体系而得到解决。第三，农业的现代化发展不仅需要每个农户积极劳动，更需要集约化的规模经济和机器生产。农业结构改革需要土地利用方式的相应变革。第四，城乡二元分治的社会结构随着市场化改革、社会结构的变迁而注定要成为历史遗迹，进入21世纪以来，已有不少省市率先取消了城镇、农村二元户籍管理体制，转而采用统一的公民户籍管理制度。然而，不论是调整农村承包关系、土地利用的经济法，还是调整社会保障的经济法，都尚未对这种变革趋势做出应对。至少在法律明文规定上，土地承包经营权仍属于兼具财产性和人身属性的物权，其权利内涵及流转受到很大限制。

2. 法律规定模糊，承包权救济落空

首先，土地承包权以合约的形式缔结，但不能遵照《合同法》实施。家庭联产承包合同名为合同，却不属于民事合同，无法用调整平等民事主体间法律关系的民法、合同法等予以规范。

尽管宪法确立了农村家庭联产承包责任制的合法性地位，《农村土地承包法》等法律法规也明确了承包人的权利义务、发包人的权利义务，但发包方，即"集体所有"的内涵法律没有解释。从实际情况看，既可以是乡镇政府，也可以是村民委员会，还可以是村民小组，主体的

[①] 陆学艺：《新一轮农村改革为什么难？》，http://news.xinhuanet.com/politics/2008-09/11/content_9922959.htm，访问日期：2008-10-07。

多重性使得所有权主体应当对经营权主体行使的监督与管理权长期处于虚位状态，农村土地流转缺乏有效的管理和调控。各地乡镇对土地的管理情况也出现了明显不一的宽严、松紧、有无，个别地方滥用土地所有权主体的监督与管理权，肆意改变、收回、终止农民的土地承包经营权，严重影响了土地承包制度的稳定性和农民对承包权的信任。而且《民法通则》与《农村土地承包法》所调整的"集体"并不等同，"集体"边界在经济转型中悄然发生了变化。具体到土地承包关系上，"由于在一些地方土地的最终权属已从生产队（村民小组）一级过渡为生产大队（行政村）一级，当农民与集体之间只是土地承包与发包的关系时，这种土地权属的变迁并不会产生什么实质性的后果，但当农村土地的用途发生变化（如农地被征用）时，这种所有制变迁的后遗症就会凸显出来"①。此外，法律虽对承包人的权利救济方式及法律责任作了明文规定，但具体到实践中，发包方作为农地的所有人和管理人处于强者地位，不仅享有权利，更拥有权力，在农地承包过程中，往往利用权力明目张胆地违法，如违反民主议事原则、违背承包人自愿原则、不严格遵守法律所规定的程序，承包方即便通过司法也往往由于举证困难、法院查证困难而不能获得实质意义的救济。法律规定的原则性和模糊性使得其在现实生活中的有效性较弱，实践中各种各样的使用农村土地的做法得不到规范，而其所引发的纠纷往往难以通过事后的司法救济予以化解。

其次，法律规定了多种纠纷解决途径，却缺少一种有效率、有效益、有效果的方式。

《土地管理法》规定土地所有权和使用权争议由当事人协商解决，协商不成的，则由县级或乡级人民政府处理。对处理决定不服的，可以向人民法院起诉。《农村土地承包法》为土地承包纠纷提供了四种纠纷解决机制，即协商、调解、仲裁、诉讼，而且在诉讼定位上将土地承包纠纷作为一般的民事纠纷，人民政府仅行使调解的权力，且是否选择完全属于当事人自主自愿范围，农民完全可以直接向人民法院起诉。此

---

① 张晓山：《中国农村土地制度变革的回顾与展望》，载于《新华文摘》，2006年第23期，第57页。

外，还增加了通过仲裁解决纠纷的途径。从纠纷解决途径看，农民有了多种选择，但从实践看，由于协商、调解都以双方自愿为前提，而且所达成的纷争解决方案不具有法律强制力，其是一种有效率，但不一定有效益和效果的纠纷解决方式。诉讼有严格的公正的法律程序和强有力的执行保障，是一种有效果的解决方式，但往往不具有高效率性。仲裁本可成为一种兼具效率、效益、效果的解决方式，但直至2009年6月27日，规范专事土地承包纠纷的仲裁法——《中华人民共和国农村土地承包经营纠纷调解仲裁法》才出台。该法对农村土地承包经营纠纷作了列举加概括式规定，规定农村土地承包经营纠纷包括：因订立、履行、变更、解除和终止农村土地承包合同发生的纠纷，因农村土地承包经营权转包、出租、互换、转让、入股等流转发生的纠纷，因收回、调整承包地发生的纠纷，因确认农村土地承包经营权发生的纠纷，因侵害农村土地承包经营权发生的纠纷，以及法律、法规规定的其他农村土地承包经营纠纷。而因征收集体所有的土地及其补偿发生的纠纷则不属于受理范围。该法还对调解、仲裁的程序及人员组成、调解书效力等作了明确规定。该法是否能为农民提供一种有效率、效益、效果的纠纷解决机制尚需实践证明。

3. 法律多重限制，阻碍经营权流转

中国目前实行的是城乡分割的房地产制度。城市土地归国家所有，但居民和企业可购买国有土地使用权。由此，城市居民的住房经由建设部门发放房屋所有权证、国土部门发放国有土地使用权证后，可进入市场交易。而在农村，中国现行法律和政策规定，农民宅基地属于集体所有，只能在本村流转，以致农民住房难以实现市场自由交易，相应的房屋权属登记系统也极为滞后。安徽省宣城市从1997年就开始试点农村房屋产权登记制度改革，使农村房屋产权在明晰后可进入银行作为抵押物，并允许农村房屋产权交易。[①] 这种做法虽不违反现行法律的强制性规定，但有巨大的潜在性风险。因为依照现行《土地管理法》，中国农

---

① 佚名：《农村房改的"宣城样本"》，http://news.xinhuanet.com/politics/2008－10/06/content_10156305.htm，访问日期：2008－10－07。

村土地属于集体所有，农民宅基地也不例外。而《土地管理法》第六十三条规定："农村集体所有土地的使用权不得出让、转让或者出租用于非农业建设。"因此依照房随地走、地随房走的法律规则，农房一旦转让就是将与房屋相连接的宅基地使用权一并转让。农民个人对属于集体所有的财产自然是没有处分权的，因此，从法律上讲，其买卖是无效的。与此类似，成都市2008年年初以"确权赋能"为着力点，改革农村土地产权制度，试点农地产权交易。[①]"确权赋能"是将宪法规定的农村各种产权通过权证的形式确定到户，使之成为农民法定的资产，并赋予可流转的、市场化的资本禀赋，其已经突破了现有法律的规定。一旦产生纷争，按法律裁判往往易产生不公平后果，从而激化农户矛盾，危及社会稳定。

尽管市场化改革的重心在城市，但农村经济的发展也难免不受到市场化的刺激，一些利用集体土地的新形式逐渐出现，如把土地承包经营权进行出租、转让、入股或抵押，尽管这些行为在法律上都有类似的规定，但土地承包经营权与民法、合同法、公司法所规定的有形、无形财产有着非常大的差异，因此，其出租、转让、入股、抵押等行为往往无法用《民法通则》《合同法》《公司法》《中华人民共和国担保法》等法律进行调整，其所引发的纷争也就难以借助法律救济途径得到化解，由此积聚的矛盾也就对社会稳定产生巨大威胁。

4. 征地无法可循，农民利益受到伤害

经济转型过程中，借市场化、城市化建设需要而侵蚀农地的现象屡屡发生、屡禁不止。

《农村土地承包法》作为规范农村土地承包制度的基本法，赋予了政府将农村集体所有的土地转为国有土地的权力，以及临时征用农村集体所有土地的权力，但回避了市场化、城市化进程中频繁出现的农村与城市就农村土地的利益分享所发生的冲突与矛盾。对于农用土地被征用、从农业用地转为非农用地过程中如何保护农户利益、如何维护农村

[①] 张建国：《农村改革30年划时代飞跃新发展要实现3突破》，http://www.cpad.gov.cn/data/2008/0912/article_338882.htm，访问日期：2008—10—12。

利益，该法保持了高度缄默。2004年宪法修正案将补偿作为征用农地必须支付的对价，并限定以公共利益为目的，以遵守法定程序为要求。此规定虽然对征用农地的目的、条件作了规定，但由于宪法是母法，在法律体系中是不具有可诉性的，因此在缺乏具体法律或法规的情况下，这种原则性规定只会给实际操作留下相当大的自由空间，各地政府的理解与贯彻落实也存在较大差异，因土地征用而出现权益受损害的农户只能仰仗政府的自查自纠，而不能通过法律诉讼渠道寻求救助。2005年7月29日，最高人民法院公布了《关于审理涉及农村土地承包纠纷案件适用法律问题的解释》，对受案范围、裁判标准以及土地征收补偿费用等问题作了较为具体的规定，使得农地纠纷通过司法途径解决更具有操作性，但对农地征收问题仅仅限于补偿费用的分配问题，对于能否被征收、如何被征收等问题仍无权规定。

家庭联产承包责任制作为农村改革最初始、最重要的一项改革，经济法对之有调整但规定很不成熟，不过，"有"胜于"无"，不论是《农村土地承包法》对发包方、承包方权利义务、救济途径与法律责任的规定，还是宪法、《土地管理法》《物权法》对农地征用问题的规定，对规范和巩固家庭联产承包责任制来说，都不无裨益，而且这些经济法律较为明显地体现了中国经济法已经在担当和行使规范政府干预经济的行为之功能。

二、经济法与乡镇企业

农村家庭联产承包责任制不仅使农民获得了对土地有限的自主权，而且也有了一定的现金积累和市场交易经验，这为乡镇企业的发展提供了巨大的市场空间和原始资本以及劳动力资源。乡镇企业的产生、繁荣、衰退、复兴过程反证了经济法在经济转型过程中不可或缺。

（一）政府扶助下的乡镇企业

1984年"国务院第四号文件"把"社队企业"正式改名为"乡镇企业"，文件中提出的一些改革观念和具体的帮助扶持措施，促进了乡镇企业的蓬勃发展，奠定了中国发展市场经济的基础和中小企业发展的基础。① 乡镇企业制度既突破了企业的国家所有和城镇集体所有的格局，是一种新的企业组织形式和新的产权制度，也突破了20世纪70年代末以前"社队企业"的制度框架——那是单纯的集体所有的企业，而乡镇企业的真正大发展源于乡镇企业制度的巨大突破——允许集体、个体、联户、乡镇政府一起创办企业，造就了一种乡镇企业产权主体多元化的格局。② 1985年到1992年是乡镇企业发展的辉煌时期。当时，国家对农村剩余劳动力的政策是准许农民离土不离乡，因此从土地上解放出来的部分农民在本地进行非农生产，即发展乡镇企业。乡镇企业很快成为国民经济的半壁河山，冲破了传统的城乡分工体系，开创了一条富有中国特色的农村现代化道路，邓小平曾用"异军突起"来形象地比喻乡镇企业的发展。然而，乡镇企业的发展是不持久的。首先是由于其自身的局限性。乡镇企业所取得的发展优势主要来源于两个方面：一是低劳动力成本，二是政策灵活、政府予以扶持却不进行约束。这种外在的优势条件不具有长期性和长效性。1992年国家明确以构建社会主义市场经济为经济转型之目标后，政府对乡镇企业的特殊扶持政策逐渐减少，逐步允许农民对土地承包经营权依法、自愿、有偿流转，也准许农民"离土又离乡"。这使得乡镇企业得以发展的优势逐一失去。相反，乡镇企业的内在管理机制相当欠缺或落后，乡镇政府作为企业参与者违反了市场经济体制下政企分开的基本准则，乡镇企业缺乏市场化的内部治理结构决定了其发展的局限性和竞争的有限性。其次，经济体制改革的总体推进促进了市场结构的变化。城市非公有制经济因法律的修正而获得更多的权利，实力和竞争力都大幅提高。相比之下，乡镇企业原本拥有的廉价劳动力和政府投资、政策支持的优势逐渐丧失，面对城市国有、非国有企业的竞争，乡镇企业经营状况不断下滑，陷入发展困境。客观地讲，乡镇企业并不是独立核算、独立承担民事责任的市场经济主体，其仍夹杂着浓厚的政府参与色彩，可谓是混合市场经济主体和计划经济主体的企业组织形式，经济转型的最终目标是建立社会主义市场经

---

① 陈乃醒：《1997年乡镇企业法：从这时起乡镇企业被重新定义》，http://business.sohu.com/20080929/n259816905.shtml，访问日期：2008-07-09。

② 黄少安：《经济学研究重心的转移与"合作"经济学构想：对创建"中国经济学"的思考》，载于《经济研究》，2000年第5期。

济体制，因此计划经济主体不论是直接还是间接地（通过糅合二者）转变为市场经济主体，其最终目的都是转变为彻头彻尾的具有市场主体属性的独立的主体，乡镇企业不是真正意义上的市场经济主体构建，其只能依照法律进行改制、转轨，成为真正独立自主的市场经济主体才能获得新的出路。

（二）经济法规范下的乡镇企业

1996年，相当多的乡镇企业面临亏损和改制的双重压力。1996年颁布、1997年1月1日起施行的《乡镇企业法》对乡镇企业重新下了定义。过去，乡镇企业主要指乡村集体经济举办的工厂、商店，强调的是所有制。现在，人们开始更多地从地域上来界定乡镇企业：只要地处乡村，利用农村资源，以农村劳动力为主的，就是乡镇企业。[①] 乡镇企业面临的所有制改革难题，以及国内宏观调控政策的改变，使得乡镇企业在1998年开始陷入发展低迷期。1998年乡镇企业个数2004万个，比1995年减少199万个；从业人员为12537万人，比1995年减少2.5%。[②] 2002年6月第一部关于中小企业的专门法律《中小企业促进法》出台，乡镇企业又多了一重法律保障。2008年上半年，全国乡镇企业累计实现增加值38900亿元，同比增长11.62%，乡镇规模以上工业企业达23.8万家，比上年同期增加2.5万多家；规模以上企业累计实现增加值20300亿元，同比增长16.13%。[③] 实践表明，按公司治理结构进行改造的乡镇企业逐渐起死回生、发展繁荣，那些不按法律行事的乡镇企业很快被市场淘汰。乡镇企业从集体、个体、乡镇政府一起创办、产权主体多元化、政企不分的组织形式向股份制、公司制、合伙制的企业主体转变，乡镇企业的内涵不再是一种特殊的市场主体，而更多地从地域层面上进行界定，调整乡镇企业的法律也不再以《乡镇企业法》为主，而以《中小企业法》《公司法》《合伙企业法》等法律为主，

[①] 陈乃醒：《1997年乡镇企业法：从这时起乡镇企业被重新定义》，http://business.sohu.com/20080929/n259816905.shtml，访问日期：2008-07-09。

[②] 佚名：《乡镇企业异军突起》，http://gaige.chinareform.net/px7/0092.html，访问日期：2008-09-18。

[③] 佚名：《2008年上半年全国乡镇企业经济情况》，http://www.gov.cn/gzdt/2008-07/09/content_1040597htm，访问日期：2008-08-09。

乡镇企业转化为与其他经济主体同等的不受特殊保护的市场主体。

三、经济法与农村经济合作组织

曾有专家预言："21世纪的中国农村，将是合作经济组织大放异彩的世纪。"[①] 分田到户的家庭承包经营责任制极大地激发了农民的积极性，促进农业经济迅速恢复并高速增长，为市场化、城市化改革提供了坚实的、稳定的基础和保障。农民也因农产品商品化率的不断增高而与市场发生着日益频繁、密切的关系，对技术、市场信息的需求也日益增强，参与市场交易的机会和次数都急剧增多，扩大生产和经营规模的欲望也日益强烈，但囿于资金贫乏、规模小、预测能力低等因素，农民预防和抗击市场风险的能力弱，农民之间自发地产生了联合，各种形式的经济合作组织在农村诞生。

（一）农村经济合作组织概述

邓小平在1985年指出："中国社会主义农业的改革和发展，从长远的观点看，要有两个飞跃。第一个飞跃，是废除人民公社，实行以家庭联产承包为主的责任制。这是一个很大的前进，要长期坚持不变。第二个飞跃，是适应科学种田和生产社会化需要，发展适度规模经营，发展集体经济。这又是一个很大的前进，当然这是很长的过程。"[②] 邓小平是改革开放的总设计师，他睿智地意识到中国农业搞规模化经营的必要性和必然性，但并没有明确这种规模经营是适应了市场经济发展的需要，是以农民为主体的合作社为载体的。20世纪80年代初，农村出现的合作组织以提供农业技术、销售信息和途径为主要任务，逐步发展为为农民提供贯穿产、供、销整个过程的技术、信息、生产资料、加工、运输、储藏、销售等服务。

[①] 佚名：《农村专业合资组织风起云涌》，http://news.hexun.com/2008-10-09/109668223.html，访问日期：2008-12-06。

[②] 张宝富：《新农村建设中的经济组织创新》，http://www.agri.gov.cn/jjps/t20070416_803682.htm，访问日期：2008-12-06。

(二)《合作社法》实施后的农村经济合作组织

这种缺乏法律规范和保护的各种经济合作组织经过20多年的发展，状况和前景令人担忧。2006年10月31日第十届全国人民代表大会常务委员会第二十四次会议通过的《中华人民共和国农民专业合作社法》（以下简称《合作社法》）可谓是久旱后的甘露，自此，农村经济合作组织进入发展的新阶段。在此，对《合作社法》实施前后农村经济合作组织作对比分析。

1. 宗旨基本一致，形式相对统一

由于缺乏法律法规的指导，农村自发形成的合作组织形式各样，如"企业依托型""科技推广型""能人大户带动型""村级组织主导型"。[①] 在名称上，有的称"农村专业合作社"，有的称"农业专业技术协会""金融合作组织""生产合作组织""运销合作组织"[②]，等等。这些经济合作组织的规模有大有小，有的成员从几个到100多个，有的则有500个或上千个。农村经济合作组织在形式称谓上的差别是非常直观的，既反映出无法可依的混乱，也反映出立法可依的必要性和紧迫性。《合作社法》尽管没有完全解决农村经济合作组织的多样性问题，也不是对照上述某种形式立法，但是其吸收了农村经济合作组织的具体实践经验，提炼了农村经济合作组织的共同本质性特征，概括性地对农村经济合作组织作了规定。如关于成员问题，规定公民、企业、事业单位或者社会团体均可以成为合作社成员，但农民至少应占成员总数的80%；具有管理公共事务职能的单位不能加入；执行与合作社业务有关公务的人员，不得担任合作社的理事长、理事、监事、经理或者财物会计人员。依据此法，上述第四、第五种形式的合作组织必将逐步减少并消失，而"企业依托型"和"能人大户带动型"将成为农民专业合作社的主要形式，农村经济合作组织得到了相对统一。国家工商行政管理总局2007

[①] 佚名：《2008年上半年全国乡镇企业经济情况》，http://www.gov.cn/gzdt/2008-07/09/content_1040597htm，访问日期：2008-08-09。

[②] CCTV《对话》栏目组：《对话中国社会转型中的焦点问题》，北京：新华出版社，2007年版，第191页。

年 7 月发出通知，对"农民专业合作社法人营业执照"和"农民专业合作社分支机构营业执照"的样式、内容、编制规划及管理等作出规定，使得农民专业合作社的形式从登记管理环节实现了统一。

2. 组织性质确定，法律身份明确

实施前，各地根据国务院《社会团体登记管理条例》(1998)，将农村各种专业经济协会纳入民间组织登记范围，赋予其社会团体的法律地位。但这种法律身份与合作组织的市场交易行为格格不入。社会团体是非营利组织，其不以营利为目的，因此，在法律保护和利益分配上就不能满足农民的需求和需要。如：社会团体的身份使得合作组织不能获得知识产权法上的保护，如商标注册依据现行商标法，商标权利的主体只有法人和自然人，合作组织所经营的特色农产品就难以获得必要保护；社会团体的身份使得合作组织不能有效获得资金来进行必要的融资，既不是法人，更不是自然人的合作组织，以其自然人的集合体的身份是不能以其自身名义在银行开具账户的，更不能申请抵押贷款、信贷贷款；社会团体的身份使得合作组织不能自主自由地分配收入，难以满足农民希望分配到合作组织收入的期望，影响了合作组织的吸引力，限制了合作组织的持续和开展。《合作社法》明确了合作组织是有法人资格的，是同类农产品生产、经营的农民和有关组织、个人自愿联合起来，共同筹集资金、共同管理、共同分享成果的互助性经济组织。据此，合作组织不仅能像公司等其他法人主体那样享有民法、知识产权法所规定的权利，而且还能依据《合作社法》享受到独有的权利，如对合作组织盈余的法定分配权。此外，《合作社法》并没有强制合作组织必须登记为法人，因此，该法实施后，合作组织有了更多的选择，既可以选择到民政部门登记为社会团体，也可以选择到工商部门登记为法人。不论是哪种，其社会地位都可以依法得以确认和明晰，任何交易对方或相关外部环境都可以产生稳定的预期，都有了明确而统一的行为规范，遵守或违反规则的成本或收益各方都能作较为准确的判断，农民具备了从事任何大规模商贸活动的必要条件。《合作社法》的及时颁布有效避免了农村经济合作组织重蹈改革初期各种新生经济组织纷纷"挂靠"的覆辙。

3. 成员权利义务清晰，剩余索取权法定

《合作社法》实施前，各种形式的农村合作经济组织对成员的加入、退出、权利、义务、利益分配等没有统一的规定，大部分允许农民自愿加入和自由退出，但对于退出时是否可以撤回资金、是否可以要求对组织盈利进行分配、按什么标准分配等问题，组织的规定（或做法）不一。《合作社法》充分确保了农民专业合作社"民建、民治、民享、民受益"的基本原则。首先，《合作社法》将"入社自愿、退社自由"作为农民专业合作社应当遵循的基本原则之一，而且在退出时，合作社应当按照章程规定的方式和期限，退还在该成员账户内的出资额和公积金份额，而且有权对可分配盈余主张分配，"盈余主要按照成员与农民专业合作社的交易量（额）比例返还"。享有盈利必然存在是否分担亏损的问题，以往各经济组织做法不一，有的仅有核心成员或管理层成员才可以分担亏损。《合作社法》规定了成员在终止资格时应按章程规定分担当时合作社的亏损及债务，虽将是否分担，及和哪些成员分担亏损的权力赋予合作社自身在章程中规定，但毕竟使现实生活中的各种现象可以有法可依。这项规定不仅增强了合作社的凝聚力，而且非常有助于合作社获得可持续发展。其次，在成员的权利义务方面，《合作社法》将之一一量化。既为各成员主张权利、管理合作社提供了法律依据，也为合作社约束成员提供了合法性。该规定不仅有利于增强合作社的民主化管理，而且有助于合作社管理的法治化、规范化。这也是农村经济合作组织的最大特点所在。该特点既表明合作社有别于一般的企业法人，也有别于社会团体，与20世纪50年代的人民公社也有着本质的区别。

4. 内部结构合理，治理规范

大部分农村经济合作组织都有书面章程，对成员的权利义务、组织的任务作用、管理层的构成、成员的条件及加入程序等作了规定，但普遍存在内部治理结构残缺、管理运作混乱的问题。不少合作社的管理层垄断了重大事项的决策与实施权，尤其是大户、龙头企业、乡镇干部控制合作社的情况非常突出，一般成员尤其是农民成员很少参与管理，对合作社的运行、财产的收入支出等难以监督，由此，这些合作社名为合作社，实际上稍不注意就沦为个别成员的私有企业。《合作社法》对农民专业合作社的内部治理结构作了明确规定：农民专业合作社的内部组织机构包括成员大会、理事会（理事长）、监事会（或执行监事）三大基本要素，其中，成员大会是合作社的权力机构，理事长是合作社的法定代表人，监事会是合作社的监督机构。该规定促使了合作社内部治理的健全和规范。《合作社法》对理事长、理事和管理人员不得为的行为及其后果作了明文规定，这将有利于现实生活中的大户控制现象的终结；营业禁止条款也有利于督促合作社管理层勤勉敬业；明文禁止执行与农民专业合作社业务有关公务的人员担任合作社的理事长、理事、监事、经理或财务会计人员的规定，必然使合作社逐步做到"政企分离"。

在合作社内部治理结构中最为突出的是，《合作社法》规定了合作社遵循一人一票的表决机制。首先，成员大会的选举和表决实行一人一票制，成员各享有一票的基本表决权。该规定充分有力地保障了每个成员都有表决权，也确保了每个成员的表决权基本平等，这必然有助于增强合作社管理的民主化色彩。其次，理事会、监事会会议的表决也实行一人一票的原则。这些规定完全不同于公司等市场主体所遵循的按资说话的准则，充分体现了农民专业合作社所应有的"民治、民管理"的特征。一人一票制将有利于防止因投资集中而导致决策权的集中，避免少数人控制、操纵合作社，保障合作社始终是农民自我经营和管理的组织，也保护每一名成员的权利。该制度既是对农村经济合作组织容易出现的问题的总结和应对，也是对国际惯例的遵守。《合作社法》对组织内部治理结构的规定必然促进农村合作经济组织治理结构、内部管理和运行机制的规范化和法治化。

5. 退出形成制度，责任明晰

《合作社法》规定农民专业合作社不仅可以像其他市场主体一样合并、分立、解散，而且在充分吸收《公司法》和《企业破产法》立法经验的基础上，对合作社退出市场的程序规定完备，既注意其与公司等市场主体享有几乎一样的权利与义务，又尊重合作社的特殊性，规定农民专业合作社可以依照《企业破产法》相关规定申请破产，但破产财产在清偿破产费用和共益债务后，应当优先清偿破产前与农民成员已发生交易但尚未结清的款项。该规定突破了《企业破产法》所规定的"担保债权优先清偿"的国际惯例，但这种突破仅仅限于合作社中的农民成员，对其他成员是不适用的，此规定在维护市场经济平等竞争的同时，也保护了农民的权益。

6. 扶持政策广泛，法定有力

《合作社法》第七章专章对扶持政策作了规定，指出国家应支持发展农业和农村经济的建设项目，可以委托和安排有条件的有关农民专业合作社实施；应当采取多种形式，为农民专业合作社提供多渠道的资金支持；国家鼓励商业性金融机构采取多种形式，为农民专业合作社提供金融服务；农民专业合作社享受国家规定的对农业生产、加工、流通、服务和其他涉农经济活动相应的税收优惠。《合作社法》所明确的"项目扶持、资金扶持、融资扶持和税收扶持"四大扶持政策，为农村经济合作组织解了燃眉之急，也为农村经济合作组织做大做强持续发展提供了保障。中国银监会和农业部联合于 2009 年 2 月 16 日印发《关于做好农民专业合作社金融服务工作的意见》，从五个方面要求各地农村合作金融机构要积极构建与农民专业合作社的互动合作机制，加大对农民专业合作社的金融服务，支持农民专业合作社加快发展，促进现代农业建设、农村经济发展和农民稳定增收。

《合作社法》的颁布标志着农村合作经济组织已经从农民自发发展跨入政府积极推进的阶段。《合作社法》不仅规范了现有合作组织的形式、设立、运行、管理、退出机制等，也为合作组织的发展提供了较为广泛的扶持政策，提高了合作组织进入市场的组织能力和抗拒市场风险的能力，大大促进了农村合作组织的发展和水平。统计显示，仅 2007 年 7 月 1 日至同年年底，全国工商机关就共登记注册农民专业合作社法人 26397 户，成员共计 35 万户，成员出资总额共计 159 亿元。[①] 同时，《合作社法》维护了农户独立的生产、经营地位，确保了家庭联产承包责任制的长期稳定性，较好地解决了小农生产与规模经营、广阔市场之

---

① 佚名：《"农合"风起云涌中国农村经济向组织竞争转型》，http://www.hnfgw.gov.cn/document/2008/10/6/20081061555134211.html，访问日期：2008-10-07。

间的矛盾，标志着农业经济逐渐步入"家庭竞争"与"组织竞争"并行的态势，也实现了家庭承包经营机制与社会主义市场经济的有效衔接。不过，《合作社法》仅是对农村合作经济组织中的农村专业合作社作了规范，其他形式的合作经济组织只能是参照执行，而对于合作社之间、合作社与其他经济组织之间的联营等市场行为只有参照民法通则，而缺乏专门的法律法规。

（三）农民专业合作社与其他经济组织的比较

合作社并不是市场经济的产物，在计划经济体制下，农村也曾出现过众多的合作组织，即人民公社。《合作社法》以法律的形式揭示了农村经济合作组织与人民公社的本质区别。首先在设立环节，依照《合作社法》所建立的合作组织是自发形成的，农民加入与否完全属于意思自治范畴，任何组织和个人都无权干涉，政府也不能以行政命令或其他手段强行要求农民加入某合作社。同时，依照《合作社法》，农民也享有自由退出合作社的权利。其次，在合作社财产分享环节，《合作社法》赋予了每个成员有主张盈余返还的权利，每个成员都有权拥有属于个人的财产，成员的个人财产所有权受到法律保护，合作社须设立成员账户，将成员的出资额、公积金份额以及交易量等一一记录在册。而且对于成员依法享有的承包经营权，合作社无权干涉，更不能侵害，《合作社法》是在尊重农民个人财产和承包经营的基础上形成的经济组织，合作社的财产与成员的财产不是此消彼长的关系，而是正相关关系。再者，在管理方式上，《合作社法》明确了民主管理原则，合作社的权力机构是成员大会，每个成员都能参与管理、参加决策，合作社的重大事项均由成员大会商议和决定，而不是由某个行政长官的命令、指令决定。农村改革是以废除人民公社，实行分产到户，家庭承包为起点的，而如今农村改革又迎来了合作社的复兴，这种复兴是在法律规范和指导下的复兴，土地承包法等法律维护了家庭联产承包责任制的长期性，《合作社法》在尊重此制度的基础上承认和赋予了农村经济合作组织应有的市场主体地位和权利。而人民公社是一种缺乏法律必要约束的合作组织，其命运只能是短暂且惨淡的。

《合作社法》不仅表明农村现有经济合作组织与人民公社有着本质

的不同，而且也与其他市场经济主体有着重大差异。从投资财产与法人财产关系来看，一般企业法人的股东一旦将自有财产作为投资，则失去了对该财产的所有权，投资从股东所有转化为法人所有；而农民专业合作社的成员对其出资以及增值部分始终享有所有权，成员账户确保每个成员能随时掌握自己享有的财产份额及其产生的收益，在退出合作社时，有权撤出自己的出资及其增值。在合作社存续期间，成员是有权获得盈余分配的，合作社的财产独立性不如公司法人的独立性强，但比合伙企业、个人独资企业的财产独立性强，合作社成员仅以成员账户内的个人财产分摊合作社的亏损和债务。再从内部治理结构看，合作社的成员大会类似于公司法人的股东大会，但其表决机制是以"一人一票"为原则，而不是以投资额为准，合作社毕竟不是典型的资合性经济实体。

农民专业合作社有助于发展中国家农业经济的市场化，但其并不是发展中国家的专利，成熟的发达的资本主义国家也一样需要农民专业合作社，"农民合作社已占全球各类合作社总数的36%，在发达国家，几乎所有的农民都参加了不同类型的合作社"[1]。但这并不是说只有通过农民专业合作社的形式，农业经济才能获得可持续发展，"实践证明许多农业合作社未能实现其预定目标"，"之所以陷入困境、举步维艰，还有其深层次原因——众多的农业合作社并未能实现理论上完全可行的规模经济；许多国家的农业合作社并未实现所期待的农村居民收入分配大体上的公平；合作社的成员也往往无法从产量的提高中获得好处，分享利益；许多农业合作社在实践中做不到让其社员当家作主。新古典经济学派与基本需求学派的学者专家宣称，以上遭遇的种种困难，其实都应归咎于农业集体生产内在的低效率，但是还有一种看法认为这些困难是由于政府未能建立一个合适的法律与制度框架所致"[2]。当前，中国农村经济合作组织的生存与发展状况不尽如人意的主要原因在于缺乏必要的法律保障，《合作社法》的颁布与实施一定程度上为农村经济合作组织平等参与市场竞争提供了基础性保障。《合作社法》为农村经济合作

---

[1] 刘明祖：《对农民专业合作社的几点认识》，http://paper.people.com.cn/rmrb/html，访问日期：2008-12-06。
[2] [美]安·塞德曼、罗伯特·塞德曼：《发展进程中的国家与法律——第三世界问题的解决和制度变革》，冯玉军、俞飞译，北京：法律出版社，2006年版，第292页、293页、295页。

组织的市场化提供了催化剂,但绝对不能过度抬高农村经济合作组织的影响力,并不是一组织化,农业生产效率就显著提高。历史证明,不论是集体性的组织化的农业生产,还是单打独斗的个体作业方式,都有可能提高农业生产率,关键是人力、物力、财力的投入量,人民公社只是具有规模经济的形,虽有组织,但无组织成员的积极投入,不论是资金还是人力,人民公社都很匮乏。改革开放后所实行的家庭联产承包责任制虽然国家没有投入大量的财力、物力,但每个农民都全部投入了自己的体力和精力,农业获得了突飞猛进的发展。但随着农业市场化的加剧,一家一户分散耕种遭遇资金和技术瓶颈,农业发展陷入滞缓,农民有了联合起来共同抵抗风险、共享利益的冲动,合作组织在农村重新兴盛起来。虽然自20世纪80年代农村有个别地方出现了合作社,但经过了20多年的发展,农村合作社不论是人力还是财力都非常有限,合作社的成立和发展主要依靠发起人的能力以及成员之间的信任,缺乏法律保护的权利是非常脆弱的。《合作社法》的诞生为合作社等农民经济合作组织的持续发展和繁荣提供了最强有力的保障和保护。

四、小 结

家庭联产承包责任制恢复了农村经济的活力和生产力,为农业和农村经济融入市场经济奠定了基础;乡镇企业是农业和农村经济进入社会主义市场经济轨道的尝试;以农民专业合作社为主要形式的农村合作经济组织促使农业和农村经济真正步入了社会主义市场经济的轨道,由此,市场化改革在农村逐步深入。农村经济改革在经济法的保障与指引下,不仅生产能力获得了绝对性的大幅增加,而且农业结构得到不断优化,农产品种类日益繁多,市场竞争能力也逐渐提高。

第五节 经济法与税收体制改革

财政由财政收入和财政支出两大部分组成,中国财政体制改革较多地关注财政收入体制的市场化改革,尤其是税收体制的变革。

一、税法推进税收成为基本财政收入

　　税收立法在中华人民共和国成立之初就受到重视。1950年1月中央人民政府政务院公布了《全国税政实施要则》，规定全国共设14种税收，此后税收收入稳步增长。随后政务院分别公布了契税、工商业税、房产税、地产税、利息所得税等10多个税种的暂行条例或暂行办法。1958年6月全国人大常委会第96次会议通过了第一部税收法律——《中华人民共和国农业税条例》（以下简称《农业税条例》），1958年9月经全国人大常委会第101次会议原则通过，国务院公布试行了《中华人民共和国工商统一税条例（草案）》。虽有税法，但受"国有企业只能向国家缴纳利润、国家不能向国有企业征收所得税"理论的禁锢，税制在现实生活中不断被简化，在1973年，工商税制仅剩7个税种，税收增幅十分缓慢，全年全国税收收入共有348.95亿元，较1950年（48.98亿元）增幅尚不足10倍。从国家财政收入组成来看，1954—1979年，税收收入和（国有）企业收入比重都在40%以上，但企业收入高于税收收入——企业收入占财政总收入的比重平均达到51.44%，税收收入在财政收入中的比重平均不到50%。[①] 因此，在改革开放前，税收并不是国家财政收入的基本来源。

　　计划经济体制下，国企上缴利润，而不纳税，这显然与增强国有企业自主经营权的改革目标格格不入。构建社会主义市场经济体制，对税制的改革首先就落脚于如何降低国有企业收入在国家财政收入中的比重。

　　从1980年开始，中国开始"利改税"。所谓利改税即是指将国有企业财政缴款中的上缴利润改为缴纳税款，税后余利由企业自行支配。全国人大常委会和国务院颁布或批转的一系列规定和办法指导和决定着利改税的试点与推广。全国400多个工业企业成为以税代利的试点，到该年年底，企业收入在财政收入中的比重开始迅速下降。1981年利改税的试点范围进一步扩大。1983年4月，国务院批准了财政部《关于国

[①] 白彦锋：《对中国税收收入增长的理性认识》，载于《经济与管理》，2007年第4期，第5页。

营企业利改税试行办法》,决定在全国范围内实行税利并存的制度,对有盈利的国营企业征收所得税,即把企业过去上缴的利润大部分改为用所得税的形式。1984 年 9 月,国务院批转了财政部《关于在国营企业推行利改税第二步改革的报告的通知》,制定了产品税、增值税、盐税、营业税、资源税、国有企业所得税等六个税收条例(草案)、《国营企业调节税征收办法》,以及城市维护建设税、房产税、土地使用税、车船使用税等四个地方税条例(草案),对原来的税种、税率进行了调整,将国营企业原来上缴国家的财政收入改为分别按 11 个税种向国家缴税,国有企业从"税利并存"逐步过渡到完全的"以税代利",税后利润归企业安排。[①] 自此,企业收入在财政收入中的比重逐年下降,财政收入结构逐步摆脱计划经济的束缚,税收收入与企业收入并重的格局也逐步转变为以税收收入为主。1985 年,企业收入在财政收入中的比重下降到了 1.74%,变成了微不足道的收入形式。1990 年,税收收入占财政收入的比重在 91%以上。从 1994 年开始,税收成为中国最基本、最主要的收入形式。

二、经济法与税收差别待遇

在税收领域,不论是工与农、公与私、内企与外企、东部与西部之间都合法地、广泛地存在差别待遇,这种差别待遇的建立与废除都是源于相关税收法律制度的规定。

(一) 经济法与税收差别待遇的建立

1. 企业间税收差别待遇

首先,内资企业享有不同的所得税待遇。1984 年颁布的《中华人民共和国国营企业所得税条例(草案)》规定国有企业以每一纳税年度的收入总额(包括营业外收入)减除成本、费用、国家允许在所得税前

[①] 王丙乾:《关于国营企业实行利改税和改革工商税制的说明》,http://www.rednet.cn,访问日期: 2008-10-08。

列支的税金和营业外支出后的余额作为应纳税所得额。其中大中型企业适用55%的固定比例税率。小型企业、饮食服务企业等适用八级超额累进所得税税率。1985年颁布的《中华人民共和国集体企业所得税暂行条例》(以下简称《集体企业所得税暂行条例》)规定集体企业以每一纳税年度的收入总额减除成本、费用、国家允许在所得税前列支的税金和营业外支出后的余额为应纳税所得额,适用八级超额累进所得税税率。1988年颁布的《中华人民共和国私营企业所得税暂行条例》规定私营企业以每一纳税年度的收入总额,减除成本、费用、国家允许在所得税前列支的税金和营业外支出后的余额为纳税所得额。私营企业所得税依照35%的税率计算征收。小型国有企业和集体企业均依据全年所得额级数适用10%～55%不等的八级超额累进所得税税率,但私营企业则不论全年所得额多寡,一概适用35%的税率。在现实生活中,国有企业往往能想方设法从政府那里获得低税负,或各种减税的机会。在1985年,国有企业税收负担率为22.4%,到1995年下降到10.7%。在1994年税制改革期间,将1984年颁布的《中华人民共和国国营企业所得税条例(草案)》和1985年颁布的《集体企业所得税暂行条例》合并为《企业所得税暂行条例》,取消原来分别设置的国有企业所得税、国有企业调节税、集体企业所得税和私营企业所得税,对内资企业实行统一的企业所得税,同时,国有企业不再执行企业承包上缴所得税的包干制。内资企业所得税得到了统一,但是,外资企业和内资企业却长期实行不同的所得税制。

其次,外商投资企业享受超国民税收待遇。1980年颁布的《中华人民共和国中外合资经营企业所得税法》(以下简称《中外合资经营企业所得税法》)规定合营企业以每一纳税年度的收入总额,减除成本、费用以及损失后的余额为应纳税的所得额,合营企业的所得税税率为30%。1981年颁布的《中华人民共和国外国企业所得税法》(以下简称《外国企业所得税法》)规定外国企业以每一纳税年度的收入总额,减除成本、费用以及损失后的余额,为应纳税的所得额,按从20%到40%不等的超额累进税率缴纳所得税。尽管1991年第七届全国人民代表大会第四次会议将《中外合资经营企业所得税法》与《外国企业所得税法》合并为《外商投资企业和外国企业所得税法》,规定中外合资经营企业、中外合作经营企业和外资企业按 30% 的税率缴纳企业所得税，按 3% 的税率缴纳地方所得税，完成了外资企业所得税的统一，但事实上，尽管外商投资企业应缴所得税的名义税率与内资企业相同，但外资企业享有的税收远比内资企业优惠。因为对于外商投资企业，在征收企业所得税时均实行"税率从低、优惠从宽、手续从简"的政策，但对内资企业在征缴所得税时，实行税前扣除限制，以体现"国家拿大头，集体拿中头，个人拿小头"的国民收入分配指导思想。因此，由于内资企业计算应缴所得税额的时候扣除标准限制严格，导致内资企业所得税的实际缴税税率高于外资企业，外资企业在同等条件下比内资企业少纳税。

税收差别待遇不仅体现在对不同所有制的企业予以不同的税收待遇上，在地区、行业上也存在明显的差别立法。

2. 行业间税收差别待遇

中华人民共和国成立后，为保证国家政权稳定和推进工业化建设，农业税在相当长时期内一直是国家财政的重要来源。1952 年农业增加值占国内生产总值的 50.5%，提供的农业税收 25.5 亿元，占财政收入的 13.8%。1958 年 6 月出台的《农业税条例》，对农业税的征收对象、标准、税率、优惠政策等作了规定。1978 年农业增加值占国内生产总值的 28.1%，提供农业税收 31.65 亿元，占当年财政收入的 2.7%。改革开放后，农业税仍是重要的税收来源。在 2002 年，农业增加值占国内生产总值的 15.4%，提供各种农业税收 717.85 亿元，占当年财政收入的 4%。据有人保守地计算，1952—1978 年，农民通过"剪刀差"方式为工业化提供的农业剩余量为 3340 亿元，年均 128 亿元。从 1979 年至 1990 年，剪刀差的总量为 5368 亿元，年均 447 亿元，按当时乡村人口数算，人均 49.89 元。① 工业与农业之间的税收待遇是一种隐形的差别待遇，单纯从税率上进行比较是不行的，因为改革开放以来一直未适时对农业税收法律制度进行修止。而《农业税条例》在客观上显然与改革中的农村经济状况不符，无法可依的情况在农业税问题上相当突出。

---

① 国风：《农村税赋与农民负担》，北京：经济日报出版社，2003 年版，第 127 页。

这种既无实体强制，又缺乏程序约束的状况必然导致在农村长期出现税收名轻实重，税少费多的现象。如单从费的名目看，有乡统筹（包括计划生育费、优抚费、教育费、附加道路建设费、农村卫生费）、村提留（包括公益金、公积金、管理费）以及其他收费（包括行政事业性收费、中介服务费、其他集资）等。

3. 地区间税收差别待遇

改革开放前，税收在地区之间即采用地区差别比例税率。如农业税征收，按《农业税条例》规定，全国平均税率为常年产量的 15.5%；各省、自治区、直辖市的平均税率，由国务院根据全国平均税率，结合各地区的不同经济情况，分别加以规定。从实践看，黑龙江最高，为 19%，新疆最低，为 13%。改革开放后，地区税收差别制集中体现在赋予东部发达地区更大、更多的税收管理权限和优惠。如 1985 年财政部发布《关于深圳经济特区内资企业征税问题的暂行规定》，赋予深圳特区人民政府有自行确定产品税、增值税的征、免、减的权力，有决定各种地方税的税率、税额的确定和调整，及其开征、停征的时间的权力。

随着市场化改革的深入，不论是城市还是农村，不论是内资还是外资，都产生了取消差别待遇、统一税制的需求。

（二）经济法与税收差别待遇的废除

1. 所得税双轨格局的终结

进入 21 世纪后，双轨制的企业所得税格局严重影响了经济转型的深化，要求统一企业所得税法的呼声越来越高。2007 年 3 月 16 日，第十届全国人大五次会议审议通过了《中华人民共和国企业所得税法》，这是中国税制改革中的一件大事，是适应经济转型的一项制度创新，是中国经济制度走向成熟的重要标志，在中国税制改革中具有里程碑意义。随着 2008 年 1 月 1 日该法的正式实施，中国结束了企业所得税法律制度对内外资分立的局面，开始逐步建立起一个规范、统一、公平、透明的企业所得税法律制度。此外，已于 2007 年 1 月 1 日实施的《中华人民共和国城镇土地使用税暂行条例》，将外商投资企业和外国企业也纳入了城镇土地使用税的纳税人范围，此也体现了取消税收差别待遇，实现税收平等的改革目标。

2. 农业税实质性重税的完结

2000年3月2日国务院发出《关于进行农村税费改革试点工作的通知》，决定在安徽进行农村税费改革试点。2002年试点省扩大到16个省自治区、直辖市。2004年中央首次明确提出在全国范围五年内取消农业税，并将黑龙江、吉林两省作为开展全部免征农业税的试点省，同时还取消了除烟叶以外的农业特产税。2005年12月29日，第十届全国人大常委会表决决定，《农业税条例》自2006年1月1日起废止，在农村税收法律制度上贯彻"多予少取放活"的方针，对农民实行免税，增大对农业、农民的直接补贴。2005年，全国免征农业税的省份已有28个，到了2006年，国家全面取消农业税，农业特产税彻底取消。与农村税费改革前的1999年相比，农民每年减负总额超过1000亿元，人均减负120元左右。[①] 全面取消农业税是农村税费改革取得明显成效的标志性事件，这标志着国家与农民的传统分配关系发生了根本性变革，彻底结束了农业是"经济剩余""原始资本积累"主要提供者的历史，并为"以工促农、以城带乡"、缩小城乡差距创造了条件。

3. 东西部差别税制的打破

税收改革中广泛存在的差别待遇不仅体现在不同的经济主体享有不同的税收待遇上，地区与地区之间也存在较大的差别。2000年，国务院颁布《关于实施西部大开发若干政策措施的通知》，规定从增加资金投入、改善投资环境、扩大对内对外开放、引进人才及发展科技教育等方面加大对西部地区的扶持。东、西部制度上的差别待遇开始"逆向"发展，从改革初期给予沿海地区税收优惠逐步转变为对内地欠发达地区给予税收优惠待遇。2002年所得税分享制改革的一项重要内容即是缩

[①] 金人庆：《履行公共财政作用支持新农村建设》，http://news.xinhuanet.com/politics/2006-03/03/content_4250536.htm，访问日期：2006-03-08。

小地区间的发展差距，将中央因改革所得税收入分享办法增加的收入全部用于对地方主要是中西部地区的一般性转移支付，并出台了《2002年一般性转移支付办法》，规范中央对中西部等地区的转移支付行为。2002—2005年，中央因所得税收入分享改革集中增量2274亿元，已经全部通过规范的办法用于地方主要是中西部地区的一般性转移支付。[①]

三、小　结

现代化税收体制的构建，税法不可或缺，正由于税收法律、行政法规及部门规章对各次税收改革提供了强大的支持，作为最基本的财政收入来源，税收制度从实体上和程序上都得到了长足发展，基本上实现了一税一法，每个税种都有一部法律或行政法规予以规范，建立起相对比较完善的税制体系，但从目前的税收法律制度看，仍存在很大的不足。

从现有税收法律制度看，目前，中国不仅没有税法通则或税收基本法，而且除了《中华人民共和国税收征收管理法》《中华人民共和国个人所得税法》《中华人民共和国企业所得税法》三部法律外，其他关于税收的法律制度要不以"条例"或"暂行条例"命名，要不以"办法"或"暂行办法"命名。而且在现行的18个税种中，仅有个人所得税和企业所得税2个税种有税法，增值税、营业税、消费税等税种均只有"暂行条例"。甚至外商投资企业和外国企业所缴纳的车船使用税、房地产税仍实行20世纪50年代所颁布的条例。"由于财税立法级次不高，已经出台的大量行政性法规的法律效力较低，影响到财税部门的严格执法及其执法效果，导致税法的执行弹性过大和刚性不足。"[②] 这种法律格局不仅由于立法层次低而限制了法律对税收领域的调整与规范，更为不利的是，这些国务院规章在立法程序上深深地印上了部门立法的印记，造成了在税收领域广泛被遵守的不是经济法律，而是经济法规或规章或文件或意见，以至于在执法上程序性和实体性约束都不足，政府执

---

① 佚名：《"十五"所得税收入分享改革不断推进》，http://www.china.com.cn/chinese/zhuanti/sw/1087243.htm，访问日期：2006-01-09。

② 孟庆瑜等：《我国经济法的理论实践与创新》，北京：中国人民大学出版社，2006年版，第289页。

法随意性较大,既存在权力寻租下的"协商"征纳税,又有貌似合法的减、缓、免税。

第六节 经济法与政府职能改革

西方学者普遍认为经济转型是指整体性的制度结构的更替,以及在这种更替过程中一系列相互联系、相互制约的制度安排的变迁,社会主义国家必须在进行经济转型的同时完成宪政转轨。[①] 现在,中国社会主义市场经济体制已初步建立[②],尽管没有以完成宪政转轨为前提,但政治体制在经济转型过程中发生了重大变革,尤其是政府职能。政府主导型的经济转型并没有使中国政府干预经济的行政手段泛滥。经济立法工作自改革之初即得到重视,尽管不少经济法是以政府政策施行良好为先导的,但这些法律施行后显性或隐性地对政府干预经济的行为和程序产生约束和规范。再加上市场培育后所产生的监督作用以及民众法律意识的提高,政府在主导、推动经济转型的同时也主动或被动、自觉或不自觉地进行着职能转型。

一、经济转型与政治体制改革

政治模式的内涵通常包括两个层次:一是决定一个国家的国体和政体的基本政治关系和基本政治制度,二是这个国家的政治运作和政治行为的若干具体机制、方法和程序等。模式的选择就是要对政治制度和政治体制两个层次进行选择。[③] 萨克斯等人认为,经济转型的内容包括经济体制变革、政治制度变革、基本经济制度变革和基本政治制度变革几项,并指出经济转轨的核心是宪政规则的大规模改革,只有完成宪政转

[①] 程伟等:《经济全球化与经济转轨互动研究》,北京:商务印书馆,2005年版,第38页。
[②] 胡锦涛:《高举中国特色社会主义伟大旗帜,为夺取全面建设小康社会新胜利而奋斗》,见《中国共产党第十七次全国代表大会文件汇编》,北京:人民出版社,2007年版,第13~14页。
[③] 宋萌荣等:《开创人类新文明的伟大实验——二十世纪社会主义发展的历史经验》,北京:人民出版社,2000年版,第425页。

轨，才能说是一种真正的转型。这是一种政治转轨决定经济转型的理论，东欧和俄罗斯的经济转型就是在此理论的直接指导下完成的，而中国经济转型实践彻底颠覆了该理论。

（一）政治体制改革不等于宪政转轨

西方经济学家所主张的宪政改革实际上是主张对社会基本政治制度予以变革。具体而言，即把社会主义国家人民民主专政的政治制度民主化，建立西方资本主义民主制度。中国经济转型的实践证明，计划经济体制向市场经济体制转变并不以政治制度的根本性变革为前提。

政治体制改革在经济转型中是不可避免的，因为经济转型要求改变计划经济体制下政府直接参与经济生产、经营企业、用行政命令管理经济、权力高度集中的状况，从行政命令控制向经济、法律手段间接控制转变就需要改变政府的职能安排、机构配置以及规则机制等，政治体制是必然要发生变化的，但政治体制的改革并不等于基本政治制度的改变。"实行计划体制的社会主义国家向市场体制的变革实践划分为两大类型：一类是由'有限的经济变化、严格限制的政治变革'为特征的市场改革，是有意设计（有组织）、渐进主义的；一类是由'经济、政治发生根本性变化'为特征的向市场转轨，是合乎规范的、以偶然所为（无序的）实现自由化和宏观经济稳定的。"[1] 不同的经济体制可以和不同的国家和政体即不同的宪法秩序相结合，如资本主义可以和市场体制相结合，也可以和某种程度的计划经济体制相结合（如德国法西斯的中央计划经济体制和印度的中央计划经济体制等）；而社会主义既可以搞计划经济体制（如目前的朝鲜、古巴的社会主义计划经济体制），也可以搞市场经济体制（如中国和越南目前所实施的社会主义市场经济体制）。另外韩国、新加坡和中国台湾在经济起飞和经济快速发展阶段，也是独裁的政体，也不是西方学者所倡导的典型的政治民主和市场经济体制相结合的理想范例。[2] 是故，宪政转轨并不是政治体制改革的同义词。

---

[1] ［波兰］格泽戈尔兹·W.科勒德克：《从休克到治疗：后社会主义转轨的政治经济》，刘晓勇、应春子等译，上海：上海远东出版社，2000年版，第55页。

[2] 靳涛：《经济体制转型中的演进与理性》，厦门：厦门大学出版社，2005年版，第3页。

(二) 经济转型必然触动政治体制改革

经济转型是指从计划经济体制向市场经济体制转变的过程，其间经济体制改革是题中应有之义，而政治体制改革是伴生之果。经济领域的变革必然会触及政治领域的机制、规则，产生进行政治体制改革的需求；而政治领域的改革又会对经济体制改革产生促进或阻碍作用。从此层面讲，在经济转型中，既有经济体制改革，也有政治体制改革，但政治体制的变革不等于社会基本政治制度的改革，即不等于宪政改革。中国的经济转型带动、驱动政治领域的改革，但并不意味着经济转型的成功必须以宪政改革为前提，更未表明社会主义国家从计划经济转型到市场经济，必须要在政治制度上建立西方民主政治制度才能成功。不过，一个国家的宪法秩序和经济体制之间客观存在紧密联系，经济体制在变革的过程中不可避免地会对宪法秩序及法律制度产生重大影响。在经济转型中，中国适时对宪法的修正即是对转型成果的确认和对转型深化的指引，政府基本机构、主要职能、权力配置等在经济转型过程中也随之发生了重大变革。

党的十一届三中全会指出："改革同生产力迅速发展不相适应的生产关系和上层建筑。"这里没有用经济体制改革和政治体制改革，但实质是改革"生产关系"就是经济体制改革，改革"上层建筑"就是政治体制改革。可见，中国在指导思想上是经济体制改革和政治体制改革同步或同时进行。如果说经济体制改革在于求发展的话，那么政治体制改革就是以稳定为宗旨。经济体制改革是从计划经济体制向市场经济体制转变，"由一大二公三纯"的所有制结构转向多种所有制的混合结构；政治体制改革则在于由高度集权的政治框架转向社会主义民主政治，根本改变权力没有监督和制约的体制，建立起权力制衡的机制，由人治转向法治。中国的经济体制改革和政治体制改革正是依照如上原则和标准进行的。

(三) 经济转型与政府职能改革

社会主义计划经济只有计划没有市场，社会主义市场经济既要市场，也要计划，因此，在由社会主义计划经济向社会主义市场经济转型的过程中,要使政府在计划经济下的计划与在市场经济下的计划有实质性的不同,就需要转变政府的管理职能和完善政府的宏观调控机制。经济法虽不以政府职能的转变为调整对象,但经济法在客观上迫使或促使政府转变职能。

二、经济法与政府结构变革

政府的机构设置、名称、数量等都能很直观地反映出中国政府在经济转型过程中所进行的变革。

（一）对经济转型的最直观回应——计划委员会发展脉络

中华人民共和国成立后不久,在 1952 年 11 月即成立了中华人民共和国国家计划委员会,以规划和制定经济发展各个领域的目标。到了 1954 年,上到中央部门、各大行政区,中到各省、市、自治区及省属市、县人民政府,下到各基层企业单位都建立了计划委员会。计划委员会的工作职责就是对工业、农业从生产、流通到分配等各个环节作出计划,要求企业不折不扣地按照计划委员会所下达的计划进行生产和管理,要求农民遵守计划委员会对农产品从种植品种到数量到收购的全程化的安排,企业和农民都不得擅自改变计划或违反计划。计划经济体制下政府的经济管理职能集中体现于计划委员会的运行过程。1992 年,中国明确以构建社会主义市场经济为经济转型的目标,并在实践中逐步释放政府干预经济的权力,腾让出政府掌控的经济领域,但对政府机构设置真正按照市场经济体制的需求而进行大规模改革直到 1998 年才进行。国家计划委员会在 1998 年更名为国家发展计划委员会,减少了一些职能,增加了一些职能,也转变了一些职能,计划的色彩淡了,尊重市场、谋划发展的意味浓了。2003 年,国家发展计划委员会改组为国家发展和改革委员会,对职能作了局部调整,定义由"负责研究提出国民经济和社会发展战略、规划、总量平衡、结构调整的宏观调控部门"演化为"综合研究拟订经济和社会发展政策,进行总量平衡,指导总体经济体制改革的宏观调控部门"。[1]

(二) 对经济法的深层回应——第四部门的生成与发展

中国经济转型进行到 21 世纪，在电力、证券等部门陆续出现了集立法、司法与行政权力于一身的国家机关，从权力享有看，这些机关与西方国家的第四部门非常类似。中国第四部门的产生、发展均得到了相应的经济法的支持和保障（见表3—1）。

《证券法》第十章对证券监督管理机构作了专章规定，指出证券监督管理委员会的职责是依法对证券市场实行监督管理，维护证券市场秩序，保障证券市场合法运行。有制定有关规章、规则的立法权；有行使审批或者核准、对证券的发行、交易、登记、托管、结算，进行监督管理等行政管理权；有对违反证券市场监督管理法律、行政法规的行为进行查处的执法权。国有资产监督管理委员会（简称国资委）尽管没有国有资产管理法与之对应，但2003年制定的《企业国有资产监督管理暂行条例》以及次年公布的《企业国有产权转让管理办法》对国资委的职责作了规定，将以往分散由财政部、国有资产管理局、大型企业工作委员会、经济贸易委员会、计划委员会等部门对国有企业、国有资产的管理权力统一收归国资委，终结了此前长期存在的"九龙治水"格局。

表3—1　中国第四部门的产生依据和职能

单行经济法律法规				第四部门		
名称	颁布时间（年、月）	实施时间（年、月）	修正时间（年、月）	名称	设立时间（年）	职能
商业银行法	1995.05	1995.07	2004.02	中国银行业监督管理委员会	2003	制定并发布规章、规则，对有违法经营、经营管理不善等情形银行业金融机构予以撤销等
人民银行法	1995.03	1995.03	2004.02	^	^	^

---

[1] 参考国务院办公厅《关于印发国家计划委员会职能配置、内设机构和人员编制方案的通知》、国务院办公厅《关于印发国家发展计划委员会职能配置内设机构和人员编制规定的通知》、国务院办公厅《关于印发国家发展和改革委员会主要职责内设机构和人员编制规定的通知》。

续表 3-1

单行经济法律法规				第四部门		
名称	颁布时间（年、月）	实施时间（年、月）	修正时间（年、月）	名称	设立时间（年）	职能
证券法	1998.12	1999.07	2005.10	中国证券监督管理委员会	2003	起草证券期货有关法律、法规，制定规章，依法对证券期货违法违规行为进行调查、处罚，按规定对证券期货监管机构实行垂直领导等
保险法	1995.06	1995.10	2003.01	中国保险监督管理委员会		起草保险业的法律、法规及制定规章，依法对保险机构及其从业人员的违法、违规行为以及非保险机构经营或变相经营保险业务进行调查、处罚，对派出机构实行垂直领导等
企业国有资产监督管理暂行条例	2003.05	2003.05		国务院国有资产监督管理委员会	2003	起草国有资产管理的法律、行政法规，制定有关规章，依法对地方国有资产管理进行指导和监督等
电力法	1995.12	1996.04		国家电力监管委员会		研究提出电力监管法律法规的制定或修改建议，制定电力监管规章，制定电力市场运行规则，处理电力市场纠纷等

按照行业领域来确定监督管理委员会的设置，难免出现"监管机构之间横向和纵向监管权的不合理重叠和交叉"，从而由于"过多的狭窄型的专业监管机构"，不仅造成权力的冲突，而且也是对国家管理成本的巨大耗费，因此应"尽量采用综合性监管结构，比如设立综合性的金融（包括银行、保险、证券）、交通（包括铁路、公路与水运）、民航、能源、通信（包括广电与电信）等监管委员会，对相关领域统一进行监管。同时对于分散在其他综合政策部门的监管权，应该进行清理和回收，迅速解决多头执法问题，保证监管机构监管权的统一"[①]。目前，中国正努力向此目标迈进。例如，原有的金融业分业经营的政策逐步放松，2005年《证券法》修改后，正式允许保险资金进入证券市场。

---

① 盛学军：《监管失灵与市场监管权的重构》，载于《现代法学》，2006年第1期，第41页。

尽管中国第四部门的生产、运行都有相应的经济法提供合法性、正当性支撑,但仍有诸多因素致其功能难以到位。从机构归属看,银行业监督管理委员会、证券监督管理委员会、保险监督管理委员会、国家电力监管委员会等属于国务院直属事业单位,而国有资产监督管理委员会是国务院直属特设机构。从权力的授权与监督看,不论是金融业的银行监督管理委员会、证券监督管理委员会、保险监督管理委员会,还是国有资产监督管理委员会,法律赋予它们监督、管理相关领域以及执行相关规章、制度的权力,但却缺乏对这些机构所享有的行业监管权、规章制定权进行规范和控制的制度设计和安排。从与政府的关系看,这些监管机构与政府的关系可谓是若即若离,人、财、物等方面仍受惠于政府,政府的身影在这些监管机构中也就时隐时现,因此,这些机构往往成为政府的延伸,难以真正起到第四部门的功能。

三、经济法与政府权力配置

西方社会自"近代以来,对于行政权的控制始终是法治理想的应有之义。尤其是在现代社会,随着行政权力的扩张,更需要对其加强控制。而控制手段除行政系统内部性控制、行政行为方式的沟通性控制、社会舆论控制等手段之外,主要还是采取法律对权力进行控制的方式,如以程序法规范设定行政行为的程序,以行政复议和行政诉讼作为对违法的具体行政行为的救济,以人大的立法监督和法院的司法审查作为对违法的抽象行政行为的救济。这些控权法律手段在本质上都是程序性的"[1]。中国在经济转型之初,对政府所拥有的强大的经济权力国家所持有的态度并非是控制,而在于分权,集中体现在国家从企业经营者身份中解脱出来,政府将其拥有的经营权分离出来,完全交给企业,即所谓政企分离。随着经济转型的推进,政府权力的释放更为广泛和深入,万能政府日益有限化,其将手中所经营的企业、所管理的经济问题、所掌控的资源、所享有的利益分步骤、分秩序、分时机地一一释放出来,有的转移到经济个体手中,有的转移到民间组织手中,有的转移到新生

---

[1] 黄茂钦:《经济法现代性研究》,西南政法大学博士学位论文,2004年,第21页。

组织手中，有的进入法院的管辖范围中。

(一) 政府与政府之间的权力配置

政府内部如何分配权力、界定职责，本应是行政法律法规的使命，但特殊的经济转型背景使得经济法律法规在一定范围内担当此责任。

1. 财政分权等法律制度和中央政府与地方政府间的权力配置

按照计划经济学说，政府即是一个整体，无所谓中央与地方，地方的利益也就是中央的利益，地方政府只是中央政府的四肢，听命于中央政府这个大脑的指挥和控制，决策的权力在中央政府，实施的义务则在地方政府，这种权力高度集中的政治经济体制随着经济体制改革的启动而逐渐松动。"哪些决策应当由中央政府做出？哪些则由下级政府做出？大的国家总是有这个问题，当政府的经济活动变得更重要的时候，这个问题就更重要了。"[1] 市场化改革正式开始前，中央政府就开始调整其与地方政府之间权力的分配情况，但由于当时所进行的几次"放权"都是通过减少中央政府统一分配的物资种类，以及将一些中央所属企业下放给地方政府等单一的、单向的、个别的权力让渡，而且"企业下放给地方，但中央仍保留着对这些企业的绝大部分的收益索取权"[2]，因此，地方政府并没有从这些分权改革中获得真正的、实质性的权力。随着市场机制的逐步引入和深入，政府内部权力分化的需求日益迫切，政府权力从高度集中走向分散是经济转型之必然，财政体制的变革即是中央政府分权于地方政府的集中体现，财政法律制度也就无形中起到了调整中央政府与地方政府权力配置的功能。1995 年修正的《税收征收管理法》对各地征税权的内容和程序作了明确规定，中央政府在约束自身的同时也实现了对地方政府的约束。再者，《反不正当竞争法》规定"政府及其所属部门不得滥用行政权力，限定他人购买其指定的经营者的商品，限制其他经营者正当的经营活动。政府及其部门不得滥用行政权力，限

---

[1] [美] 劳·雷诺兹：《比较经济制度》，见《现代国外经济学论文集》第 9 辑，北京：商务印书馆，1986 年版，第 25 页。
[2] 张军、漫长：《中央与地方的关系：一个演进的理论》，载于《学习与探索》，1996 年第 3 期，第 5 页。

制外地商品进入本地市场，或者本地商品流向外地市场"，这直接打击了地方政府借财政包干制改革所激发的为增强本地经济实力，而不惜动用各方行政力量，采取各种行政手段，进行区域封锁、贸易壁垒、技术限制等不当行为。当然，这些规制和约束政府权力的条文在经济法律制度中尚不多，且因实施机制的匮乏而实施效果非常有限。

2. 转移支付法等经济法律制度和地方政府间权力的配置

地方政府与地方政府之间权力的配置也同样在经济转型中得到重视。计划经济下的地方与地方没有强与弱、贫与寡的区分，行政等级相同则各项权力和待遇同等，改革开放的启动是试点，而不是全面推开，因此，地方政府与地方政府之间权力的差异自改革开放之初即埋下了伏笔。凡是作为试点的地方，其相应的地方政府就会被赋予较其他地方更多的权力，最明显的例子不外乎经济特区。

经济特区因中央政府在放权过程中的"差别政策"而较其他一般地区有多得多的权力和自主空间，如财政自主权、投资决策权以及贸易政策制定权等。地方政府是中层经济主体，其所代表的是局部利益，是某个地区的共同利益，而不是国家整体利益、社会公共利益，因此，享有更多经济权力的地方政府在马太效应的激励下将不断扩张权力，在拉大与其他地区经济差距的同时，往往难免冲破或无视中央政府的命令和决策。经济特区与非经济特区的财力、城市建设、居民福利等各方面在经济转型中的差距越来越大，以至于损害了资源配置的自由性和合理性，也危及社会稳定。21世纪初国家应急性地出台了一系列在于缩小地区间差异的法规和规章，如《2008年中央对地方一般性转移支付办法》《关于实施西部大开发若干政策措施的通知》《关于促进中部地区崛起的若干意见》《关于促进东北老工业基地进一步扩大对外开放的实施意见》等，这些规定尽管层次低、效力弱，但对于挽回改革前期因地方政府权力配置不当所造成的失衡状况还是起到了积极作用。

当然，中央政府在释放权力给地方政府的过程中，还普遍存在事权、财权划分不清的问题。所谓事权是指各级政府基于其自身的地位和职能所享有的提供公共物品、管理公共事务的权力。财权是各级政府所享有的组织财政收入、安排财政支出的权力。[①] 目前，中央政府与地方政府之间的财权、事权仍没有明确的法规、规章可遵守，在事权和财政收支范围的划分上因事、因时、因地进行不同标准划分的情况仍很突出。中央政府与地方政府之间、地方各级政府之间权力的配置离法律化、法治化尚有很长距离。

（二）政府与企业之间的权力配置

企业作为市场的主要经济组织形式，其经济自主权的有无、多寡直接影响着市场机制能否有效建立和运行。计划经济体制下有企业之形，而无企业之实；冠以企业之名的组织是政府的延伸，是"单位"的一种，不是单纯的经济组织，而是政治、经济、行政等多种功能的混合体，经济转型的重要任务之一就是把企业改造成具有独立经济地位和相应经济权力的市场主体。因此，在经济转型过程中，政府需要将本应属于企业的权力还给企业，这在国有企业改革中尤为突出；政府需要将应属于企业的权利配置给企业，这在非公有制经济的发展中表现明显。因经济转型的阶段不同，政府与企业间权力配置呈现如下三个层次，各层次逐步递进。

1.《全民所有制工业企业法》等与政府放权让利

党的十二届三中全会指出要"实行政企职责分开，使企业成为自主经营、自负盈亏的社会主义商品生产者和商品经营者"，要"简政放权、政企分工"。由此，中国正式开始对政府与企业之间经济权力配置问题进行调整，政府在很长一段时间里集中通过各种政策和措施增强企业的自主权。《国营工业企业暂行条例》（1983）和《全民所有制工业企业法》（1988）均以立法的形式明确规定了企业应当拥有从物资选购权到生产经济计划权、劳动人事权等十余项自主权，并对国有企业实行旨在扩大企业自主权的承包经营形式。但到了1994年，"有53.7%的股份制企业只认为其经营机制发生了很大变化而不是根本性变化，有40%

[①] 佚名：《中国财政转移支付立法探讨》，http://www.kejianhome.com/lunwen/436/495/118677.html，访问日期：2007-12-05。

的股份制企业高级管理人员产生方面仍要受到'主管部门'的不正常'关怀'"①，政府在释放权力使权力回归企业的同时，不能仅是单纯地给予权力，而不对权力的运行制定出适当的、合理的规则。

2.《公司法》等与政企分离

党的十四大在明确经济转型的目标是建立社会主义市场经济体制的同时，指出要"理顺产权关系，实行政企分开，落实企业自主权，使企业真正成为自主经营、自负盈亏、自我发展、自我约束的法人主体和市场竞争的主体"。

1994年7月开始施行的《公司法》不再单纯地停留在释放政府权力的层面，而对企业的组织形式、设立条件和程序、内部治理结构与规则、外部筹资及合作、公司的破产与清算等多方面进行了规范，并在赋予企业大量权利的同时，规定企业应承担相应的义务及法律责任。政企关系改革从政府释放经济权力、给予企业自主权的阶段演进为政府规范权力、提高企业自主能力的阶段。

此外，政府在住房、劳资、医疗等方面的改革也促使国有企业从经济组织、政治组织、社会单位三位一体的身份和地位转变为具有一定社会责任的经济主体，企业非经济功能的去除非常有利于减少政府对企业的直接干预和不当介入，从而使得政府与企业之间的关系符合市场机制对二者之间经济权力配置的要求。

3.《反垄断法》等与政企分立

建立现代企业制度，其中一项重要内容即是如何实现政企分开。计划经济体制下，企业是政府的附属物，经济转型中，要使企业真正成为独立自主的市场主体，一方面要加大企业自主权、自决权的设定与保护；另一方面要改变政府的职能定位和角色功能，尤其对政府的权力和行为需在法律上予以有效限制和约束。《反不正当竞争法》虽然对行政垄断作了规定，约束了政府干预企业的权力，但范围较窄，仅是对"政

---

① 袁峰：《制度变迁与稳定——中国经济转型中稳定问题的制度对策研究》，上海：复旦大学出版社，1999年版，第115页。

府及其所属部门不得滥用行政权力,限定他人购买其指定的经营者的商品,限制其他经营者正当的经营活动。政府及其所属部门不得滥用行政权力,限制外地商品进入本地市场,或者本地商品流向外地市场"的行为作出禁止性规定,对于违反该规定的法律责任,《反不正当竞争法》未提供有效的制裁方式。《反垄断法》辟专章对"滥用行政权力排除、限制竞争"作了规定。虽自 2008 年 8 月 1 日实施以来,鲜有起诉到法院的反垄断案件,法院正式立案的更是屈指可数,但《反垄断法》对行政垄断规定的本身就足以表明政府与企业间的权力配置不再限于政企不分,也不再是表象上的分离,而是步入权力分立阶段。

在构建社会主义市场经济体制的过程中,政府转型是经济转型的必然需求,合理配置权力是政府转型的必备内容。不论是政府之间权力的分配,还是政府与企业等经济主体之间经济权力的配置,单纯依靠行政性命令和措施是难以奏效的,制定不符合市场化需求的法律制度也是不行的,政府之间、政府与企业之间经济权力的均衡性配置需要增强和改进经济法的立法和执法来予以保障和维持。

(三)经济法对政府权力的约束与规制

计划经济是审批经济,30 多年的计划经济体制更是进一步强化了国家理念,政府成为全能型政府,经济转型必须解决的问题之一即是经济领域权力规则的变革——从政府(中央政府)一手把持过渡为各级政府和各种经济主体共同享有,这个过程的进度、广度与深度在前期基本是依赖于中央政府的自决,在经济转型达到一定深度后,这种单向的、单方决定的权力配置才会成为双方、各方博弈的事项。

中国政府的权力在经济转型过程中逐步实现由大到小,由宽泛到专业,由无序到有序,由随意到程序约束,由法定到授权。

1. 对立法权的规制

在中华人民共和国成立初期,中国政府的权力是最大的,其不仅是最高行政机关,同时也担负着立法和准司法的权力。在宪法制定后,有了专门的立法机关和司法机关,政府的职能仅仅是为行政之事务。但因经济体制因袭苏联高度集中的计划经济,从而政府还担负着企业、商家等之权利和义务，不论是从事生产的某厂，还是负责分配、流通的某供销社，都是政府的延展，这些"手"和"脚"都听命于"大脑"的指挥和控制。所以，计划经济下的政府权力是巨大的，权能是广泛的。

在经济转型初期，中国经济管理机关逐渐摆脱了经济参与者的身份，但却增加了经济法规立法者的职能。几乎所有的经济法律制度都有国务院或其部委的立法参与，税收制度以及社会保险领域最为突出，而且即便全国人大已经颁布了某法律，但往往会为国务院留下制定实施细则的权力空间，《公司法》在1993年施行，次年即由国务院出台了《中华人民共和国公司登记管理条例》。另外，全国行业性立法也是转型时期经济法律的一大特色，各个公用企业、事业基本上都有本部门的立法，如《中华人民共和国邮政法》《铁路法》《民航法》《电力法》等，除了直接以某法的名义外，行业管理部门颁布的规章制度更是多如星辰，如仅电信行业而言，除了2000年国务院颁布的《中华人民共和国电信条例》、全国人大常委会颁布的《关于维护互联网安全的决定》外，现实生活中广泛存在的规章和规范性文件均是信息产业部颁布的。[①] 政府，不论是中央政府、地方政府，还是政府部门，在经济转型时期不仅享有行政管理权力，而且拥有立法权能，这并不能成为政府权力限缩的反证。政府在计划经济体制下没有被授予行政立法的权力，关键在于当时政府对经济的干预不是通过法律手段，而是通过行政指令和命令，所以，尽管当前政府享有较为广泛的立法权力，但其对经济的干预却是日益规范和有限了，一定程度上可以说政府所制定出台的法律、法规是对政府权力的不断削减。

2. 对行政权的规制

从法律对政府行政行为所设置的控权体制看，主要在于规则制定和程序约束两方面。中国对政府官员权力的控制、行为的约束首先开始于程序的规制，《中华人民共和国行政诉讼法》（以下简称《行政诉讼

[①] 诸如《电信业务经营许可证管理办法》《公用电信网间互联管理规定》《非主导电信企业的固定本地电话网与其他电话网网间互联技术规定》《电信网码号资源管理办法》《电信网间通话费结算办法》《电信服务质量监督抽查规定》《电信服务明码标价规定》《电信服务规范》等，这些专业化的、技术性的部门规章往往成为生活中最有效力的法律。

法》)、《中华人民共和国行政复议法》(以下简称《行政复议法》)、《中华人民共和国国家赔偿法》(以下简称《国家赔偿法》)对政府官员违法行政的后果及责任作了明确规定,同时也为民告官提供了通途。1990年10月《行政诉讼法》开始施行,当年全国法院受理的行政案件就比上年度上升了30.92%,达到13006件。《国家赔偿法》施行当年(1995),全国法院所受理的国家赔偿案件为197件,在1999年就飙升到6788件,增长了33倍多。之后,案件数量略有回落,2003年、2004年都仅有3100多件,这从侧面表明了法律对政府行为在程序上、责任上的约束,在客观上促进了政府行为的法治化改进。1997年修改后的《中华人民共和国刑法》进一步加强了对从事国家公务行为的人员的行为约束和责任追究。《中华人民共和国公务员法》进一步完善了对政府官员违法实施或不当实施行政行为所应承担的法律责任、行政责任的规定。《行政许可法》则加强了对政府官员实施行政行为过程的程序性约束,如要求执法过程中知情、听证、许可、调查等。对政府权力的控制既需要政府官员自觉履行职责,又需要法律对政府官员实施行政行为的过程及结果设置合理的实体规则、程序约束以及责任追究机制,此外,还需要加强政府官员依法行政、为民执法的道德观、伦理观的培育和执行。

四、经济法与政府调控手段

中国政府在非公共产品、公共服务供给领域基本实现了全身而退,完全终结了计划经济体制下的经营者身份,成为经济干预人,但是在公共企业、公共事业领域,政府依旧担负着双重角色:一方面,政府是供应自来水、煤气、电力,承担铁路、航空客货运输,从事邮政和电信业务的民事主体;另一方面,在管理机构的设置和职能上,政府又处于行业管理者的地位,是行政主体。① 这种既是运动员,又是裁判员的地位使得这种特殊的"政府人"始终徘徊、游离于公益性目标和营利性目标

---

① 王晓晔:《规范公用企业的市场行为需要反垄断法》,载于《法学研究》,1997年第5期,第94页。

之间，中国转型过程中形成的部门化立法习惯更是加剧了这种双重角色、双重目标的矛盾和冲突。

(一) 政府调控经济的必要性

经济问题遍及社会各个角落，在立法、行政、司法三项权力中，只有政府的权力能够深入社会各层各地，政府的网络几乎没有死角的存在。解决经济问题所需要的信息往往不是通过一两桩个案就能收集齐备的，法院裁判信息的来源只能是对抗双方当事人所提供的事实和证据，这就使得绝大多数经济法问题都只能由掌握或能够掌握众多信息资源的政府进行处理。经济发展的过程也是各种经济问题频发、新类型问题易生的过程，于是，政府权力不得不大。

在18、19世纪，国家机构间的权力分配是以立法、行政、司法保持三足鼎立为基本准则的，行政行为受到了严格的法律约束。但到了20世纪，"由于向国家干预主义方向的发展，越来越多的法律领域被实质化，结果是，行政部门越来越无法局限于用技术的方式，在摆脱规范问题负担的缺口下来实施普通的和足够确定的规范。依据诸如水质法、空气质量法、消费品安全法、职业安全和卫生法、汽车安全法，或者毒品法等法律，国会要求建立新的行政机构以实现公共安全或者卫生的需要与就业、产品品种和经济活力之间的平衡，在这种情况下，行政部门显然必须做出一些超过任何意义上的技术能力或专业能力的价值选择"[①]。因此，自20世纪，西方国家的政府开始从守夜人式的小政府向大政府转变，政府开始对经济、对市场进行积极的干预。进入21世纪以来，这种趋势并没有得到遏制，尽管在20世纪七八十年代，西方国家适当调整了政府的管理范围和权限，但始终没有放弃政府对经济的干预。在2008年全球性金融危机爆发后，各西方国家又开始大肆通过各种方式和手段对经济和市场进行拯救，即便是自由经济之母美国也不断出台各种救市方案和法案。

中国政府干预经济的做法更是一以贯之。在计划经济体制下，政府

[①] [德] 哈贝马斯：《在事实与规范之间——关于法律和民主法治国的商谈理论》，童世骏译，北京：生活·读书·新知三联书店，2003年版，第230页。

是全能的、福利的超大政府，在经济转型后，政府的权力和干预经济的范围不断受到法律的限定和约束。但市场失灵的必然性和现代经济的复杂性决定了经济和市场都需要国家的干预。当然，政府干预经济的使命不变，方式和手段则需及时改进和完善。"现代行政在内容和本质上不仅是在执行法律，还在执行道德。自由裁量在内容与本质上是伦理性的裁量。因为它所依据的不仅仅是法律，还有所谓的正当观念、合理标准。可以说近代行政到现代行政就是裁量从法律性裁量到道德性裁量的过程。"①

（二）政府调控经济的具体方式

政府对经济的干预既有宏观方面的调控，也有微观方面的规制，前者主要凭借的手段是政策，并通过各项市场指标作为中介或媒介；后者主要通过法律、法规对经济客体进行直接的监管和规范。从政府可支配和所使用的规制工具来看，包括禁止，特许，价格、费率和数量限制，产品标准，技术生产标准，绩效标准，补贴，信息提供，产权与权利界定等②，这些手段因取代市场机制、影响企业决策及增加受规制产业的成本的程度的不同而发生变化。中国现行的规制方式主要有准入规制和价格规制，经济法在这两种规制方式上都有或可以有大作为。经济法的执法是政府积极地对各种经济社会问题做出反应的基本活动形式，具体表现为经济行政许可、经济行政命令、经济行政强制措施、经济行政征收和征用、经济行政奖励、经济行政确认、经济行政裁决以及经济行政强制执行等执法形式。③

准入规制的具体形式包括国家垄断、许可、申报、审批、营业执照、标准设立，其中许可又可以细化为许可、准许、特许、核准、注册、批准、审核、检查、备案、检定等。④中国虽没有专门的法律对准

---

① 孙笑侠：《法律对行政的控制——现代行政法的法理解释》，济南：山东人民出版社，1999年版，第4页。
② 陈富良：《放松规制与强化规制——论转型经济中的政府规制改革》，上海：上海三联书店，2001年版，第18页。
③ 胡建淼：《行政法学》，北京：法律出版社，1998年版，第372页。
④ 陈富良：《放松规制与强化规制——论转型经济中的政府规制改革》，上海：上海三联书店，2001年版，第53页。

入规制予以专项规定,但在不少经济单行法律制度中都可以觅得相关内容。如1982年国务院发布的《工商企业登记管理条例》第九条规定:"工商企业申请筹建或者开业登记时,应当根据国家规定开办工商企业审批程序及有关规定,分别不同情况,提交下列文件副本:(一)开办企业申请报告及主管部门批准文件;(二)县以上计划部门或者人民政府批准文件;(三)其他有关文件。"据此规定,企业成立不仅需要向工商行政管理部门申请登记,而且还需获得主管部门或人民政府的批准,这种有着较浓计划经济色彩的审查主义在1988年国务院制定的《中华人民共和国企业法人登记管理条例》(以下简称《企业法人登记管理条例》)中有所改观。《企业法人登记管理条例》规定:"申请企业法人开业登记,应当提交下列文件、证件:(一)组建负责人签署的登记申请书;(二)主管部门或者审批机关的批准文件;(三)组织章程;(四)资金信用证明、验资证明或者资金担保;(五)企业主要负责人的身份证明;(六)住所和经营场所使用证明;(七)其他有关文件、证件。"尽管项目增多,但不再需要县以上计划部门或人民政府批准文件。更为有意义的是,该条例[①]统一了各类市场主体的登记,不再区分国有或私营,也不再区分内资还是外资,而且在法人登记上逐步从审批、核准向备案转变。在准入规制上,2005年国务院《关于鼓励支持和引导个体私营等非公有制经济发展的若干意见》更是迈出了实质性的步伐。该意见允许非公有资本进入电力、电信、铁路、民航、石油等垄断行业和领域,进入公用事业和基础设施领域,进入社会事业领域,进入金融服务业,进入国防科技工业建设等领域。并在投资核准、融资服务、财税政策、土地使用、对外贸易和经济技术合作等方面,对非公有制企业与其他所有制企业的市场准入实行同等待遇,实现了法律平等。

价格规制主要针对自然垄断行业,方式主要有法定价格、地方政府定价、行业指导、核准等。[②]《价格法》对此作了详细规定,指出:"国

[①] 1980年7月26日国务院发布的《中外合资经营企业登记管理办法》,1982年8月9日国务院发布的《工商企业登记管理条例》,1985年8月14日国务院批准、1985年8月25日国家工商行政管理局发布的《公司登记管理暂行规定》,在1988年,因该条例的出台而同时被废止。

[②] 陈富良:《放松规制与强化规制——论转型经济中的政府规制改革》,上海:上海三联书店,2001年版,第18页。

家实行并逐步完善宏观经济调控下主要由市场形成价格的机制。价格的制定应当符合价值规律，大多数商品和服务价格实行市场调节价，极少数商品和服务价格实行政府指导价或者政府定价。""政府价格主管部门和其他有关部门制定政府指导价、政府定价，应当开展价格、成本调查，听取消费者、经营者和有关方面的意见。"听证程序已成为政府制定、变更价格必须遵守的基本程序。

政府规制工具的法律化本身表明了经济转型与法治化是同步、同向的过程，各种规制工具的具体形式一一被置入不同的法律框架中，法律不仅在实体问题上予以规范化，同时在程序上的规范化也有利于提高政府规制效果和管理效能。

政府职能改革从中央政府高度集权的单一制向分权格局过渡，其中伴随着经济形式的多样化、价格的市场化、社会利益分配的多元化、利益格局的复杂化，政府的职能范围较计划经济体制时大为缩减。但如此仍不够，经济转型不单是要求政府从计划经济体制下的权力集中、权力膨胀的政府转变成权力适当缩小的政府，也不单是从机构臃肿的大政府转变为结构适度精简的中政府或小政府，而是要成为一个办事有效率，干预有效果，组织有效益的有效政府。是故，中国政府职能转型任重而道远。

五、小　结

经济转型牵动了社会的每个细胞、每根神经，从城市到农村、从国有企业到民营企业、从企业到政府、从生产到分配、从价格到供需、从微观到宏观，或前或后，或剧烈或轻微，或破旧立新，或逐步改良，其间，经济法律法规规章发挥了巨大效用。

当然，并非所有的经济法律制度都对经济转型起到了积极的推动作用，除了法律本身的科学性难以肯定外，还由于任何制度安排本身也处于不断变化的过程中，在短期的经济转型中要判定某项经济法是否导致了经济的增长或不增长难免会成为误导，但法律可谓是最为固态的正式制度，对于较长期的经济转型是能够给出作用是正还是负的判断的。比如税收，各种税法的施行促使国家收入从计划经济时期的国有企业上缴利润，转变为上缴税利，再转变为缴税，税收成为最基本的财政收入形式。因此，至少在国家财政收入上，政府对经济的干预实现了从行政手段向法律手段的转变。再如，过去经济运行不需要合同，从政府指令到《经济合同法》再到《合同法》，经济运行逐步从计划经济下的人治转变为市场经济下的法治。当然，经济法在经济转型中也出现了大量不到位或错位的情况。比如，税法过度侧重于聚集财力，而忽略分配功能，从而经济转型过程中取得的改革硕果却缺乏合理公平的分配原则。再如，鼓励激励经济生产、市场竞争的法律及时出台、修正并得到有效推行，但保护自然生态的法律徒有其表，企业粗放型经营被放纵，经济增长却不等价于经济发展。再如，长期坚持以政府制定政策调整产业结构，忽视财政法、金融法、计划法、区域开发法等横向调整经济结构以及中小企业促进法、高新技术产业保护法等纵向合理调整经济结构的法律规范。经验与教训证明，要从计划经济体制下由国家控制资源配置，转向市场经济体制下通过市场配置资源，政府由市场培育者向市场调节者转变，既需要各类市场主体按一定制度和机制运行，也需要政府对经济的干预有一定的制度和机制约束；既需要行政法对政府行为进行约束，更需要经济法对政府行为进行正确的指引和引导。总体而言，中国经济法对经济转型的作用，巩固多于引导，支持多于促进，保障多于指导，经济法仍较多地担当着被动地确认已有的经济转型事实的功能。

第四章　经济模式定型后的经济法展望

经济转型对经济法的影响是决定性的、显性的，经济法对经济转型的作用是隐形的、间接的、潜移默化的。二者互为前提和结果。经济法的生成往往以经济转型中的试点经验、试行总结为基础。经济法一旦出台，就会或多或少地对经济转型产生着影响，执行有力的，或司法救济性稍强的经济法作用更为明显，如《消费者权益保护法》《反不正当竞争法》等，但一些以规范性、倡导性、指导性为主的经济法或作用发挥不明显，或基本属于死法，未能有效转变成生活中的活法，如《环境保护法》《价格法》等。不论影响力大小，经济法的施行（包括执法、司法、守法）推动了经济转型的深化，并在一定程度上保障经济转型的平稳。当经济转型取得了阶段性成果，需进行新的变革时，又会催生新的经济法，起初一般是试行，或以部门法规，或以地方法规，或以行政规章等形式，待经验累积到一定程度后再颁布法律形式的经济法。

当社会主义市场经济体制具备了一个完整的经济体制所应当具有的可持续性时，则表明中国经济转型得以完成。完成经济转型后的中国经济体制不是资本主义国家现行的资本主义市场经济体制，经济转型完成后的经济法也不是资本主义国家经济法律制度的翻版，其应当是符合中国国情、适合中国土壤、体现中国法治之治的中国经济法。

中国经济转型直接推动了中国经济法的建设和完善，但中国经济转型的完成并不会导致经济法退出历史舞台。

第一节　经济转型完成的标志

中国在 1978 年开始改革开放，迄今已四十年。在 1993 年后正式步入经济转型,至今已达十六年。从 1978 年到 2008 年,中国国内生产总值年均增长 9.8% 左右,人均 GDP 超过了 3000 美元,国家外汇储备从 1.67 亿美元增加到 1.95 万亿美元,钢铁、煤炭、水泥、谷物、肉类等主要产品产量均居世界前列①,经济总量从严重短缺到基本温饱再到过剩为主,经济改革奠定了雄厚的物质基础,商品价格从政府确定到政府指导再到市场确定,市场体系从缺失到不完全再到基本健全,对外贸易从封闭锁国到平等开放,财产形式从单一到多样再到产权明晰多元,政府干预经济从政府命令到政策指引再到法律规范,经济转型塑造了合理的制度安排。胡锦涛在 2007 年中国共产党第十七次全国代表大会上指出中国社会主义市场经济体制已初步建立。有学者指出"以 2002 年加入 WTO 为标志,中国基本完成了经济转型,剩下的任务就是使其完善并运转起来"②。中国经济转型真的完成了吗?其是以加入世界贸易组织为完成的标志的吗?

俄罗斯在 1992 年实施了大规模的私有化计划,只用了两年时间,就完成了 1.4 万家大中型企业的私有化。到 1994 年 6 月,约 70% 的俄国经济已经私有化,85% 以上的产业劳动者就业于私人部门。③ 依照西方传统经济学,从形式上看,俄罗斯在 1994 年就完成了经济转型,但从内容上看,其所建立的经济制度、法律制度只是一个空壳,各项制度安排、制度要素均难以得到遵守和执行,出现了严重的通货膨胀,长期的经济萧条和动荡的社会状况,俄罗斯在 1994 年所"完成"的经济转型显然是不成功的,不成功的经济转型似乎不应成为经济转型已经完成的论据。实际上,俄罗斯经济转型在 1994 年后继续进行着——先是采取国家干预主义理论指导经济转型,后又坚持在市场经济和民主原则的基础上探索符合俄罗斯现实的经济转型道路——"第三条道路"。④

---

① 朱之鑫:《中国仍处在重要的战略机遇期》,载于《中国发展观察》,2009 年第 4 期,第 9 页。
② 刘瑞:《中国经济的转型与定型》,载于《中国人民大学学报》,2004 年第 5 期,第 37 页。
③ 齐文娥:《转型经济中企业制度变迁模式分析:系统经济学方法》,载于《河南社会科学》,2003 年第 3 期,第 107 页。
④ "第三条道路"主要是指俄罗斯的经济转型既不能回归到旧的计划经济体制,也不能照搬西方自由放任的市场经济模式,而是要探索符合俄罗斯国情的经济转型道路,将由国家调控的市场经济作为未来的转型目标模式。详见许新:《普京道路的经济学分析》,载于《东欧东亚研究》,2002 年第 1 期,第 2 页。

中国与俄罗斯在经济转型过程中分别演绎着渐进式与激进式制度变迁，截至今日，或言俄罗斯经济转型已经完成，或言中国经济转型已经基本完成，或言俄罗斯、中国的经济转型均在进行中。就其言论的不一，乃源于对经济转型完成与否的判断标准的多样认识。

一、中外学者观点概述

伴随着俄罗斯等前社会主义国家的经济转型以及中国的经济转型，中外经济学家、社会学家们关于经济转型的研究不断推陈出新，原有经济学领域里衍生出转型经济学、发展经济学、转轨经济学等分支学科。这些学科对经济转型从理论推演到实证调查都作了非常详尽的研究，对于经济转型完成的标志也形成了多种观点，在此概述一二。

1996年世界银行发展报告《从计划到市场》认为经济转型完成的标志是：市场调节的比重基本达到主要市场经济国家的水平，一般为70%左右；计划经济体制遗留的问题得到基本清理和转化，主要表现为现有国有企业的改组以及国有商业银行债务重组的基本完成；保证市场经济稳定有序运行的社会基本条件得以形成，包括市场本身的条件、法律法规、管理系统的完善以及社会主义民主的基本发展。[1] Janos Kornai 认为，经济转型的完成以"政治力量与私人产权、市场共同体亲密配合发挥力量；私有制占支配地位；市场协调占据优势"[2] 三要素为特征。Jan Svejnar 认为经济转型的完成是一种状态，即"经济转型国家用一个运行良好的市场体制替代中央计划体制以及这种体制产生可持续的经济增长率，从而使转型国家可以与更先进的市场经济相互作用而不需要其他形式的保护"[3]。

---

[1] 任保平、林建华：《西方转型经济学的理论演化及其述评》，载于《河北经贸大学学报》，2005年第5期，第6页。

[2] Janos Kornai, "What the Changes of System From Socialiam to Capitalism Does and Does Not Mean", Journal of Economic Perspectives, Volum 14, Number 1, Winter 2000, pp. 27—42. 陈涌军、徐强：《过渡经济的本质与中国经济改革的基本性质——与科尔奈和萨克斯教授的讨论》，载于《改革》，2002年第4期。

[3] Jan Svejnar, "Transition Economics: Performance and Challenge", Journal of Economic Perspectives, Volum 14, Number 1, Winter 2002, pp. 3—28.

本土学者也就经济转型完成的标志提出了不同的观点。吕炜认为，中国经济转型完成的标志有两个，即"所有的企业都被规范地纳入了市场化激励与市场化约束互相对称体系的经济运行环境之中；一个能够灵活地应对商业周期变化和应付经济全球化环境的宏观调控体系基本形成"[①]。张慧君认为，转型国家到达转型完成点的标志大致体现为："（1）从制度环境看，形成了支持市场经济的政治文明与法治环境。（2）从经济体制来看，支持市场经济运行的基础性制度（产权制度、交易制度和宏观管理制度）比较稳固，市场经济体制的各项制度安排协调有效运转，市场主体（企业、金融机构、政府）的行为发生明显变化，能够有效应对市场竞争和外部冲击。（3）从经济发展来看，形成了经济持续、稳定增长的机构；经济结构发生根本转变（工业化基本完成，经济的信息化和虚拟化程度大大提高）；实现了经济与社会的和谐发展。"[②]

可见，因学者对经济转型完成的标志存在不同认识，对于经济转型是否完成就出现了不同的判断结果。如依照 Janos Kornai 的观点，俄罗斯已经完成了经济转型，而中国经济转型的完成还遥遥无期。依照 Jan Svejnar、吕炜的观点，则可以说中国和俄罗斯的经济转型已经基本或正逐步完成。但依照世界银行发展报告以及张慧君的观点，则俄罗斯以及中国的经济转型均距离完成尚有一定距离。笔者赞同中国经济转型尚未完成的观点。

二、社会主义市场经济体制建立的标志

以构建社会主义市场经济体制为经济转型的目标，是在 1992 年提出的，至今已有二十六年光阴，其所具有的普适性是毫无争议的。但对于社会主义市场经济体制的具体模样尚缺乏官方权威性话语。学者对此所作的专项研究较少且难达共识。有学者认为中国经济转型应定型为市场经济中的开发型国家模式。所谓开发型国家（Development State）是相对于规制型国家（Regulatory State）和掠夺型国家（Predatory

---

① 吕炜：《经济转轨过程中的转折点研究》，载于《经济学动态》，2003 年第 6 期，第 5 页。
② 张慧君：《经济转型与国家治理模式演进——基于中国经验的研究》，载于《经济体制改革》，2009 年第 2 期，第 52～53 页。

State）而言的。所谓开发型国家是以政府指导下的私有制为基础的计划理性的资本主义国家干预模式，它既不同于传统社会主义的计划经济模式，也不同于传统资本主义的自由市场经济模式。① 笔者认为，中国经济转型不应当也不能以这种模式为定型蓝本。最简单也是最根本的缘由是，中国经济的转型不能以放弃社会主义为代价，也不能以私有制为基础，公有制经济的基础地位不能被动摇。中国经济转型完成后的模式大可称为社会主义市场经济，无须绞尽脑汁在西方经济学言论中对号入座。

中国经济转型以构建社会主义市场经济体制为目标，简单地说，经济转型完成的标志即应是社会主义市场经济体制建立之时。但实际情况要复杂得多。首先经济转型是一个过程，也是一种状态，它不是从一点到另一点的跃迁，渐进式的中国经济转型所体现的阶段性、层次性、互补性、不确定性更为突出。因此对经济转型完成的标志不能以某一时点或某一大事记为准，也就是说，经济转型完成的标志不是单一的，也不是唯一的，而是多样的。结合中外学者已有的研究观点，笔者认为中国经济转型的完成应以以下五个方面的实现为标志。

（一）良性运行市场、政府、社会资源配置方式

公共产品、外部性、自然垄断、信息不完全等因素是市场失灵的原因，也是市场失效的表现。市场会失灵，所以政府应干预。但政府是人的政府，人的理性和能力都是有限的，因此由人组成的政府所能获取的市场信息也是不完全充分和准确的，政府对经济的干预可能会失当、失灵。是故，政府与市场之间应该互补、互动，当市场失灵的时候，政府进行干预；当政府失灵的时候，市场来发挥作用。然而现实社会要比理论复杂得多。在现实生活中，政府与市场并不是简单的互补关系，有些问题是政府和市场均不能解决的，仅就资源配置而言，就不单单只有市场和政府两种配置方式。

撇开家庭不算，世界上两个最大的组织机构建制的确是国家和市

---

① 刘瑞：《中国经济的转型与定型》，载于《中国人民大学学报》，2004年第5期，第38页。

场[①]，市场可以组织起成千上万的人生产各式各样普通而有销路的产品和劳务。除此之外，它还可以做许多我们中的一些人错误地认为它不能做的事情。但有些任务是任何市场都不可能尝试和完成的。在最简单和原始的形态上，市场能够做什么和不能够做什么的区别在于："对于有组织的社会生活，人们需要他人的帮助。在一种环境中，他们通过提供好处诱导出他们所需的他人的帮助。在另一种环境中，他们需要的东西不会被人心甘情愿地提供出来，而必须依靠强制。"[②] 当下，经济学界已提出了由第三种力量来配置资源的理论，但对于何谓第三配置却众说纷纭。笔者认为，第三配置的主体是多样的、多元的，既有非政府组织，也有公共组织、事业单位、企业或个人；第三配置的形式、媒介是多样的，既可借助风俗习惯、道德道义，又可通过人际网络或互联网络。基于其主体的多样及内涵的宽泛，第三配置可称为社会配置方式。政府干预是硬约束，是强制性的，依靠权威，以法律为媒介；市场调节是软约束，是规劝性的，依靠交换，以货币为媒介；而社会配置是更软的约束，是劝导性的，依靠说服等，以共同信念为媒介。三种资源配置方式适用于不同的范围和情形，采取不同的方式和手段，依照不同的原则和原理，但它们不是孤立的、独立的，相互之间或呈减损，或呈补强的关系，只有三者对社会资源进行互补性的、互助性的配置，经济才能实现全面的均衡与和谐。中国经济转型完成之时，即应是此三种资源配置方式共生共存并共同发挥效用、良性运行之时。

（二）有效实现生产驱动型经济增长模式

经济增长不等于经济发展，二者要达成正相关关系，关键在于增长方式科学与否。增长方式是指以何种资源为主推动经济增长，其大体可分为自然资源驱动型、资本驱动型、劳动驱动型、生产率驱动型等不同的类型。转型国家经济增长多是由资源、劳动与资本几种因素共同驱动型。俄罗斯经济增长中资源的作用占有相当大的比例，甚至被称为"石

---

① ［美］林德布鲁姆：《政治与市场：世界的政治——经济制度》，王逸舟、陈昕译，上海：上海三联书店、上海人民出版社，1994年版，第12页。

② ［美］林德布鲁姆：《政治与市场：世界的政治——经济制度》，王逸舟、陈昕译，上海：上海三联书店、上海人民出版社，1994年版，第126～127页。

油经济"。中国经济主要依靠大量资本（包括外资）、廉价劳动力和自然资源等获得高速增长。被称为农民工"血汗"经济、缺芯"加工车间"经济。[1] 经济增长如忽视了环境的保护，轻视了权益的平等合理分配，则随着时间的推移，经济增长本身反而会变得岌岌可危。"宁可要百分点少的较低增长率，也许它低于短期可能达到的最大增长率，但是，让我们以平衡的方式来实现它在所有部门、所有地区的宽广战线上向前推进。"[2] 尽管在20世纪90年代中期，中国经济转型领导者已意识到经济增长方式的重要性，陆续倡导"可持续发展"，要求"科学发展""和谐增长"。但时至今日，环境恶化，公共需求与供给严重不对等，社会保障、公共卫生和医疗、教育事业发展明显滞后，失业率上升等问题仍未得到有效消除。此亦佐证了中国经济转型至今仍未完成。有效实现经济增长方式的转化，从单纯依靠资本和劳动力投入的增长方式，转化为以生产率提高为主的集约化经济增长模式，此应是经济转型完成的标志之一，经济增长率及经济总量的增加不能作为经济转型完成的标志。

（三）真正实现社会公平，终结差别待遇

经济转型过程中差别待遇是必要的，是多方面、多层次的，不仅在国有企业和非国有企业之间，城市和农村之间也存在差别待遇，在不同地区、不同主体间也存在合法的差别待遇，在税收比率上存在差别待遇，在社会保障上存在差别待遇，在教育、医疗等社会事业领域也存在差别待遇。"权利上的区别对待是歧视，政府法令不能使歧视合法化。反歧视是要达到一定文明水平之后的理智反省，反歧视只有从政府层面做起。"[3] 经济转型中尚且合理的差别待遇随着经济转型的推进而不断被扬弃，待经济转型完成时，这种合法的差别待遇应被合法地废除。

1. 结束公私、中外经济主体差别待遇

基于历史和现实的考量，自改革开放之初，中国对外资企业与内资

---

[1] 林跃勤：《经济转型与和谐增长》，载于《广州大学学报（社会科学版）》，2007年第6期，第15页。
[2] [匈]亚诺什·科尔内：《突进与和谐的增长——对经济增长理论和政策的思考》，张晓光等译，北京：经济科学出版社，1988年版，第232页。
[3] 林达：《扫起落叶好过冬》，北京：生活·读书·新知三联书店，2006年版，第189页。

企业、对国有企业和私营企业从税收、融资及外贸等多领域实行差别待遇，这种差别制在经济转型中不断被减弱、消除。外汇管制的取消、对外贸易的自由、所得税税率的同一、融资待遇的平等化，在21世纪初期，公私、中外经济主体间的差别待遇基本消除。嗣体制内外平等化基本实现后，改革的目光就更多地聚焦于国有企业的命运上。

经济转型的完成是否须以国有企业的终结为标志呢？答案是明确的，是否定的。首先，国有企业并不是计划经济国家独有的经济组织，即便是在成熟的市场经济国家，在发达的资本主义国家，国有企业也是重要的不可或缺的经济主体。其次，自由主义经济学所主张的财产产权受法律保护是经济发展的基础，并不等于说私有制是经济发展的基础，产权明晰与私有制是完全不同的概念。"从历史上看，市场制度一直是同私有企业和生产资料的私有制连在一起的，尽管我们认为它们不必要如此。直到最近，抱支持态度的政府还用它来保护这些相关联的机构建制。它还始终与一种简化的意识形态联系在一起。"[1] 中国经济的转型证明，市场经济的实现及运行并不以私有制为必要前提，在公有制基础上市场机制也能良好运行。中国经济转型完成之时，是国有企业代表的公有制经济与非公有制经济共存发展的时刻，而不是公有制经济被私有化取代的时刻。

2. 彻底终结城乡制度性差别体制

因工业、农业自然属性的区别，二者在生产力水平、收入分配方式和商品化水平等方面会出现差异，这是经济自生产物，这种因自然属性差异而形成的二元经济格局是合理的，也是必要的。但中国经济转型过程中的城乡二元经济格局与此有天壤之别。

计划经济体制下，虽同为公民，但城市人从摇篮到坟墓都获得了全方位的保障，城市人可以领取粮票、肉票买粮食、肉，而种粮食的农民却不能买粮；改革之初，城市人下乡是荣耀，但农民进城则被冠以盲流，被警察逮捕、遣返。在经济转型过程中，城乡经济因制度而人为地

---

[1] ［美］林德布鲁姆：《政治与市场：世界的政治——经济制度》，王逸舟、陈昕译，上海：上海三联书店、上海人民出版社，1994年版，第167页。

处于分割、分离、差别状态。经济转型推进的过程，也是城乡二元差别待遇不断被重视并逐渐消减的过程：农村剩余劳动力进入城市，因农户与城市双赢而逐渐合法化、公开化，工伤保险条例、养老保险条例将农民工纳入保障范围，意味着农村剩余劳动力已经从盲流转变为工人；农民工居住条件、工作环境的改善则表明城乡劳动力市场走向统一；以城市支持农村、工业反哺农业、建设社会主义新农村等政策为标志，公共财政、基础建设开始向农村倾斜；农业税的废除、农村免费义务教育、最低生活保障以及新型农村合作医疗制度的建立和逐步推广，则旨在彻底改变当初因制度而人为形成的城乡二元经济格局。然时至 21 世纪，城乡差别待遇有所减少，但城乡之间所形成的收入差距、公共服务不平等的现象仍未得到明显改善，城乡户籍统一改革在试点试行后戛然而止，转而由城乡统筹所取代。因自然属性的不同，城市与农村间有差别是合理的，也是必然的，"并不是所有的区别对待都是法律意义上的歧视，什么样的区别对待构成法律意义上的歧视，还是需要制定一系列法规来界定"[①]。城乡制度性的二元差别制在经济转型完成时应被彻底终结，但二者之间的自然性差别则需要更长远的等待。"当现代部门与农业部门的劳动边际生产力达到相等，二元经济结构被单一经济结构所取代"[②]。为此，只有保持长期持续的经济增长，提高国家财政能力，变革现行制度，才能缩小城乡社会发展的差别，使得城乡关系均衡发展，城乡户籍差别制才能被彻底改变，城市人与农村人才能自由且自愿地进行流动。

3. 合理实施地区差别待遇

改革开放之初，囿于国力有限，经济生产严重缺乏资本，为方便外资进入，同时为降低改革风险和成本，中国率先选择深圳、珠海、汕头、厦门作为特区，在对外贸易、外资引进以及外汇等方面给予政策。第一，经济特区政府所享有的经济管理权力在等级上相当于省级，尽管从行政级别上属于市级。第二，在管理经济的手段上，允许经济特区采

[①] 林达：《扫起落叶好过冬》，北京：生活·读书·新知三联书店，2006 年版，第 190 页。
[②] 蔡昉：《中国农村改革三十年——制度经济学的分析》，载于《中国社会科学》，2008 年第 6 期，第 109 页。

用市场调节手段。第三，在所有制结构上，经济特区允许非公有制经济企业存在并支持其发展。第四，在税制上，经济特区有权对外商投资企业提供减、缓、免等优惠政策。这种差别待遇在当时是合理的，也是合法的。待经济特区的实验取得成功之后，对外开放区域不断扩大：从大连等14个沿海港口城市到长江三角洲、珠江三角洲，再到海南经济特区，再到沿江、沿边、省会城市，最后在2000年形成了全方位的开放格局。全方位开放格局的形成，有利于地区间差别待遇的消除。但仅靠开放贸易，要彻底消除在经济转型期间因长时间实行地区间差别待遇所导致的东西部发展差距是不行的。政府还需通过财政转移支付、重点支持扶助等措施扭转地区间的差距。当然，中国地广人多、资源有限的国情决定了地区差别待遇是不可避免的，也是必要的，但待经济转型完成时，地区差别待遇亦应法制化、合理化。

（四）有效规制政府的权力和行为

社会主义市场经济应以市场为基础性资源配置，市场运行是以要素禀赋分配为内在要求的。按生产要素获得报酬，往往受到社会地位、薪资结构、风俗习惯等多方面的影响，而且缺乏生产要素的年老体弱病患等人难以通过此种分配方式获得基本生活保障。市场对资源的配置是基础性的，也是初级的，公平和谐的社会需要确保市场的基础性资源配置地位，但政府等对资源的配置也相当重要。"通向自由市场之路并非一个自由市场不断摆脱国家和政府的控制、管理以及干预的过程，而是一个需要国家和政府持续干预的过程。在市场经济发展的每个时期，都需要国家特定的制度安排，通过国家福利保障制度来消除市场和经济领域对其他社会诸领域的负面影响。"[1] 计划经济传统下的中国，不缺能配置资源的政府，但缺能主动自觉依照法治、遵循法治实施资源配置的政府。中国经济转型的完成需以政府权力、行为受到法律有效规制为前提和标志。

---

[1] 梁玉成：《市场转型过程中的国家与市场——一项基于劳动力退休年龄的考察》，载于《中国社会科学》，2007年第5期，第130页。

第二节　经济转型完成后仍需要经济法

经济转型不是常态，经济转型中的经济法亦不是常态，但经济法却应是现代社会的常态法律。中国经济法随着经济转型产生、发展与完善，嗣市场成为基本资源配置方式，粗放型经济增长方式被生产驱动型增长方式取代，非公有制经济与公有经济、内资企业与外资企业享受同等经济制度及法律待遇，城市与农村之间人为的体制性差别得以消除，政府摆脱人治步入法治并自觉守法时，经济转型所欲到达的构建社会主义市场经济体制的目标实现后，经济法也将摆脱服从于经济增长、服务于经济改革的地位，获得调整社会经济活动、规范政府干预经济的独立的地位，实现从非常态的法向常态化的法律转化。中国经济转型的完成并不意味着经济法历史使命的终结，反而昭示着经济法成为中国社会的基本法律要素之一。

一、经济需要国家干预

从经济学理论看，市场因公共产品、外部性、自然垄断、信息不完全等原因，会出现经济行为短期性、投机性、宏观经济总量失衡、分配不公等市场失效、经济失衡等问题，市场失效是政府干预的理论基础。

从现实生活看，西方国家的历史证明市场作用重要且强大，但计划的作用不可否认，政府的干预是必需的。20世纪以前西方经济学为自由市场经济理论所掌控，第二次世界大战后，凯恩斯政府干预主义登上历史舞台，西方经济哲学进行第二次重大调整，西方国家进入一种称为新综合经济模式的状态。从此，西方国家对经济的规范既通过市场又通过政府干预。单纯地对比市场和计划的自我调整能力就作出高下判断是不正确的，如果市场自我调整能力高，那么当发生像20世纪30年代的经济危机时，就不需要政府计划之手来帮助复苏经济；如果计划的自我调整能力强，那么当中国等计划经济体制国家走进经济困境时就不会借助市场的力量来获得新生。① 无论采用何种模式，只要是单一的、排斥对方的，那么这种模式就会是僵化的，只有市场和计划等资源配置方式形成互补与合作，达致合力，才能解决市场经济发展中可能出现的种种问题和矛盾。社会主义市场经济将以市场作为资源配置的主要方式，但不是唯一方式。国家始终会以计划——通过经济法律制度这种计划——导控中国的经济活动，不过其必须是在不破坏市场经济基本元素的前提和基础上进行。国家进行计划不是为了设置行政机构的行政权力，而是为了培育、浇灌市场，同时需要注意的是，社会主义市场经济交往的空间主要靠市场自我生成，而不能通过国家的干预而形成。

二、经济法是国家干预经济的主要媒介

中国经济转型以政府主导型为基本特征，经济的持续和均衡增长需发挥市场的基础性作用，但政府的作用不可小觑。国家干预经济的手段有多种，既可通过行政强权，又可通过货币、利率等经济媒介，还可以通过政策、计划、指令等，但现代社会，国家干预经济的手段主要是法律，尤其是经济法。西方经济法产生的最基本前提是市场经济的失灵，西方经济法发展的最主要理由是政府失灵；中国经济法产生的前提虽不是市场失灵，却也和市场密切相关——培育市场，中国经济法的发展面临着政府失灵和市场失灵双重因素。经济转型完成后，中国经济仍以市场经济为基本，相应的，国家干预经济的主要媒介只能是经济法。

经济转型完成后，民众在法治环境下有更广泛的参与经济管理的权力，但"只有当这种舆论政治影响通过民主的意见形成和意志形成过程的建制化程序的过滤、转化成交往权力，并进入合法的立法过程之后，才会从事实上普遍化的公共意见中产生出一种从利益普遍化的角度出发得到了检验、赋予政治决策以合法性的信念"②。农村家庭承包耕种初现于安徽凤阳，当时其可谓是凤阳农民的集体意志的体现，并对周边的农民产生了影响，但是只有当国家将其建制化后，农村家庭承包耕种才

---

① 马洪：《什么是社会主义市场经济》，北京：中国发展出版社，1993年版，第222页。
② [德]哈贝马斯：《在事实与规范之间——关于法律和民主法治国的商谈理论》，童世骏译，北京：生活·读书·新知三联书店，2003年版，第46页。

成为一项具有普遍性的、有约束力的正式制度。经济转型完成后，中国经济活动将继续，经济参与主体自身会生成公共意见，但需要国家将其建制化，因此，经济转型完成后，经济法律制度作为国家导控经济的工具将继续存在，并不断发展。当然，经济转型完成后的经济法与转型时期的经济法有重大不同。

第三节 经济转型完成后的经济法

法律是国家组织和调控社会生活、经济生活的一种必要手段，其与社会、经济之间可以说也存在一种供给与需求的关系，社会变革需要法律，法律也促进或纠正了社会变革的方向和过程，现代法律制度的代表——经济法对各国的经济发展、经济转型都起到了重要作用。"现代法的出现，是为了填补不堪社会整合之重负的社会秩序的功能缺口"[①]，而且，"社会的需要和社会的意见常常是或多或少走在'法律'的前面的。我们可能非常接近地达到它们之间缺口的接合处，但永远存在的趋向是要把这缺口重新打开来。因为法律是稳定的，而我们所谈到的社会是进步的，人民幸福的或大或小，完全决定于缺口缩小的快慢程度"[②]。中国经济转型过程中的经济法与社会需求之间的缺口被尽可能地缩小，但当转型完成后，其间的缺口又被打开、扩大了，因此，经济法也需随经济转型的完成而发生变革，完成从经济转型中的经济法向转型完成后的经济法的转换。目前，中国经济转型尚在进行中，可对经济转型完成后的经济法作如下合理展望和预测。

一、经济法功能的新定位

因 2007 年 2 月美国次贷危机引爆的全球性金融危机，暴露出美国金融监管体制、金融监管法律的缺陷和失误，也反映了国际经济秩序重

[①] [德] 马克斯·韦伯：《论经济与社会中的法律》，张乃根译，北京：中国大百科全书出版社，1998 版，第 53 页。

[②] [英] 梅因：《古代法》，沈景一译，北京：商务印书馆，1959 年版，第 15 页。

构的必要性。美国是市场主导型国家,资源的配置取决于市场,国家对经济的调控、监管也以市场需要为前提,以符合市场需求为圭臬。在反思美国市场主导型经济的利与弊、得与失、优与劣的同时,对政府主导型经济转型即将完成的中国应如何定位不得不加以关注。这场金融危机对中国所产生的影响,以及中国经济转型过程中所积累的经验与教训,表明中国经济法应及时矫正和明确功能定位。在经济转型过程中,经济法较多地担负着构建市场的历史使命,随着各类市场的建立,规范市场秩序成为经济法的基本功能;在经济转型过程中,经济法促使政府让渡过于集中的权力,随着政府权力的法定化,限定和规制政府权力成为经济法的重要宗旨;在经济转型过程中,经济法最初是经济改革获得合法化的主要手段,随着社会主义市场经济的初步建立,经济法逐步摆脱服从经济改革的宿命。经济法应是规范市场、规制政府的法律,随着经济转型的完成,经济法的功能应有新的定位,其主要功能不再是构建市场,不再是服从经济改革,不再是政府贯彻改革措施的工具,经济法的功能应定位于维护经济秩序、保障经济安全、合理配置经济资源、均衡经济发展以及公平分享经济利益上。

(一) 经济法与经济秩序的有力维护

"秩序是系统运行所出现的一种有规律、可预见的和谐稳定的状态,在这种状态中系统各种要素之间相互作用会产生自我维系的力量,使系统出现一定的运行规律,呈现出稳定与和谐的宏观特征。"[1] 经济秩序只是经济层面、经济体系内部形成的和谐稳定自洽的状态,此外,还有自然秩序、政治秩序、社会秩序等其他层面意义的秩序。就经济秩序而言,也是多层次、多领域、多子系统的秩序,如市场秩序、竞争秩序、生产秩序、贸易秩序等。市场化的经济转型首先要解决的问题是市场的构建以及市场秩序的维护,在此主要就市场秩序的形成和维护进行阐述。市场秩序的形成就是要实现自由竞争和遵循价值规律,市场秩序的维护就是要确保市场自由竞争的有序性和有效性。经济转型中,各类市

---

[1] 宋智勇、李佶:《论社会主义市场经济秩序的产权制度基础》,载于《郑州大学学报(哲学社会科学版)》,2009年第1期,第73页。

场主体逐步诞生并实现自主，各类表现形式的财产也在法律上得到产权确认和保护，商品价格也基本实现市场定价和市场调整，市场秩序的形成已基本完成，当前较为突出的问题是如何确保市场秩序的有序性和有效性。有序性的提高主要通过《反不正当竞争法》《反垄断法》等市场规制类经济法对各类违法违规的市场行为进行惩治，有效性则主要通过改善市场诚信环境，减少市场活动的不诚信行为来提高。

1. 竞争秩序的维护

尽管中国市场体系尚不完备，也不完善，但市场竞争意识已深入人心，也广为接受。《反不正当竞争法》《反垄断法》《消费者权益保护法》《产品质量法》等也为竞争秩序的维护提供了基本的法律保障。当前需要做的不是制定新的经济法，而是落实增强现有经济法的实施机制和效果。

2. 构建完善的征信体系

经济活动中的假冒伪劣、坑蒙拐骗等不诚信行为对交易双方造成直接的经济利益减损的同时，往往会给经济秩序造成潜在的或现实的毁损，尤其当不诚信行为泛滥后。因为不诚信交易发生后，市场主体对市场的信任度降低，从而增大了市场主体进行新交易的信息收集成本、谈判成本、监督成本；市场交易成本的增加会减少交易发生概率，使市场繁荣度降低，市场主体的长远利益、整个社会的经济利益会因此遭到损害。同时，不诚信的市场交易会严重影响投资环境，扩大投资的成本，整体经济的国际竞争力也就会受到影响。目前，中国已基本从熟人社会转变为陌生人社会，对非诚信行为的制裁不能仅靠民事法律的个别的、补偿性的赔偿，而应增强经济法的惩罚性赔偿效用。当前，银行对个人征信体系已开始建立并投入使用，对于有不良信贷的客户记录在册，不予新的信贷。该征信体系仅以银行内部管理条例为保障，其威慑功能和惩罚力度尚不强。对个人的诚信监督虽未法律化，但毕竟已开始建立，但对于影响力更大的法人和非法人组织的征信体系却仍未得到重视。非法中介、空壳公司、人头公司的不诚信行为对市场风险放大的影响要剧烈得多，虽有个别大城市已建立并开通了企业公用信息网平台，但彼此之间信息不共享，地域性明显，且所录入企业的数量有限，对企业信用实际情况的反映滞后或不准确，其所能起到的作用非常有限。只有借助法律普遍的适用性和强制性，切实有效的征信体系才能建立并有效运行。

(二) 经济法与经济安全的有效保障

因认识角度的不同，学界对经济安全的理解存在较大差异，不少学者将经济安全限定在国家受到来自国外的危险而产生抗击的能力，认为其应与经济稳定、经济发展严格区分；也有学者认为经济安全包括经济增长、经济发展，既有抗击国外风险的能力，也有抵抗国内风险的能力。从经济层面看，经济安全包括宏观经济安全与微观经济安全；从风险来源看，经济安全既有来自国外风险的经济安全问题，也有来自国内风险的经济安全问题。国内风险又具体表现为市场风险（市场失灵风险、诚信缺失风险等）、政府干预风险（政府缺位所致风险和政府错位干预、不当干预所致风险等）、改革风险（渐进式经济转型中改革成本累积、矛盾积聚所致风险等）。国外风险包括因国际并购[1]、商业间谍[2]、技术性贸易壁垒[3]、经济危机[4]等所致的风险等。从行业领域看，经济安全包括"金融安全、产业与贸易安全、战略物资安全、经济信息

---

[1] 近几年来，国际并购，尤其是恶意并购对中国经济产生的威胁日益增大和明显，中国有超过80%的大型超市是跨国公司所有，跨国公司正积极进军大型制造业、工程机械、电器生产等领域，不少中国本土品牌被跨国公司吞噬或取代。"中国每个已开放产业的前5名都由外资公司控制，在中国28个主要产业中，外资在21个产业中拥有多数资产控制权。"见顾海兵等：《中国经济安全分析：内涵与特征》，载于《中国人民大学学报》，2007年第2期，第79页。

[2] 近十年，跨国公司在华行贿案件一直呈上升趋势，在中国调查的五十万件腐败案件，六成以上与国际贸易和外商有关。详见张魁兴：《透过"间谍门"反观我国经济安全》，载于《中国经济周刊》，2009年第30期，第61页。

[3] 美国在2008年、2009年为复苏国内经济，在对外贸易中明目张胆地设立各种技术性贸易壁垒，如针对中国所设定的月饼生产与包装技术标准，因所设定的技术是月饼生产无法执行的，从而导致中国月饼无法"依法"进入美国市场。美国众议院于2009年7月30日以283票对142票通过了2009年食品安全加强法案（HR. 2749：Food Safety Enhancement Act of 2009），大幅提高美国食品药物管理局（Food and Drug Administration，FDA）之权限，美国对他国商品的查处、惩罚自由裁量权更大了。

[4] 2007年2月美国因次贷危机引发的经济危机很快波及中国，对中国国内经济，尤其是外向型经济带来了巨大的风险。

安全等"①。在此，从广义理解经济安全，既要从国内风险考量，也要从国外风险考量。经济安全的维护关键在于提高抗风险能力，对于因市场风险所致的经济安全问题，应以治理为主，治理市场失灵，弥补市场缺陷；对于因政府干预所致的风险，则应以预防为主，规范政府干预经济的权力和程序，预防政府干预的缺位与错位；对于因改革成本累积、国外风险所致的经济安全问题，则需要预防与治理并举。2008年世界性金融危机为中国如何加强金融安全提供了现实素材与良好的契机。

金融稳定是经济安全的重要内容和保障。美国金融危机的爆发表明过度放开的市场不符合现代经济发展的需要，过度自由化的金融市场也不利于社会经济安全。现代社会是信息社会，金融资本的过渡虚拟化使得金融体系距离实体经济发展的需求越来越远，金融资本的泡沫越来越大。在自由市场的放纵下，金融资本的杠杆化运作也日益嚣张，加上全球普遍存在的资本过剩，大量游资、热钱具有强烈的趋利性、投机性，以及流动的无序性，即便对有大政府的国家来说，实现监管也存在相当大的难度，更何况，美国是奉行市场自由的国家，美国金融体系也是"市场主导型金融体系，美联储主要采用利率这一市场性杠杆进行调控，行政控制和干预很少"②，金融监管的有效性很是缺乏。现今，金融体系已完全不是传统的银行货币体系，证券、外汇、期货、金融衍生品等已为金融体系增添了新内容。金融危机发生的诱因不再限于通货膨胀，也不再限于传统意义上的银行业、货币的危机，证券、外汇、利率、过剩资本都可能单独或综合或交叉或转换后引发金融危机。这在客观上要求金融监管必须加强，而且应以综合性的监管体系为主。"美国的金融监管是横向和纵向交叉的、功能监管与机构监管混合的网状监管格局。这种多头监管机构并存的情况下金融监管权限和范围不够明确，时而反复，时而疏漏，难以协助，从而导致这种系统性风险的积累。"③ 2008年美国金融危机的爆发为完善中国金融监管体制提供了很好的素材。在完善货币、利率、证券、外汇的监管的同时，需夯实实体经济基础，扩

---

① 葛冰、郑垂勇：《经济全球化背景下我国经济安全面临的问题与对策》，载于《现代经济探讨》，2009年第7期，第31页。
② 杨松：《美国金融危机引发的法律思考》，载于《辽宁法治研究》，2008年第4期，第11页。
③ 杨松：《美国金融危机引发的法律思考》，载于《辽宁法治研究》，2008年第4期，第12页。

大内需，减少国家对外来资本的依赖，以增强抗外来风险的能力，维护经济的安全。

此外，经济信息安全问题在 2009 年也因力拓间谍门事件而受到重视，为我们如何增强企业经营安全提出了警示。

2008 年全球性金融危机尽管是由美国金融风险所引发的，暴露了美国金融安全以及美国金融监管法和监管机构滞后等问题，但美国在经济安全方面的立法是非常完备的，从美国国会到各行政机构、各州议会都制定了大量与经济安全有关的法律法规，在农业、贸易、能源、金融等领域的经济法中都有大量规定。"日本颁布的关于经济安全方面的法律和法规不下数百种，内容涉及市场竞争、财政、金融、外贸、农业、工业、商业、矿业、资源能源、交通运输、通信、知识产权、环境等诸多领域。"[①] 美日对经济安全的立法对中国有很好的借鉴意义，同时也警示中国经济安全的重要性、立法的必要性以及法律实施机制完善的关键性。

（三）经济法与经济资源的合理配置

在我国，经济资源配置在经济转型过程中发生了根本性变化。第一，配置主体从政府一元向政府、市场、社会多元转变。第二，在配置力量上，由政府主导型向市场主导型转变；以市场机制配置为主，以政府力量为辅。第三，在配置方式上，改变行政性权力一元化、单向度、随意性的划拨、配给方式，向市场、政府、社会多元化、多向度、有法律规范的配置方式转变，增强资源配置的社会性、流动性，减少资源配置的行政性、垄断性。第四，从配置结果看，由两极型向纺锤形转变，减少巨富与赤贫，增大中间阶层，实现资源占有的均衡化。第五，从配置原则看，资源配置过度追求经济效益，忽视社会效益和生态效益，其合理性和有效性被严重忽视。

"资源有效配置不是按照某种理念和原则制定出某种分配制度或政策通过行政指令从上而下去贯彻执行，而是在各个市场主体具有健全的

[①] 顾海兵等：《国家经济安全国际观察分析：美国、日本、俄罗斯》，载于《首都经济贸易大学学报》，2009 年第 3 期，第 9 页。

市场经济关系的基础上，通过自由平等、充分竞争的商品等价交换在客观形成的分配方式中实现的。"[1] 市场化改革要求市场在资源配置中发挥基础性作用，但由于资本、劳动力等各生产要素都具有天然的趋利性，在东西部、工农业发展失衡的状况下，纯粹依靠市场的配置作用，资本和劳动力都会流向东部发达地区和城市，而落后的中西部和农村只能成为资源输出地。单向性资源流动进一步加剧了东西部以及城乡、工农间的发展失衡，如此将形成恶性循环，必会对社会经济的和谐发展造成巨大损害。因此，政府需对资源配置进行适度的宏观调控，缓解资本与劳动力资源的趋利性配置。当前，对市场在资源配置中的基础性地位已达成共识，但市场配置资源的功能却因市场体系的不完备和不完善而得不到充分发挥。无论是金融市场、外汇市场、技术市场等市场的完备，还是劳动力市场、商品市场的完善，都需要经济法提供法律上的保障与支持。只有运行良好的市场才能有效实现合理配置资源的功能。

"权力的基础和源泉是资源"[2]，增加市场和社会可配置资源，即增大市场与社会的权力；减少政府可配置资源，即减少政府的权力。资源配置的合理化目标的实现，有助于政府、市场、社会之间均衡发展、和谐稳定。为此，经济法需加大对非政府组织、社会团体的保护和规范，完善相应立法和实施机制。

资源配置合理还包含另一层含义，即产业结构合理化、能源消耗节约化、生态环境友好化的内容，也就是说资源配置要遵循生态效益原则。资源配置的合理与否，在于其取得的效益是否最大化，效益有多种内涵，包括经济效益、社会效益、生态效益等。

2008年年初，中国政府推出4万亿元的投资计划，该资源的合理配置不仅有助于中国外向型经济的迅速复苏，而且有利于新能源产业、自主创新型产业的发展，也有助于传统工业实现节能减排、降耗治污，还有利于降低经济对外依存度，促进产业结构从外需导向型向内需扩展型经济转变，实现经济均衡发展。但各省各地为争夺投资项目而进行的

---

[1] 张素芳：《市场经济的利益分配、资源配置与劳动价值论》，载于《经济评论》，2004年第5期，第10页。

[2] ［美］丹尼斯·朗：《权力论》，陆震纶、郑明哲译，北京：中国社会科学出版社，2001年版，第148页。

不遗余力的"进驻京",以及国家发改委在安排4万亿元投资资金上的困扰,使得这巨额资源是否能得到合理配置悬而未决。

(四)经济法与经济发展的均衡

经济均衡发展体现在多个方面、多个层次,既包括产业结构均衡,又包括区域经济均衡,还包括经济增长模式均衡、贸易均衡等。

1. 产业结构均衡

中华人民共和国成立后,为赶超英美国家,实行优先发展重工业的经济战略,形成"高积累、高投入、高增长"的工业格局;改革开放后,经济调整重心开始向农业和轻工业倾斜,对农业轻工业的歧视性政策和制度相应减少,工农业之间表现出均衡化发展的趋向。但随着经济转型从农村转到城市,国有企业改革成为经济转型的重点,农业又重新沦为工业发展提供物质基础的地位,农村支持城市、农业补偿工业的格局长期存在,直至城乡发展差距大到影响经济协调、社会稳定时,工农业的结构关系才调整为"城市支持农村,工业反哺农业",第一、二产业重新趋于均衡。

除了工业与农业之间均衡发展外,服务业也应受到公平对待,政府对服务业过度管制的惯性应及时矫正和遏制。首先在有效维护国家安全的前提下,按加入世界贸易组织时的承诺开放市场,减少政府管制。目前,金融业、保险业等领域都实现了对外资、对非公有制经济的平等开放,但文化、传媒、教育等领域的发展较为滞后。市场、行业的开放并不等于国家放弃监管,2008年的金融危机已表明政府需对经济进行合理适度的监管。转型过程中,以市场化为目标对教育、医疗等社会公益事业、公共服务的改革是失败的,政府在这些领域并不能全身而退。其次,第一、二、三产业的均衡发展,并不是要求改革模式以及政府监管、调控的方式都同一,而是要结合各产业的特点和需要采取适当的干预措施,实现产业结构合理、比例协调、均衡发展。

2. 区域经济均衡

因地理位置、自然条件等天然禀赋的差异而导致的区域经济不均衡是合理的，也是可接受的，但东部比中西部多得多的经济优势，不单纯是其交通、技术、通信、人才等因素领先的结果，而更多地得益于经济转型中所获得的金融、税收、外汇、外贸、外资等方面的制度性优惠。东西部地区因国家政策、制度安排上的不均衡所造成的区域经济失衡是不合理的，也是不公平的。就现有区域经济不均衡的具体表现来看，有经济发展水平的不均衡，有经济增长速度的不均衡，有经济资源配置的不均衡，还有社会事业、公共服务、基础设施发展的不均衡等。此外，中西部大量劳动力资源流向东部地区，中西部地区的自然资源也遭到掠夺性开采，并以非市场定价模式供给东部地区。东部与中西部之间的不均衡发展是多方面、多领域的。为扭转东西部之间过度不均衡状况，中国出台了一系列政策或规章为西部发展提供政策优惠和资金扶持，转移支付的力度也有所加大，但这些措施都停留在灵活性、变化性较强的经济政策层面，未能上升到经济法层面。

3. 经济增长方式均衡

对于经济增长方式，较为一致的认识是，粗放型经济增长方式应向集约型经济增长方式转变。这种转变是必然的，但对中国国情而言，在完成彻底取代之前，当务之急是粗放型与集约型增长方式要均衡化。"中国经济增长方式由粗放型向集约型转变的完成，只能是中国经济体制市场化转型实现的最终结果和基本标志。"[1]尽管中国经济的高速发展很大程度上得益于资本投入和劳动力密集，但经济增长不能过于依赖高投入的资本型或劳动密集型生产增长方式，而应增加技术对经济增长的贡献。知识产权法为技术的专有性、占有、使用权能提供了充分的保护，但技术的产业化收益保障则需要经济法来担当，当前中国"科研成果的转化率仅为10%左右"[2]，加大对科技创新性企业的投入也是经济均衡发展的需要。

---

[1] 郑超愚、沈葳：《市场社会与中国经济的均衡发展》，载于《财经问题研究》，1999年第10期，第8页。

[2] 顾海兵等：《中国经济安全分析：内涵与特征》，载于《中国人民大学学报》，2007年第2期，第84页。

4. 贸易均衡

20世纪90年代中期，中国告别短缺经济时代，需求对经济运行的影响力增强。在供给量弹性空间一定的情况下，国际市场与国内市场对产品和劳务的需求是此消彼长的关系，因此，过度的外需和内需都会对经济产生不利影响。国内、国外贸易要均衡发展，既不能闭关锁国，也不能过度依赖国外市场，既要重视对外贸易的增长，又要关注国内贸易的增长。这需要经济法为国内市场统一性和开放性提供有力的保障。近几年，国内消费市场疲软，对外贸依赖度增大（经济对外依存度高达60%～70%，外需成为经济增长的重要动力[①]），在2008年金融危机中，出口型企业受到重创。经济法应及时增加规定，以扩大内需，控制外需，并尊重和坚持内需对经济运行起主导作用，外需对经济运行起辅助作用的原则。

（五）经济法与经济利益的公平分享

利益分国家利益、集体利益、部门利益、地区利益、个体利益等。计划经济体制下，国家利益至上，集体利益、部门利益、地区利益、个体利益都让位于、服从于国家利益，也都可归结为国家利益。在纵向上，国家利益最高，其次是集体利益、地区利益、部门利益，最后是个体利益。等级化的利益格局是权力高度集中的体现。在横向上，地区之间、部门之间、集体之间、个体之间的利益是均等的，经济利益的平均化格局是计划分配的结果。在转型过程中，这种利益格局被打破。经济利益关系的纵向格局有所调整，但国家利益仍具有最高权威性。集体利益基本退化，而部门之间、地区之间、个体之间的经济利益均等化格局完全被打破，利益分享差别性增强，具体表现为经济利益主体多元化、经济利益表现形式多样化、经济利益来源多渠道、经济利益结果差距大。

---

① 国家行政学院宏观经济课题组：《国际金融危机对中国经济的影响及对策研究》，载于《经济研究参考》，2009年第13期，第7页。

1. 转型中经济利益关系的变化

第一，利益主体多元化。家庭联产承包责任制的推广使得农户成为有独立经济利益的主体；民法通则对个体工商户独立经济的利益主体地位予以法律保障；国有企业改革使得国有企业摆脱政府附属物的地位，成为有独立经济利益的主体；非公有制经济的发展催生了一大批私营企业等新类型的经济利益主体。经济利益主体从经济转型前的单一性转变为多元化。

第二，经济利益表现形式多样化。在经济转型中财产的表现形式从实物、货币到财产权益、知识产权、股票、债券、期权、不动产等。经济利益的表现形式也随之多样化。

第三，经济利益的来源突破了劳动收入单一来源，非劳动收入的渠道增多。劳动收入表现为工资、奖金、津贴、补贴、公积金等形式；非劳动收入包括投资收入、身份收入，投资收入既包括股票、债券等有价证券投资，又包括不动产等租金收入，还包括生产性投资收入。经济利益从经济转型前的单一工资收入转变为多渠道、多途径来源。

第四，经济利益分享结果差距大，在城乡、地区、个体、行业之间的利益分享比重差异大。据测算，当前我国城市的基尼系数约为0.34，农村的基尼系数是0.37，把城乡综合在一起后该指标急剧上升至0.46。从高低收入群体人均收入之比看，2003年该指标为9.1∶1，2004年上升至9.5∶1，城市居民最低收入1/5人口只拥有全部收入的2.75%，仅为最高收入1/5人口拥有收入的4.6%。[①] 烟草、电信、电力、石油等垄断行业的职工劳动收入与其他行业相比，高出3～5倍。

2. 现有经济利益分享机制的完善

实现经济利益的分享公平，关键在于形成合理有效的分配机制。经济转型以市场化改革为基调，市场逐渐成为经济利益分配的基础力量，经济利益主体的形成在政府和市场的双重作用下实现了多元化，经济利

---

① 王健：《收入分配不均源自再分配体制不健全》，载于《新华文摘》，2006年第23期，第26页。

益的表现形式和来源渠道则基本由市场来决定，经济利益的结果形成也交给市场作主。各类利益主体对经济利益都有追求最大化的动机，但因起点、能力、环境的差异，在经济利益实现的结果上出现了巨大差距。在"效率优先，兼顾公平""让一部分人先富起来"思想的影响和不当理解下，政府也对经济利益的分配不管不问。适当的利益分享差距有利于调动市场主体的逐利积极性，但过大的差距将超越人的心理承受能力和社会可承载能力，过度竞争造成垄断，经济利益分享的过度不公平将危及社会稳定。由于在利益分享上市场失灵，而政府失职，市场化的竞争结果是贫富差距急剧扩大，经济公平受到严重损害，社会稳定面对严峻挑战。国家必须积极采取补救措施，党的十六大、十七大都非常强调收入分配制度的合理化、公平化，并明确提出："初次分配注重效率，再分配注重公平""初次分配和再分配都要处理好效率和公平的关系，再分配更加注重公平"。再分配的主体以政府为主，政府主要通过经济法实现对经济利益的再分配。具体在城乡、工农之间，应遵守"城市支持农村，工业反哺农业"的战略，适当采用分配差别政策，对农业、畜牧业、渔业、林业等弱质产业实行倾斜性政策帮扶，对农产品实行最低收购价保护政策。在地区之间，在加大转移支付力度，加大基础设施、公共服务投资的同时，应改变对中西部地区的转移支付长期停留在年度性的、应急性计划和安排的做法，适时提升到法律层面。在个体之间，在坚持按劳分配为主体，多种分配方式并存的分配体制的基础上，要重视税法的分配功能的发挥，完善对高收入者征税的程序和查处力度；要对权力寻租收入、领导等特殊身份收入、垄断性收入进行法律规制，增强初次分配机制的合理性和公平性。在行业之间，要加强对垄断行业收入的调节和控制。此外，社会保险机制的完善也是实现经济利益分享公平的重要渠道。对弱势群体在社会保险、医疗等方面给予优惠待遇。

经济法不但要着眼于扭转当前过度的、不合理的经济利益分享差距，而且还要探索经济利益分享实现差距的适当度，以及公平与效率之间的均衡点。经济利益分享不能完全听凭于市场，也不能任由政府过度干预，这个度的把握就要求经济法以社会利益为本位，进行适当的平衡，既要充分发挥市场在初次分配中的基础性作用，又要维护政府在再分配中的主导作用，同时还要充分发挥社会民间团体、非政府组织的调节功能，引导规范慈善、捐赠事业的良性发展。2013年11月，党的十八届三中全会决定"允许社会资本通过特许经营等方式参与城市基础设施投资和运营"，社会资本有更多的渠道分享经济利益。财政部、国家发改委出台了一系列规范性文件指导各地政府与社会资本合作这一新型特许经营模式。① 2017年2月28日，国家发改委就《分享经济发展指南（征求意见稿）》公开向社会征求意见，明确分享经济的发展原则是"包容创新，审慎监管，强化保障"。不到半年，相关立法即提上议程，国务院法制办在同年7月21日向全社会公布《基础设施和公共服务领域政府和社会资本合作条例（征求意见稿）》，广泛征求意见。

  经济法的上述几项功能不是孤立的，彼此之间是紧密相连的，且有时彼此之间好比同一硬币的两面。如经济秩序的稳定往往意味着经济安全的维护；经济均衡发展的实现往往表明经济资源得到合理配置，经济利益实现公平分享。资源的合理配置、经济的均衡发展对维护经济秩序、确保经济安全又有非常重大的意义。② 而且任一单行经济法都不是孤立地实现某项功能，只不过其侧重点有所差异。经济转型完成后的经

---

① 2014年9月《财政部关于推广运用政府和社会资本合作模式有关问题的通知》（财金〔2014〕76号）、《财政部关于印发政府和社会资本合作模式操作指南（试行）的通知》（财金〔2014〕113号）、《国务院关于创新重点领域投融资机制鼓励社会投资的指导意见》（国发〔2014〕60号）、财政部《政府和社会资本合作项目政府采购管理办法》（财库〔2014〕215号）、财政部《关于规范政府和社会资本合作合同管理工作的通知》（财金〔2014〕156号）、《关于政府和社会资本合作示范项目实施有关问题的通知》（财金〔2014〕112号）、《关于印发政府和社会资本合作模式操作指南（试行）的通知》（财金〔2014〕113号）、财政部国家税务总局中国人民银行等联合发布的《关于运用政府和社会资本合作模式推进公共租赁住房投资建设和运营管理的通知》（财综〔2015〕15号）、财政部交通运输部《关于在收费公路领域推广运用政府和社会资本合作模式的实施意见》（财建〔2015〕111号）、财政部环境保护部《关于推进水污染防治领域政府和社会资本合作的实施意见》（财建〔2015〕90号）、财政部《关于实施政府和社会资本合作项目以奖代补政策的通知》（财金〔2015〕158号）、《关于开展政府和社会资本合作的指导意见》（发改投资〔2014〕2724号）以及《关于开展政府和社会资本合作的指导意见》和《通用合同指南》。

② 2009年，对国际金融危机爆发后上海、广州、江苏、安徽等六省市的调研报告表明，经济结构均衡发展、资源得到较为合理配置的江苏省，其抗风险能力明显高于上海和广州；外向型经济依赖度很高的广州以及国际金融中心上海受此次金融危机的冲击相当大，经济恢复的难度大、周期长。这是因为江苏经济总体发展较为均衡，具体而言，国有资本、国外资本和民营资本都较强，所有制结构相对平衡；省内区域经济发展形成苏南、苏中、苏北地区特色经济发展，产业梯度承接较好；产业结构较均衡，传统产业、主导产业与新兴产业并行发展；实体经济比重较均衡，骨干企业、大型企业和中小型企业各占1/3。江苏经济的三个主体：政府、企业、家庭各自都有相当强的实力。详见国家行政学院宏观经济课题组：《国际金融危机对中国经济的影响及对策研究》，载于《经济研究参考》，2009年第13期，第3页、18页。

济法，功能定位发生了变化，价值理念亦应适时适度更新。

二、经济法的应然

经济法作为正式制度的重要组成部分，也应以制度的合理性、制度的合法性和制度的现实性作为自我评价的标准。从中国经济转型过程中所制定、实施的经济法来看，满足以上三要素的程度和侧重点因时间的不同而有所差异。在经济转型之初，经济法主要是为了适应当时社会中的文化氛围和意识形态，为经济改革服务的色彩较为浓厚，经济法只是国家为获取社会对改革的支持和拥护的工具之一，而且在计划为主、市场为辅的基本经济政策下，经济法仍蕴含了强烈的计划色彩，其更多的是政府实施和贯彻计划的媒介，而不是约束政府权力、保护经济主体权利的法宝。随着经济转型目标的明晰化，经济法的角色也开始发生转变，从政府的工具向市场主体的保护利器转变。中国的领导集体针对社会经济新形势、新问题，提出科学发展观，"科学发展观，第一要义是发展，核心是以人为本，基本要求是全面协调可持续，根本方法是统筹兼顾"[1]。经济法正契合了科学发展观的需求。

（一）经济法符合法治的需要

中国经济转型是否与中国法治的确立存在同步、同质性，也许中国经济转型的完成也同时意味着中国法治的确立。不论是否如此，可以肯定的是，一方面，经济法因经济转型的完成而日趋完善，而经济法的完善必促进中国法治的确立或巩固；另一方面，中国经济法的完善又是中国法治确立的一项基本内容和重要组成部分。

当经济转型达致某层面，实现某单项目标后，现行的法律就会出现与经济社会发展不相适应，或此法与彼法明显不一致、不衔接的情形，每当此时，法律修改即成为必要，被提上议程。此种例子不胜枚举。2009年8月27日，全国人大常委会通过了删除《民法通则》有关计划

---

[1] 周新城：《形成和谐的经济利益关系是构建社会主义和谐社会的基础》，载于《北京交通大学学报（社会科学版）》，2009年第3期，第5页。

经济和指令性计划的规定,删除了《全民所有制工业企业法》中关于"企业根据政府主管部门的决定,可以采取承包、租赁等经营责任形式""企业必须完成指令性计划"等明显带有计划经济色彩的条款;《铁路法》《中华人民共和国烟草专卖法》(1991)等法律中有关"投机倒把"的规定也被删除。这些修改使得法律体系更适应社会主义市场经济发展的需求,法律体系本身也更加科学、统一、和谐。

经济转型完成后,经济法已有的法律法规将适时修改、修正,"能源资源法""国有资产法"等新法律将陆续出台,制定"经济法纲要"或"经济法通则"也会成为必要甚至可行,经济法体系将成为门类齐全、内部协调的完备体系。

(二)经济法成为一种公共意见

经济转型完成后,经济法在横向上达致完备的同时,将更注重纵向发展,经济法本身制度安排的质量和水准将得到有效提升,经济法的实施机制也将更加完备和有效。

理想的经济法既不是国家统治者的意见组合,也不是强势个体的意见汇集,而是国家与个体共同意见的汇合与混同,是一种公共意志和意见的体现。经济法既不是以保护国家利益为宗旨,也不是以维护私人权益为目的,而是旨在保护社会利益的法律制度。私人权益由个人代表和维护,而国家利益由国家机关代表和维护,社会利益的代表理应是社会,但"社会作为有机体毕竟只是一种隐喻,是没有自主思维能力的,不能自行表示与维护自己的利益,其利益通常是由某一组织体代表与维护的,这一组织体在世界上还存在民族国家的条件下只能是国家"[①]。经济转型中的经济法由于国家对经济转型的主导性,在经济法的立法环节还较多地凭借国家之手,集中体现了国家的意志,而对于社会整体利益的反映尚不完整,但随着经济转型的完成,经济法将从政府主导型回归到社会决定型,社会民众通过积极参与经济法的立法和执法,使经济法的形成过程符合公共意见和意志,真正成为公共意见的体现,毕竟"那种仅仅由于暗中注入金钱或组织权力才能造成的公共意见,一旦这

---

① 刘水林:《经济法的观念基础与规则构成》,载于《现代法学》,2006年第1期,第45页。

种社会权力来源昭示于众，其可信性即刻就化为乌有。公共意见可以操纵，但不可以公开收买，也不可以公开勒索"①。经济转型完成后，各类经济主体，无论是弱势群体，还是强势组织，都受到法律的同等约束和保护，国家的经济管理职能也定位于弥补市场失灵。经济法既不会是个别强势团体的声音集成，也不再是国家，尤其是政府的管理工具，而是成为社会公众的共同意见的反映。

经济转型完成后，经济法不仅从实体上成为公共意见的载体，而且在程序上也彻底改变了转型过程中常见的"授权立法""政府立法""部门立法""地方立法"等现象，"人大立法"将成为经济法产生的主要形式和来源。

（三）经济法人本主义凸显

由于经济人的自利性和趋利性，每个经济人在市场里都以实现自有利益最大化为行事动机和目的，市场失灵因此而不能避免。西方经济法即以此为其产生的理论前提。中国经济法与西方经济法有不同的产生背景和发展路径，在转型的很长时间里，中国经济法的使命是如何将计划经济下的单位人转变成经济人，增强个体的逐利动机和动力。当个体在市场里谋得利益，解决温饱，先富起来后，中国经济法的使命又需发生转变。在对经济人进行保护、规范的同时，需关注现实的人、生态的人、社会人。所谓关注现实的人，即是指经济法要对那些因自然禀赋处于弱势、处于不利起点的人给予倾斜性保护。所谓关注生态的人，是指经济法要在追求经济增长的同时，关心环境的变化、生态的发展，要对经济增长方式作出及时、合理、强制性的调整。所谓关注社会人，是指经济法要为政府如何发展社会事业提供正确指引，避免继续将社会事业作为经济人对待，扭转长期所进行的市场化改革。经济法对现实的人、生态的人、社会人的关注，即是对人本主义的尊奉。经济转型进入21世纪后，经济法的人本主义逐步凸显。《工伤保险条例》《失业保险条例》《劳动合同法》《就业促进法》等即是经济法从现实的人的视角对弱

---

① ［德］哈贝马斯：《在事实与规范之间——关于法律和民主法治国的商谈理论》，童世骏译，北京：生活·读书·新知三联书店，2003年版，第451页。

势群体予以关注。《中华人民共和国循环经济促进法》(2008)等体现了经济法对生态的人的关注。教育、医疗等领域新出台的规章传达了经济法对社会人的重视。嗣经济转型完成后，经济法对经济人的调整将大量让渡给市场，转而集中对现实的人、生态的人及社会人的关注，经济法人本主义将更为凸显。

（四）经济法的竞争力增强

改革开放后，中国法制建设以苏联、东欧国家的法制及经验作为学习对象；经济转型正式启动后，西方发达资本主义国家的经济法成为中国经济法借鉴的蓝本。于是，或多或少地、自觉不自觉地把其他国家的法律制度和规定移植过来。这种学习外国、借鉴外国的做法很快得到了修正。中国经济转型始终坚持社会主义道路，始终坚持中国共产党的领导，在转型模式上，中国经济转型是独立自主的，既没有依照西方经济学理论实现宪政化改革，也没有跟随俄罗斯进行休克疗法。在此过程中，经济法保持开放，但未曾失去自我。现代社会是竞争的社会，既体现为经济上的竞争，也体现为制度上的竞争。经济的增长发展也意味着法律制度竞争力的增强。20世纪90年代，西方市场经济体制在与社会主义计划经济体制的较量中彻底取胜，西方法律制度也顺势登堂入室。中国经济转型后，经济实力在全球赢得竞争优势的同时，中国经济法也将获得制度优势。

中国在2008年全球金融危机中也遭受了重创，但其受损的幅度和深度以及经济复苏的速度较西方国家而言要乐观得多，此虽非直接得益于某经济法律或法规，但政府调控经济能力的提升和改进与前期经济法的规制和约束是离不开的。西方国家对中国经验及理论的关注度大幅度增强，从华盛顿共识再到后华盛顿共识到北京共识，中国经济的世界影响力不断增强，与中国经济息息相关的经济法的国际竞争力也随之得到提升。

（五）经济法的有效性更为充足

法律的理想状态是法律成为每个个体意志的体现，每个个体的利益都能得到表达，每个个体都自觉自愿地遵守。经济转型完成后的经济法并不会达致如此完美的阶段,但是它一定会成为有效性充足的法律。首先,经济法的制定不再以部门立法、地方立法为主,人大立法成为主要形式。其次,经济法的内容不再是改革成果的固化、改革经验的法律化,而拥有了独立的目的和价值以及制度。最后,从经济法的实施看,不再是个别地区试点、试行,而是全国统一适用,不再以国家强制实施为主,而以市场主体、社会组织、政府部门自觉遵守为主。

经济法在保护没有权力的人的同时,也约束着有权力的人。经济法虽不以约束政府官员的行为为基本内容,但经济法会使政府行政权力最大限度地非人格化和公正化,对政府权力产生制约是经济法的重要功能。经济转型中的经济法主要通过强制性威慑政府不得进行权力寻租,经济转型后的经济法则是行政官员自觉限制手中权力,保障自己行政的合法性和有效性的依据。经济转型完成后,不论是直接参与、介入经济活动的各类市场经济主体,还是调控干预经济活动、经济行为的政府,或是身兼二职的社会组织,都将以经济法为其行为指南。"完善经济法是保证市场经济条件下国家与市场和谐共处的重要前提之一,这是由于经济法作为调整需要由国家干预的经济关系的基本法律形式,时刻以矫正市场机制的不足为己任。理想的国家干预和自由市场作用的程度范围不可能由一成不变的原则来决定,而必须依赖尝试与失败,总结经验教训,进行相应的法律和政策调试,以使国家与市场在资源配置中产生合力作用。"[①] 经济转型完成后的经济法虽不完美,但力求完善,确保市场、政府及社会各自发挥资源配置效能,相互之间协调一致,有效实现对经济秩序的维护、对经济安全的保障、对经济资源的合理配置、对经济发展的均衡、对经济利益的公平分享,为社会经济的协调发展、和谐发展、共同发展、科学发展提供新的法律保障和助力。

[①] 卢代富:《经济法研究应注重回应性和本土性》,载于《郑州大学学报(哲学社会科学版)》,2008年第4期,第53页。

结　语

　　本书通过分析阐述中国经济转型中的经济法，从实证的角度论证了中国经济法与中国经济转型之间互为影响与被影响、作用与被作用的关系，初步解答了当初选题时的疑惑，较为遗憾的是本书未能从经济法的基础理论层面进行创新突破，临近写作收尾之时，寻思是否可以提出柔性经济法，或经济法的柔性？详言之，即一方面，经济法有着很强的延伸性，其外延和内涵都不是非常确定。对经济法是什么，学术界始终没有达成完全一致的定义。起初有"纵横经济关系统一调整论""经济行政法"之争，现有"国家调节法""需要干预论"之说。对经济法调整范围的要素及宽窄也未达成完全一致，这从各高校主编、各种版本的经济法学教程中可见一斑。随着经济转型的推进，经济法的成员亦不断推陈出新。经济法的这种柔性并不会因经济转型的完成而终结，毕竟不论是在经济转型中，还是在经济转型完成后，各种经济要素都是变动不居的。随着新的经济现象、经济关系的出现，必然需要新的经济法，因此，经济法是不可能成为"封闭完美的体系"的。另一方面，经济法的调整手段有着很强的柔性。经济法的可诉性、司法救济性都不是很强，反而其行政执法属性、经济主体主动守法更为突出和必要，经济法的调整手段往往不是以国家司法机关作为主力，而是更多地需要通过市场、货币、经济主体等媒介发挥作用，这种特性抑或可以称之为经济法的柔性。尽管一些经济法单行法律的司法适用频度较高，如《产品质量法》《消费者权益保护法》，但关乎宏观调控的、社会分配等领域的经济法单行法往往难以纳入诉讼渠道。随着经济转型的深化，公民社会自治能力相应增强，规则性的经济法必然减少，而指导性、建议性的柔性经济法将成为主流。当下，已有学者提出要柔性执法、柔性司法，即不仅要由"管理权变为执法权，要改变单纯依靠'加大执法力度'等强制性手段来推动法律实施",还要"以人为本,进行协商性、指导性的非权力化的执法方式"。[①] 不单如此,笔者认为,尽管中国经济法不是以市场失灵作为逻辑起点的,但经济转型完成后的中国经济法应当成为应对市场失灵和政府失灵的基本法律,因此,经济法不应定位于传统法律的威慑、惩罚功能,而应突出指引、引导功能,从事后的救济转变为事前的指导,成为真正的"看不见的手"。

---

① 王春业:《论柔性执法》,载于《中共中央党校学报》,2007年第5期,第51页。

参考文献

一、中文类参考文献

（一）著作类

A.G. 肯伍德 A.L. 洛赫德. 国际经济的成长：1820—1990 [M]. 王春法，译. 北京：经济科学出版社，1997.

B. 盖伊·彼得斯. 政府未来的治理模式 [M]. 吴爱明，夏宏图，译. 北京：中国人民大学出版社，2001.

CCTV《对话》栏目组. 对话 中国社会转型中的焦点问题 [M]. 北京：新华出版社，2007.

P. 诺内特，P. 塞尔兹尼克. 转变中的法律与社会：迈向回应型法 [M]. 张志铭，译. 北京：中国政法大学出版社，2004.

R. 科斯，A. 阿尔钦，D. 诺斯. 财产权利与制度变迁——产权学派与新制度学派译文集 [M]. 刘守英，等，译. 上海：上海三联书店，上海人民出版社，1994.

R.M. 昂格尔. 现代社会中的法律 [M]. 吴玉章，周汉华，译. 南京：译林出版社，2001.

阿布杜勒·帕力瓦拉，萨米·阿德尔曼，等. 第三世界国家的法律与危机 [M]. 邓宏光，陈红梅，等，译. 北京：法律出版社，2006.

埃德加·博登海默. 法理学、法律哲学与法律方法 [M]. 邓正来，译. 北京：中国政法大学出版社，1999.

安·塞德曼，罗伯特·塞德曼. 发展进程中的国家与法律——第三世界问题的解决和制度变革 [M]. 冯玉军，俞飞，译. 北京：法律出版社，2006.

本杰明·N.卡多佐. 法律的成长 法学科学的悖论 [M]. 董炯，彭冰，译. 北京：中国法制出版社，2002.

本杰明·N.卡多佐. 司法过程的性质 [M]. 苏力，译. 北京：商务印书馆，2003.

彼得·穆雷尔. 法律的价值——转轨经济中的评价 [M]. 韩光明，译. 北京：法律出版社，2006.

波斯纳. 道德和法律理论的疑问 [M]. 苏力，译. 北京：中国政法大学出版社，2001.

波斯纳. 反托拉斯法 [M]. 孙秋宁，译. 北京：中国政法大学出版社，2003.

波斯纳. 联邦法院：挑战与改革 [M]. 邓海平，译. 北京：中国政法大学出版社，2002.

曹海晶. 中外立法制度比较 [M]. 北京：商务印书馆，2004.

查尔斯·林德布洛姆. 政治与市场：世界各国的政治-经济制度 [M]. 王逸舟，译. 上海：上海三联书店，上海人民出版社，1994.

陈富良. 放松规制与强化规制——论转型经济中的政府规制改革 [M]. 上海：上海三联书店，2001.

程伟，等. 经济全球化与经济转轨互动研究 [M]. 北京：商务印书馆，2005.

丹尼斯·朗. 权力论 [M]. 陆震纶，郑明哲，译. 北京：中国社会科学出版社，2001.

单飞跃. 经济法理念与范畴的解析 [M]. 北京：中国检察出版社，2002.

道格拉斯·C.诺思. 经济史上的结构和变革 [M]. 厉以平，译. 北京：商务印书馆，1992.

邓正来. 市民社会理论的研究 [M]. 北京：中国政法大学出版社，2002.

丁文锋. 经济现代化模式研究 [M]. 北京：经济科学出版社，2000.

弗里德里希·卡尔·冯·萨维尼. 论立法与法学的当代使命 [M]. 许章润，译. 北京：中国法制出版社，2001.

弗里德利希·冯·哈耶克. 法律、立法和民主 [M]. 邓正来, 张守东, 李静冰, 译. 北京: 中国大百科全书出版社, 2000.

弗里德利希·冯·哈耶克. 自由秩序原理 [M]. 邓正来, 译. 北京: 生活·读书·新知三联书店, 1997.

格泽戈尔兹·W. 科勒德克 (Grzegorz W. Kolodko). 从休克到治疗: 后社会主义转轨的政治经济 [M]. 刘晓勇, 应春子, 等, 译. 上海: 上海远东出版社, 2000.

宫志刚. 社会转型与秩序重建 [M]. 北京: 中国人民公安大学出版社, 2004.

顾功耘, 罗培新. 经济法前沿问题 [M]. 北京: 北京大学出版社, 2006.

顾培东. 从经济改革到司法改革 [M]. 北京: 法律出版社, 2003.

顾培东. 社会冲突与诉讼机制 [M]. 北京: 法律出版社, 2004.

郭连成. 俄罗斯经济转轨与转轨时期经济论 [M]. 北京: 商务印书馆, 2005.

国风. 农村税赋与农民负担 [M]. 北京: 经济日报出版社, 2003.

哈贝马斯. 交往行动理论 [M]. 洪佩郁, 蔺菁, 译. 重庆: 重庆出版社, 1994.

哈贝马斯. 在事实与规范之间——关于法律和民主法治国的商谈理论 [M]. 童世骏, 译. 北京: 生活·读书·新知三联书店, 2003.

何增科. 公民社会与第三部门 [M]. 北京: 社会科学文献出版社, 2000.

胡鞍钢. 中国下一步——胡鞍钢博士的最新国情报告 [M]. 成都: 四川人民出版社, 1995.

胡建淼. 行政法学 [M]. 北京: 法律出版社, 1998.

胡汝银. 竞争与垄断: 社会主义微观经济分析 [M]. 上海: 上海三联书店, 1988.

扈纪华. 物权法知识读本: 理解与适用 [M]. 北京: 研究出版社, 2007.

黄茂荣. 法学方法与现代民法 [M]. 北京: 中国政法大学出版社, 2001.

黄仁宇. 放宽历史的视界 [M]. 北京：生活·读书·新知三联书店，2003.

黄仁宇. 资本主义与二十一世纪 [M]. 北京：生活·读书·新知三联书店，1997.

黄勇，董灵. 反垄断法经典判例解析 [M]. 北京：人民法院出版社，2002.

季卫东. 法制秩序的建构 [M]. 北京：中国政法大学出版社，1999.

金泽良雄. 经济法概论 [M]. 满达人，译. 北京：中国法制出版社，2005.

靳涛. 经济体制转型中的演进与理性——二十世纪两次逆向经济体制转型比较研究及理论反思 [M]. 厦门：厦门大学出版社，2005.

卡拉·霍夫，约瑟夫·斯蒂格利茨. 大爆炸之后？后共产主义社会法治形成的障碍//吴敬琏. 比较（第十七辑）[M]. 北京：中信出版社，2005.

凯尔森. 法与国家的一般理论 [M]. 沈宗灵，译. 北京：中国大百科全书出版社，2003.

克里斯托夫·克拉格. 制度与经济发展——欠发达和后社会主义国家的增长与治理 [M]. 余劲松，李玲，张龙华，译. 北京：法律出版社，2006.

拉德布鲁赫. 法学导论 [M]. 米健，等，译. 北京：中国大百科全书出版社，1997.

李步云，汪永清. 中国立法的基本理论和制度 [M]. 北京：中国法制出版社，1998.

李昌麒. 经济法：国家干预经济的基本法律形式 [M]. 成都：四川人民出版社，1995.

李昌麒. 经济法学 [M]. 北京：中国政法大学出版社，2002.

李昌麒. 寻求经济法真谛之路 [M]. 北京：法律出版社，2003.

李拓. 和谐与冲突——新时期中国阶级阶层结构问题研究 [M]. 北京：中国财政经济出版社，2002.

李泽沛. 特区经济法教程 [M]. 北京：法律出版社，1994.

李挚平. 经济法的生态化 [M]. 北京：法律出版社，2003.

理查德·A. 波斯纳. 法理学问题 [M]. 苏力, 译. 北京: 中国政法大学出版社, 2002.

厉以宁. 中国经济改革与股份制 [M]. 北京: 北京大学出版社; 香港: 香港文化教育出版社, 1992.

梁治平. 国家、市场、社会: 当代中国的法律与发展 [M]. 北京: 中国政法大学出版社, 2006.

林艳琴. 我国私有企业法律地位研究 [M]. 北京: 中国检察出版社, 2007.

林毅夫, 蔡昉, 李周. 中国的奇迹: 发展战略与经济改革 [M]. 上海: 上海三联书店, 1999.

林毅夫. 制度、技术与中国农业发展 [M]. 上海: 上海三联书店, 上海人民出版社, 1994.

刘隆亨. 经济体制改革与经济法制建设 [M]. 北京: 时事出版社, 1985.

柳新元. 利益冲突与制度变迁 [M]. 武汉: 武汉大学出版社, 2002.

卢代富. 企业社会责任的经济学与法学分析 [M]. 北京: 法律出版社, 2002.

罗伯特·考特, 托马斯·尤伦. 法和经济学 [M]. 张军, 等, 译. 上海: 上海三联书店, 上海人民出版社, 1994.

罗纳德·哈里·科斯. 企业、市场与法律 [M]. 盛洪, 陈郁, 译. 上海: 上海三联书店, 1990.

马洪. 什么是社会主义市场经济 [M]. 北京: 中国发展出版社, 1993.

马克思恩格斯选集: 第1卷 [M]. 北京: 人民出版社, 1972.

马克斯·韦伯. 论经济与社会中的法律 [M]. 张乃根, 译. 北京: 中国大百科全书出版社, 1998.

孟庆瑜, 等. 我国经济法的理论实践与创新 [M]. 北京: 中国人民大学出版社, 2006.

南开大学经济研究所, 南开大学政治经济学研究中心经济理论课题组. 改革开放以来经济理论在中国的发展和难题 [M]. 北京: 经济科学出版社, 2004.

潘振民, 罗首初. 社会主义微观经济均衡论 [M]. 上海: 上海三联书店，1988.

普拉纳布·巴丹. 法和经济学在发展中国家应用的反思//吴敬琏. 比较（第十四辑）[M]. 北京：中信出版社，2004.

漆多俊. 经济法基础理论 [M]. 武汉：武汉大学出版社，2000.

乔纳森·安德森. "中国奇迹"面临的新挑战//吴敬琏. 比较（第十四辑）[M]. 北京：中信出版社，2004.

钱颖一. 现代经济学与中国经济改革 [M]. 北京：中国人民大学出版社，2003.

青木昌彦，奥野正宽. 经济体制的比较制度分析 [M]. 魏加宁，等，译. 北京：中国发展出版社，2005.

沈宗灵. 现代西方法理学 [M]. 北京：北京大学出版社，1992.

盛洪. 分工与交易——一个一般原理及其对中国非专业化问题的应用分析 [M]. 上海：上海三联书店，上海人民出版社，1992.

史蒂芬·霍尔姆斯，凯斯·R.桑斯坦. 权利的成本——为什么自由依赖于税 [M]. 毕竞悦，译. 北京：北京大学出版社，2004.

宋萌荣，等. 开创人类新文明的伟大实验——二十世纪社会主义发展的历史经验 [M]. 北京：人民出版社，2000.

孙宽平. 转轨、规制与制度选择 [M]. 北京：社会科学文献出版社，2004.

孙同鹏. 经济立法问题研究——制度变迁与公共选择的视角 [M]. 北京：中国人民大学出版社，2004.

孙笑侠. 法律对行政的控制——现代行政法的法理解释 [M]. 济南：山东人民出版社，1999.

汪立鑫. 经济制度变迁的政治经济学 [M]. 上海：复旦大学出版社，2006.

王名扬. 美国行政法（上册）[M]. 北京：中国法制出版社，1995.

王人博. 我国经济法制史 [M]. 重庆：西南政法学院印刷厂，1993.

王卫国. 改革时代的法学探索 [M]. 北京：法律出版社，2003.

王一国. 国有企业制度变迁与制度创新研究 [M]. 长沙：湖南大学出版社，2003.

王云霞. 东方法律改革比较研究 [M]. 北京：中国人民大学出版

社，2002.

王振中，李仁贵. 诺贝尔经济学家学术传略 [M]. 广州：广东经济出版社，2002.

威廉·韦德. 行政法 [M]. 徐炳，等，译. 北京：中国大百科全书出版社，1997.

韦森. 社会秩序的经济分析导论 [M]. 上海：上海三联书店，2001.

吴敬琏. 当代中国经济改革 [M]. 上海：上海远东出版社，2004.

吴敬琏. 全面建设社会主义市场经济体系//吴敬琏自选集 [M]. 太原：山西经济出版社，2003.

吴惕安，等. 当代西方国家理论评析 [M]. 西安：陕西人民出版社，1994.

吴越. 经济宪法学导论——转型中国经济权利与权力之博弈 [M]. 北京：法律出版社，2007.

伍装. 中国经济转型分析导论 [M]. 上海：上海财经大学出版社，2005.

萧琛. 论中国经济改革道路、转轨、接轨——从世界经济看中国 [M]. 北京：北京大学出版社，1996.

小岛武司. 诉讼制度改革的法理与实证 [M]. 陈刚，等，译. 北京：中国政法大学出版社，2001.

徐向艺，等. 政府·企业·个人经济行为分析 [M]. 北京：中国经济出版社，1993.

许传玺. 中国社会转型时期的法律发展 [M]. 北京：法律出版社，2004.

亚当·斯密. 国民财富的性质和原因的研究（下卷）[M]. 郭大力，王亚南，译. 北京：商务印书馆，1979.

亚诺什·科内尔. 理想与现实——匈牙利的改革过程 [M]. 荣敬本，等，译. 北京：中国经济出版社，1987.

亚图考夫曼. 法律哲学（下）[M]. 刘幸义，等，译. 台北：五南图书出版公司，2000.

杨再平. 中国经济运行中的政府行为分析 [M]. 北京：经济科学出版社，1995.

伊夫斯·德扎雷，布赖恩特·加思. 全球性解决方案——新法律正统性的产生、输出与输入 [M]. 陆幸福，王煜宇，等，译. 北京：法律出版社，2006.

由嵘. 外国法制史 [M]. 北京：北京大学出版社，1992.

余金成. 社会主义的东方实践——解读马克思主义基础理论的现代形态 [M]. 上海：上海三联书店，2005.

袁峰. 制度变迁与稳定——中国经济转型中稳定问题的制度对策研究 [M]. 上海：复旦大学出版社，1999.

约翰·亨利·梅利曼. 大陆法系 [M]. 顾培东，禄正平，译. 北京：法律出版社，2004.

约翰·罗尔斯. 正义论 [M]. 何怀宏，等，译. 北京：中国社会科学出版社，1988.

岳彩申. 论经济法的形式理性 [M]. 北京：法律出版社，2004.

詹姆斯·M. 布坎南. 自由、市场与国家 [M]. 平新乔，莫扶民，译. 北京：北京经济学院出版社，1988.

张晋藩. 中国法律的传统与近代转型 [M]. 北京：法律出版社，1997.

张军. 中国过渡经济导论 [M]. 上海：立信会计出版社，1996.

张守文. 经济法理论的重构 [M]. 北京：人民出版社，2004.

张文显. 法学基本范畴研究 [M]. 北京：中国政法大学出版社，1993.

章玉贵. 比较经济学与中国经济改革 [M]. 上海：上海三联书店，2006.

中国法律年鉴编辑部. 中国法律年鉴（1987年）[M]. 北京：法律出版社，1987.

周林彬. 法律经济学论纲 [M]. 北京：北京大学出版社，1998.

周其仁. 产权与制度变迁——中国改革的经验研究 [M]. 北京：北京大学出版社，2004.

周肇光. 市场经济体制比较与对策 [M]. 合肥：安徽大学出版社，2002.

朱景文. 比较法社会学的框架和方法——法制化、本土化和全球化 [M]. 北京：中国人民大学出版社，2001.

（二）论文类

法学要为经济建设和改革开放服务——法学与法律工作者学习江泽民"七·一"讲话座谈会述要 [J]. 中国法学，1992 (1).

白彦锋. 对中国税收收入增长的理性认识 [J]. 经济与管理，2007 (4).

蔡昉. 中国农村改革三十年——制度经济学的分析 [J]. 中国社会科学，2008 (6).

蔡守秋. 论追求人与自然和谐相处的法学理论 [J]. 现代法学，2005 (6).

曹勇. 论民商法与经济法的关系——以法律价值为视角 [J]. 中南财经政法大学研究生学报，2006 (3).

陈朝宗. 中西社会中介组织比较研究——兼论我国社会中介组织的发展思路 [J]. 福建行政学院福建经济管理干部学院学报，2006 (2).

陈春华，刘仕俊. 中国特色转轨道路的理性选择 [J]. 经济体制改革，2008 (6).

陈端计. 中国经济转型中的第三配置失效及其制度修正 [J]. 山西经济管理干部学院学报，2002 (1).

陈汉章. 苏联经济法学派与民法学派五十年的争论及其经验教训 [J]. 中国法学，1985 (2、3)，1986 (1、2).

陈建玲. 论社会转型期我国经济伦理的重建 [J]. 理论与实践，2002 (8).

陈斯喜. 试论在改革过程中的立法方略 [J]. 中国法学，1993 (5).

陈云良. 政府干预市场方法之批判 [J]. 经济法学、劳动法学，2002 (10).

陈云良. 中国经济法的道路与模式：转型国家经济法 [D]. 长沙：中南大学，2006.

陈云良. 转轨经济法学：西方范式与中国现实之抉择 [J]. 现代法学，2006 (3).

程信和. 中国经济法学的回顾与展望 [J]. 湘潭大学学报（哲学社会科学版），2009 (1).

戴维·格伯，聂孝红. 中国竞争法的制定：欧洲和美国的经验 [J]. 经济法学、劳动法学，2003 (6).

邓峰. 经济政策、经济制度和经济法的协同变迁与经济改革演进 [J]. 中国人民大学学报，1998 (2).

邓峰. 论经济法上的责任——公共责任与财务责任的融合 [J]. 经济法学、劳动法学，2003 (9).

邓国胜. 中国非政府组织发展的新环境 [J]. 学会月刊，2004 (10).

邓宏图. 转轨期中国制度变迁的演进论解释——以民营经济的演化过程为例 [J]. 中国社会科学，2004 (5).

邓正来. 中国法学向何处去——建构"中国法律理想图景"时代的论纲 [J]. 政法论坛，2005 (1、2、3、4).

丁圣伟，陈亮. 试论经济法与经济政策的关系 [J]. 法制与社会，2007 (1).

董保华. 论经济法的国家观——从社会法的视角探索经济法的理论问题 [J]. 经济法学、垄断法学，2003 (6).

范健，王涌，张晨. 当代中国经济立法的回顾与展望 [J]. 安徽大学学报（哲学社会科学版），1996 (3).

方维规. "经济"译名溯源考——是"政治"还是"经济" [J]. 中国社会科学，2003 (3).

冯果. 经济法本质探微经济法概念界定和制度构建的理性基础分析 [J]. 学习论坛，2007 (2).

付雨. 我国经济体制改革的路径分析及选择建议 [D]. 西安：西北工业大学.

葛冰，郑垂勇. 经济全球化背景下我国经济安全面临的问题与对策 [J]. 现代经济探讨，2009 (7).

葛卫民. 试论日本近代经济立法及对我国的启示 [J]. 广东商学院学报，2001 (2).

顾海兵，等. 国家经济安全国际观察分析：美国、日本、俄罗斯 [J]. 首都经济贸易大学学报，2009 (3).

顾海兵，等. 中国经济安全分析：内涵与特征 [J]. 中国人民大学学报，2007 (2).

顾明. 关于我国经济立法问题 [J]. 中国法学, 1984 (1).

顾培东. 也论中国法学向何处去 [J]. 中国法学, 2009 (1).

顾培东. 中国法治进程中的法律资源分享问题 [J]. 中国法学, 2008 (3).

郭道晖. 建构适应市场经济的法律体系的原则与方略 [J]. 中国法学, 1994 (1).

郭树清. 国际知名学者和专家谈中国经济改革 [J]. 经济社会体制比较, 1985 (3).

国家行政学院"深化行政管理体制改革"课题组. 我国行政管理体制改革的特点、难点和切入点 [J]. 新华文摘, 2006 (15).

韩桐辰. 从经济纠纷案件看当前天津市经济体制改革中应注意解决的几个问题——关于天津市经济纠纷案件的调查 [J]. 中国法学, 1986 (4).

洪红, 陈道武. 民法与经济法基本原则的区别与体系互补 [J]. 产业与科技论坛, 2006 (2).

胡锦涛. 高举中国特色社会主义伟大旗帜, 为夺取全面建设小康社会新胜利而奋斗 [J]. 社会科学, 2002 (8).

胡晓鹏. 中、俄两国经济转型的比较研究 [J]. 社会科学, 2002 (8).

华建敏. 贯彻落实科学发展观 深化行政管理体制改革 [J]. 新华文摘, 2006 (15).

黄海. 从广义市场失灵理论谈经济法存在和发展的基础 [J]. 经济法学、劳动法学, 2002 (1).

黄茂钦. 经济法现代性研究 [D]. 重庆: 西南政法大学, 2004.

江启疆. 论西方向法治社会转型的演进 [J]. 法学家, 2006 (2).

蒋立山. 迈向"和谐社会"的秩序路线图——从库兹涅茨曲线看中国转型时期社会秩序的可能演变 [J]. 法学家, 2006 (2).

李昌麒, 胡光志. 宏观调控法若干基本范畴的法理分析 [J]. 中国法学, 2002 (2).

李昌麒, 鲁篱. 中国经济法现代化的若干思考 [J]. 法学研究, 1999 (3).

李昌麒, 许明月, 卢代富, 等. 农村法治建设若干基本问题的思考

[J]. 现代法学, 2001 (2).

李昌麒, 岳彩申, 叶明. 论民法、行政法、经济法的互动机制 [J]. 法学, 2001 (5).

李昌麒. 发展与创新: 经济法的方法、路径与视域——简评我国中青年学者对经济法理论的贡献 [J]. 山西大学学报 (哲学社会科学版), 2003 (3、4).

李昌麒. 泛论农村法律制度的建立和完善 [J]. 云南大学学报 (法学版), 2008 (5).

李昌麒. 论经济法语境中的国家干预 [J]. 重庆大学学报 (社会科学版), 2008 (4).

李光强. 论经济法的本质 [J]. 法律科学, 1998 (21).

李静冰. 盛行的经济立法观在法理学上的检讨 [J]. 法律科学, 1995 (1).

李培林. 中国国有经济转型的社会学思考 [J]. 管理世界, 1995 (1).

李平. 论经济法与市场经济的关系 [J]. 四川大学学报, 1996 (2).

李实, 赵人伟, 张平. 中国经济转型与收入分配变动 [J]. 经济研究, 1998 (4).

李曙光. 中国的经济转型: 成乎? 未成乎? [J]. 战略与管理, 2003 (3).

李燕. 中国证券市场中政府监管的理论思考 [N]. 人民日报海外版, 2001-03-24 (7).

李永成. 经济法人本主义论 [D]. 重庆: 西南政法大学, 2006.

梁慧星. 试论经济行政法 [J]. 中国法学, 1984 (4).

梁玉成. 市场转型过程中的国家与市场——一项基于劳动力退休年龄的考察 [J]. 中国社会科学, 2007 (5).

林毅夫. 自生能力、经济转型与新古典经济学的反思 [J]. 经济研究, 2002 (12).

林跃勤. 经济转型与和谐增长 [J]. 广州大学学报 (社会科学版), 2007 (6).

刘放桐. 西方哲学的近现代转型与马克思主义哲学和当代中国哲学的发展道路 (论纲) [J]. 天津社会科学, 1996 (3).

刘俊. 土地承包经营权性质探讨 [J]. 现代法学, 2007 (2).

刘瑞. 中国经济的转型与定型 [J]. 中国人民大学学报, 2004 (5).

刘水林. 经济法的观念基础与规则构成 [J]. 现代法学, 2006 (1).

刘星. 法律"强制力"观念的弱化——当代西方法理学的本体论变革 [J]. 外国法译评, 1995 (3).

刘永林. 经济法的观念基础与规则构成——对"需要国家干预论"的反思与拓展 [J]. 现代法学, 2006 (1).

刘泽军. 市民社会和政治国家的良性互动与经济法的产生 [J]. 法制与社会, 2007 (1).

刘长秋. 浅论法律的变动性权威瑕疵及其矫正——兼论法律稳定性与适应性的协调 [J]. 同济大学学报（社会科学版）, 2004 (6).

刘志鸿, 王珺. 中、俄经济转型路径的比较与评价 [J]. 改革, 2000 (4).

卢代富. 经济法研究应注重回应性和本土性 [J]. 郑州大学学报（哲学社会科学版）, 2008 (4).

罗豪才, 宋功德. 和谐社会的公法建构 [J]. 中国法学, 2004 (6).

罗培新. 我国证券市场和谐生态环境之法律构建——以理念为研究视角 [J]. 中国法学, 2005 (4).

吕炜. 经济转轨过程中的转折点研究 [J]. 经济学动态, 2003 (6).

吕炜. 中国经济转轨实践的理论命题 [J]. 中国社会科学, 2003 (4).

吕炜. 转轨经济研究思路的评述、反思与创新 [J]. 财经问题研究, 2004 (2).

吕炜. 转轨与转型 [N]. 中国财经报, 2004-11-02.

吕忠梅, 鄢斌. 论经济法的程序理性 [J]. 经济法学、劳动法学, 2003 (5).

齐文娥. 转型经济中企业制度变迁模式分析：系统经济学方法 [J]. 河南社会科学, 2003 (3).

秦前红. 宪政视野下的中国立法模式变迁——从"变革性立法"走向"自治性立法"[J]. 中国法学, 2005 (3).

任保平, 林建华. 西方转型经济学的理论演化及其述评 [J]. 河北经贸大学学报, 2005 (5).

荣敬本. 东欧改革经济学登陆中国之回顾 [J]. 经济学家茶座, 2003 (3).

荣敬本. 经济体制比较研究在我国的开展 [J]. 经济研究, 1985 (7).

沙弗尔. "规则"与"标准"在发展中国家的运用——迈向法治征途中的一个重大现实问题 [J]. 李成钢, 译. 法学评论, 2001 (2).

盛杰民, 叶卫平. 反垄断法价值理论的重构 [J]. 现代法学, 2005 (1).

盛学军. 监管失灵与市场监管权的重构 [J]. 现代法学, 2006 (1).

史际春. 经济法: 法律部门划分的主客观统一 [J]. 中外法学, 1998 (3).

史际春. 社会主义市场经济与我国的经济法——兼论市场经济条件下的经济法与民商法的关系问题 [J]. 中国法学, 1995 (3).

史先诚. 中国经济转型和市场竞争规则建设 [J]. 南京大学学报, 2003 (6).

宋智勇, 李佶. 论社会主义市场经济秩序的产权制度基础 [J]. 郑州大学学报 (哲学社会科学版), 2009 (1).

苏力. 从法学著述引证看中国法学——中国法学研究现状考察之二 [J]. 中国法学, 2003 (2).

苏明. 国民经济转型时期工农关系、城乡关系和国民收入分配关系的研究 [J]. 经济研究参考, 2003 (49).

孙同鹏. 经济立法中地方部门利益倾向问题的新思考 [J]. 法学评论, 2001 (2).

谭喜祥, 唐孝东. 中西经济法差异比较与我国经济立法的思考 [J]. 广西政法管理干部学院学报, 2003 (3).

佟柔, 王利明. 我国民法在经济体制改革中的发展与完善 [J]. 中国法学, 1985 (1).

佟柔. 关于经济法的几个理论问题 [J]. 中国法学, 1984 (2).

王保树. 论对国民经济法律调整的规范构成 [J]. 中国法学, 1984 (2).

王保树. 社会主义市场经济与民法学经济法学研究 [J]. 中国法学, 1993 (3).

王家福. 经济法理论与实践的若干问题［J］. 中国法学，1984（4）.

王健. 收入分配不均源自再分配体制不健全［J］. 新华文摘，2006（23）.

王勉青. 经济转型国家的经济法比较研究［D］. 上海：华东师范大学，2003.

王全兴，管斌. 经济法与社会法关系初探［J］. 经济法学、垄断法学，2003（8）.

王全兴，管斌. 市场化政府经济行为的法律规制［J］. 中国法学，2004（1）.

王全兴，管斌. 市场规制法的若干基本理论研究［J］. 经济法学、劳动法学，2002（2）.

王先林. 产业政策法初论［J］. 中国法学，2003（3）.

王先林. 在制定我国反垄断法中应当明确的几个问题［J］. 经济法学、劳动法学，2002（11）.

王新红. 论经济法的时代精神［J］. 湖南财经高等专科学校学报，2002（2）.

王雅林. 全球化与中国现代化的社会转型［J］. 中国青年政治学院学报，2003（2）.

王毅武. 论中国市场经济的时代特征［J］. 青海社会科学，2004（1）.

吴高盛. 试论地方性法规与国务院部门规章之间矛盾的解决［J］. 中国法学，1992（3）.

武芳梅. 中国经济转型的终极目标与路径选择［J］. 江苏经贸职业技术学院学报，2007（3）.

夏东民. 社会转型原点结构理论模型的构建［J］. 苏州大学学报（哲学社会科学版），2006（2）.

夏业良，王欣. 中国理论经济学50年发展轨迹的缩影——对《经济研究》刊载文章的统计分析与简略评论［J］. 经济研究，2000（5）.

夏勇. 法治是什么——渊源、规诫与价值［J］. 中国社会科学，1999（4）.

谢鹏程. 论法律的工具合理性与价值合理性：以法律移植为例［J］. 法律科学，1996（6）.

邢华，胡汉辉. 中国经济转型中地方政府的角色转换 [J]. 中国软科学，2003 (8).

徐孟洲，侯作前. 论反垄断法中的量化问题 [J]. 经济法学、劳动法学，2002 (8).

徐孟洲，侯作前. 市场经济、诚信政府与经济法 [J]. 经济法学、垄断法学，2003 (11).

徐兴群. 经济法与市场经济——对现代经济法的一种认识 [J]. 吉林师范大学学报（人文社会科学版），2004 (2).

许明月，侯茜. 经济全球化与反垄断法 [J]. 现代法学，2004 (5).

许明月. 经济法学术研究定位的反思 [J]. 政法论坛，2006 (6).

许新. 普京道路的经济学分析 [J]. 东欧东亚研究，2002 (1).

闫海. 经济自由与经济法的法理及其例证 [J]. 经济与社会发展，2007 (1).

杨林瑞，尹良培. 中小企业融资问题的法律研究 [J]. 中国法学，2003 (3).

杨松. 美国金融危机引发的法律思考 [J]. 辽宁法治研究，2008 (4).

杨紫烜. 论社会主义市场经济法律体系——兼论社会主义市场经济法律体系与中国特色社会主义法律体系的关系 [J]. 中外法学，1998 (1).

叶明. 经济法实质化研究 [D]. 重庆：西南政法大学，2003.

应飞虎. 需要干预经济关系论——一种经济法的认知模式 [J]. 中国法学，2001 (2).

郁忠民. 市场经济的导向：先规则后市场 [J]. 中国法学，1993 (3).

岳彩申. 经济法逻辑起点的理性主义解读 [J]. 理论与改革，2009 (3).

岳彩申. 经济法形式化研究 [D]. 重庆：西南政法大学，2003.

岳彩申. 中国经济法学30年发展的理论创新及贡献 [J]. 重庆大学（社会科学版），2008 (5).

张鸿志，蔡岱松. 经济法的现代性刍议——从历史的角度考察 [J]. 湖南经济管理干部学院学报，2004 (2).

张建伟. "变法"模式与政治稳定性——中国经验及其法律经济学含义

[J]. 中国社会科学，2003（1）.

张军，漫长. 中央与地方的关系：一个演进的理论 [J]. 学习与探索，1996（3）.

张魁兴. 透过"间谍门"反观我国经济安全 [J]. 中国经济周刊，2009（30）.

张鹏飞. 略论经济法可诉性及其完善 [J]. 武汉大学学报（哲学社会科学版），2007（1）.

张守文. "发展法学"与法学的发展——兼论经济法理论中的发展观 [J]. 法学杂志，2005（3）.

张守文. 经济法学发展中的若干问题 [J]. 中外法学，1998（3）.

张素芳. 市场经济的利益分配、资源配置与劳动价值论 [J]. 经济评论，2004（5）.

张文显. 市场经济与法制建设三论 [J]. 中国法学，1993（3）.

张晓山. 中国农村土地制度变革的回顾与展望 [J]. 新华文摘，2006（23）.

赵成瑜. 论经济法价值的新定位 [J]. 湖南社会科学，2003（4）.

赵人伟. 对我国经济体制改革二十年的若干思考——特点、经验教训和面临的挑战 [J]. 经济社会体制比较，1999（3）.

郑超愚，沈葳. 市场社会与中国经济的均衡发展 [J]. 财经问题研究，1999（10）.

郑杨. 谈世纪之交的中国经济立法走向 [J]. 中国外汇管理，2001（4）.

郑远远. 经济法的经济理性内核与外在法律形式——经济理论对于不同经济部门的经济法的不同法律形式的解释和预测 [J]. 经济法学、垄断法学，2003（5）.

中国社会科学院经济研究所课题组. 社会主义经济体制改革理论的反思 [J]. 经济研究，1989（10）.

周冰，靳涛. 经济体制转型方式及其决定 [J]. 中国社会科学，2005（1）.

周旺生. 论法案起草的过程和十大步骤 [J]. 中国法学，1994（6）.

周新城. 形成和谐的经济利益关系是构建社会主义和谐社会的基础

[J]. 北京交通大学学报（社会科学版），2009（3）.

朱宏文. 现代反垄断法的发展与我国的反垄断立法——以企业合并控制为中心［J］. 经济法学、劳动法学，2001（9）.

朱之鑫. 中国仍处在重要的战略机遇期［J］. 中国发展观察，2009（4）.

（三）其他类

1980—2008年历年《最高人民法院工作报告》.

1978—2008年历年国家统计局《国民经济和社会发展统计公报》.

姜方利. 经济法理念若干问题探讨［EB/OL］. http://www.cel.cn/show.asp，访问日期：2005—07—20.

陈文玲. 我国现代市场体系建设取得重要进展［EB/OL］. http://www.bjqx.org.cn/qxweb/n8438c5.aspx，访问日期：2006—05—29.

金人庆. 履行公共财政作用 支持新农村建设［EB/OL］. http://news.xinhuanet.com/politics/2006—03/03/content_4250536.htm，访问日期：2008—03—08.

陈静. 中国首个反垄断案件专项合议庭在上海二中院成立［EB/OL］. http://www.chinanews.com.cn/gn/news/2008/12—22/1498017.shtml，访问日期：2009—02—22.

刘明祖. 对农民专业合作社的几点认识［EB/OL］. http://paper.people.com.cn/rmrb/html，访问日期：2008—12—6.

佚名. 取消农业税：解决"三农"问题的战略性举措［EB/OL］. http://www.xinhuanet.com，访问日期：2005—12—30.

佚名. 国资委：国企政策性破产进入倒计时［EB/OL］. http://www.my.gov.cn/MYGOV/149181737656647680/20041018/14058.html，访问日期：2008—09—27.

陈乃醒. 1997年乡镇企业法：从这时起乡镇企业被重新定义［EB/OL］. http://business.sohu.com/20080929/n259816905.shtml，访问日期：2008—07—09.

贺铿. 中国特色国有企业改革之路的初步思考［EB/OL］. http://www.sasac.gov.cn/n1180/n4175042/n5405123/n5563822/5565855.

html，访问日期：2008－09－25.

佚名. 2008 年上半年全国乡镇企业经济情况［EB/OL］. http://www. gov. cn/gzdt/2008－07/09/content_1040597. htm，访问日期：2008－08－09.

夏光，沈晓悦，冯东方，陈赛，王彬，杨姝影. 对《环境保护法》实施状况及修改的调研［EB/OL］. http://002s. sdxm. gov. cn/Article_Show. asp?ArticleID=64，访问日期：2006－07－20.

柴瑞娟. 中西方经济法产生发展的比较研究——兼谈双重缺陷理论在我国的可适用性［EB/OL］. http://www. corplawinfo. com，访问日期：2008－05－20.

陆学艺. 新一轮农村改革为什么难？［EB/OL］. http://news. xinhuanet. com/politics/2008－09/11/content_9922959. htm，访问日期：2008－10－07.

张建国. 农村改革 30 年划时代飞跃 新发展要实现 3 突破［EB/OL］. http://www. cpad. gov. cn/data/2008/0912/article_338882. htm，访问日期：2008－10－12.

佚名. 农村房改的"宣城样本"［EB/OL］. http://news. xinhuanet. com/politics/2008－10/06/content_10156305. htm，访问日期：2008－10－07.

王丙乾. 关于国营企业实行利改税和改革工商税制的说明［EB/OL］. http://www. rednet. cn，访问日期：2008－10－08.

佚名. 财税体制 30 年改革与发展进程［EB/OL］. http://www. mof. gov. cn，访问日期：2008－10－07.

齐殿斌. 国企政策性破产"大限"倒计时［EB/OL］. http://paper. people. com. cn/dd/html/2006－04/06/content_1394515. htm，访问日期：2007－07－27.

郑水泉. 慎重使策 化解纠纷 对农村土地承包纠纷案件特点的分析及对策［EB/OL］. http://www. dffy. com/fayanguancha/sd/200311/20031119201618. htm，访问日期：2005－12－07.

周民良. 如何全面深化经济体制改革［EB/OL］. http://tjj. xinmi. gov. cn/ckxx/20060808/104120. shtml，访问日期：2009－04－13.

胡德锌. 关于大力发展农民合作组织的几点思考 [EB/OL]. http://www.chinanpo.gov.vn/web/listTitle.do, 访问日期: 2008—01—23.

佚名. 中国特色国有企业改革之路的初步思考 [EB/OL]. http://www.sasac.gov.cn/n1180/n4175042/n5405123/n5563822/5565855.html, 访问日期: 2008—09—25.

张先国, 等. 新一轮农村改革的探索与突破 [EB/OL]. http://www.locallaw.gov.cn/dflfw/, 访问日期: 2008—09—12.

郑文. 证监会行政处罚执法取得成绩令人瞩目 [EB/OL]. http://finance.sina.com.cn, 访问日期: 2006—09—08.

孙玉波. 全国消协受理投诉总量突破 1000 万件 [EB/OL]. http://news.xinhuanet.com/society/2007—03/14/content_5846841.htm, 访问日期: 2007—04—08.

王泽华. 贯彻实施农民专业合作社法 健全农村各类社会组织 [EB/OL]. http://www.chinanpo.gov.vn/web/listTitle.do, 访问日期: 2008—01—23.

佚名. "农合"风起云涌 中国农村经济向组织竞争转型 [EB/OL]. http://www.hnfgw.gov.cn/document/2008/10/6/20081061555134211.html, 访问日期: 2008—10—07.

张宝富. 新农村建设中的经济组织创新 [EB/OL]. http://www.agri.gov.cn/jjps/t20070416_803682.htm, 访问日期: 2008—12—06.

佚名. 农村专业合资组织风起云涌 [EB/OL]. http://news.hexun.com/2008—10—09/109668223.html, 访问日期: 2008—12—06.

佟季. 全国法院申诉信访案件情况调查 [EB/OL]. http://www.jcrb.com/fzttb/zymt/200807/t20080730_57382.html, 访问日期: 2009—09—21.

王胜俊. 最高人民法院工作报告(摘要), 2009 年 3 月 10 日在十一届全国人大二次会议上 [EB/OL]. http://cpc.people.com.cn/gb/64093/64094/8941498.html, 访问日期: 2009—08—21.

佚名. 六十年的辉煌 三十年的成长——中国证券市场巡礼 [EB/OL]. http://stock.bbs.hexun.com/viewarticle.aspx?aid=34746011&bid=2, 访问日期: 2009—09—08.

佚名. 三分开、三统一、三结合 [EB/OL]. http://www.sasac.gov.cn/n1180/n4175042/n5405123/n5564463/5564 505.html, 访问日期: 2008—09—25.

佚名. 两大方阵之国企改革 [EB/OL]. http://www.shgzw.gov.cn/gb/gzw/xxzh/mrjj/qyxx/userobject1ai673 7.html, 访问日期: 2008—09—25.

佚名. 统计局: 07年规模以上工业增加值比上年增18.5% [EB/OL]. http://business.sohu.com/20080124/n254857022.shtml, 访问日期: 2008—07—27.

王金翎, 李卅. 非国有经济发展与国有企业改革 [EB/OL]. http://ccpser.jlu.edu.cn/new/lunt_see.php?id=94, 访问日期: 2008—10—09.

信春鹰. 劳动合同法不会因金融危机而修改 [EB/OL]. http://news.xinhuanet.com/legal/2009—03/09/content_10980018.htm, 访问日期: 2009—03—09.

佚名. 证券市场稳定健康发展 [EB/OL]. http://www.gov.cn/ztzl/2006—01/11/content_154900.htm, 访问日期: 2008—06—12.

佚名. 证监会: 08年审判非法证券案件近20起 历年最多 [EB/OL]. http://money.163.com/09/0114/23/4VLH5 LBO00251LIE.html, 访问时间: 2009—05—06.

佚名. 民政三十年: 创新的乐章 [EB/OL]. http://mzt.zj.gov.cn/newsxp/html, 访问日期: 2008—09—18.

江华. 最高人民法院工作报告, 1981年12月7日在第五届全国人民代表大会第四次会议上 [EB/OL]. http://www.people.com.cn/zgrdxw/zlk/rd/5jie/newfiles/d1130.html, 访问日期: 2009—08—21.

国资委信息中心. 全国国有企业改革发展取得重大进展 [EB/OL]. http://finance.qq.com/a/20090614/003465.htm, 访问日期: 2009—09—07.

佚名. 企业所得税新税率确定为25% 统一内外资企业税率 [EB/OL]. http://www.gov.cn/jrzg/2006—12/25/content_477419.htm, 访问日期: 2008—09—07.

邓聿文. 反垄断机构的设置必须做到有效 [EB/OL]. http://finance. people. com. cn/GB/6189542. html, 访问日期：2007-09-03.

佚名. 十年同工不同酬"代办员"反歧视告银行 [EB/OL]. http:// news. sohu. com/45/18/news204941845. shtml, 访问日期：2006-12-12.

王宁江. 武汉17岁少年状告24家烟草商侵害其知情权 [EB/OL]. http://news. sina. com. cn/s/283242. html, 访问日期：2008-12-18.

二、外文类参考文献

Bojan Bugaric, Courts as Policy-Makers: Lessons from Transition [J]. Harvard International Law Journal Winter, 2001 42 Harv. int'l L. J. 247.

Darryll K. Jones, The Neglected Role of International Altrustic Investment in the Chinese Transition Economy, George Washington International Law Review 2004 36 Geo. Wash. Int'l L. Rev. 71.

J. Sachs and W. T. Woo. , Understanding the Reform Experiences of China, Eastern Europe and Russia [J]. Journal of Comparative Economics, vol. 18, no. 3, 1994.

Jan Svejnar, Transition Economics: Performance and Challenge [J]. Journal of Economic Perspectives, Volum 14, Number 1, Winter 2002, pp. 3-28.

North. Douglass C, The Contribution of the New Institutional Economic to an Understanding of the Transition Problem [M]. Helsinki: WIDER Annual Lectures 1, 1997.

Robb M. LaKritz, Comment: Taming a 5000 Year-old Dragon: Toward a Theroy of Legal Development in Post-Mao China [J]. Emory International Law Review Spring, 1997 11 Emory Int'l L. Rev. 237.

William E. Kovacic, The Competition Policey Entrepreneur and Lae Reform in Formaerly Communist and Socialist Countries [J]. The

American University Journal of International Law & Policy, 1996.

William E. Kovacic, The Informs Business Practice: Institutional Foundations for Economic Legal in Transition Economies: The Case of Competition Policy and Antitrust Enforcement [J]. Chicago-Kent College of Law Chicago-Kent Law Review 2001 77Chi. —Kent. L. Rev. 265.

Youngjin Jung, Qian Hao, The New Economic Constitution in China: A Third Way for Competition Regime [J]. Northwestern Journal of International Law & Business Fall, 2003 24 NW. J. INTL L. &BUS. 107.